21世纪职业教育规划教材

体育与健康

主　编　刘晓帆　唐超群
副主编　尹海艳　江亚庆　马逗逗　张雨微
　　　　龙芬芬　周毅敏　鲁涛峰　何瀚鑫
　　　　张　焱　刘　洋　文艳明　袁志强
编　委　黄　晶　高仁义　黄　文　彭勋璋　张　曦

中国人民大学出版社
·北京·

图书在版编目（CIP）数据

体育与健康/刘晓帆，唐超群主编. --北京：中国人民大学出版社，2020.9
21世纪职业教育规划教材
ISBN 978-7-300-28586-3

Ⅰ.①体… Ⅱ.①刘… ②唐… Ⅲ.①体育-职业教育-教材 ②健康教育-职业教育-教材 Ⅳ.①G807.4 ②G717.9

中国版本图书馆CIP数据核字（2020）第177957号

21世纪职业教育规划教材
体育与健康
主　编　刘晓帆　唐超群
副主编　尹海艳　董秀英　毛　怡　任志红
　　　　江亚庆　马逗逗　张雨薇　龙芬芬
　　　　周毅敏　鲁涛峰　何瀚鑫　张　焱
　　　　刘　洋　文艳明　袁志强
Tiyu yu Jiankang

出版发行	中国人民大学出版社		
社　　址	北京中关村大街31号	**邮政编码**	100080
电　　话	010－62511242（总编室）		010－62511770（质管部）
	010－82501766（邮购部）		010－62514148（门市部）
	010－62515195（发行公司）		010－62515275（盗版举报）
网　　址	http://www.crup.com.cn		
经　　销	新华书店		
印　　刷	北京七色印务有限公司		
开　　本	787 mm×1092 mm　1/16	**版　　次**	2020年9月第1版
印　　张	13.75	**印　　次**	2025年2月第3次印刷
字　　数	330 000	**定　　价**	38.00元

前　言

党的二十大报告指出，“教育是国之大计、党之大计。培养什么人、怎样培养人、为谁培养人是教育的根本问题。”随着我国职业教育与体育教育改革的不断深入，健康教育与终身体育教育已成为体育教学改革的总目标。体育教材是职业院校整个课程体系建设中最重要的组成部分之一，所以，针对职业院校学生身心发展特点更新教学内容，编写适合职业院校体育课程教学特点的教材，是职业院校体育课程改革、建设与发展的需要。基于此，我们以《国务院办公厅转发教育部等部门关于进一步加强学校体育工作若干意见的通知》（国办发〔2012〕53号）《国务院办公厅关于强化学校体育促进学生身心健康全面发展的意见》（国发办〔2016〕27号）《国务院办公厅关于印发体育强国建设纲要的通知》（国办发〔2019〕40号）等文件精神为指导，编写了本书。

本书力求体现如下特点：

1. 落实“立德树人”根本任务。学校体育是加强学生思想道德教育、促进学生智力发展、磨炼学生意志、培养学生审美素质和健康生活方式的重要途径。把德育融入体育与健康教学，既是学校体育改革的需要，也是更新体育观念的需要。

2. 落实“健康第一”指导思想。世界卫生组织对“健康”的定义是：健康不仅仅是没有疾病，而是生理、心理和社会适应能力的全面完好状态。本书旨在全面提高学生的生理、心理素质和社会适应能力，为学生终生锻炼习惯的养成提供切实可行的锻炼方法。

3. 强化以学生身心发展为特点。以提高学生身心健康为目标，注重培养学生健康意识和行为。教学生学习如何通过体育锻炼来宣泄不良情绪，帮助学生疏导心理方面容易出现的问题，使学生逐渐拥有自信开朗、积极活泼的良好心理品质。

4. 尊重学生学习需求，培养学生对运动的热爱。本书涉及的体育项目多样，教学内容丰富，教学方法多样，可以满足学生的不同兴趣和不同运动能力的需求，以此来真正提高学生对体育课的兴趣而不是体育活动的兴趣。

5. 注重健身性与体育文化知识体系的有机融合。让学生不仅会锻炼而且明白为什么这样锻炼，努力成为会运动而且懂运动的体育文化人。

6. 体现职业教育特点，突出实用性。根据不同职业的体能和素质要求、工作方式、疲劳特点来编写不同职业所需的体育知识，使学生掌握相关的运动技能并具备基本的体能素质，突出其实用性，方便学生走上工作岗位后参照练习。

本书突出中等职业院校学生的心理、生理特点，把学生的身心发展特点与体育课程教学相结合，将体育课程教学功能和育人功能进行了有机统一，力求促进学生身体、心理、社会适应能力的全面健康发展。另外，本书还注重学生运动兴趣的培养：书中涉及的体育项目多样、教学内容丰富、教学手段多样，突出健身性与职业性和实用性有机结合，力求为学生的终生锻炼打下坚实的基础。

由于编者水平的局限，本书难免存在一些不足之处，希望广大读者批评指正，以便我们进一步完善。

最后，我们对在本书中直接或间接引用的文献资料的作者和专家们表示真诚的感谢。

目 录

第一章 体育概论

教师导语

有人说“有两种东西丧失之后才会发现它的价值——青春和健康”。青春逝去，活力还可在。然而健康不在了，犹如花落叶枯，生机难在。健全的体魄，是我们学习好、生活好、工作好的雄厚物质基础。1952 年 6 月 10 日，毛泽东同志题词：“发展体育运动，增强人民体质”。而今，进入中国特色社会主义新时代，作为一名职业学校的青少年，应该自觉进行体育运动，锻炼身体，做有爱国之心、报国之志、效国之行的新青年，成为德、智、体、美、劳全面发展的、体魄健壮的高技能人才。

第一节 体育的概念

运动箴言

体育一道，配德育与智育，而德智皆寄于体。无体是无德智也。

体育在人类历史的长河中，有着非常重要的地位和作用。它是人们锻炼身体、增强体质、锤炼品格、磨砺意志、促进心理健康的积极手段；受一定社会政治、经济的影响和制约，也为一定的社会政治、经济服务。2019 年 8 月 10 日，国务院办公厅印发《国务院办公厅关于印发体育强国建设纲要的通知》，体育强国成为实现中华民族伟大复兴的中国梦的国家战略部署。体育对人类、社会、国家的影响和作用将会更加广泛深入。

一、体育的定义

学者们根据长期的总结分析与研究认为：体育是人类社会发展中，根据生产和生活需要，而逐渐演变成满足人类个体、社会、国家的物质需要与精神需要的一种实践活动，既作用于人体，又作用于社会，同时作用于国家。其在对人的作用上，既利于身体，又利于精神，使人身心健康；在对社会的作用上，既可促进社会生产力的发展，又可影响社会风气；在对国家的作用上，既可满足人民群众对美好生活向往的需求，又是中华民族伟大复兴的标志性事业。

体育的概念有广义概念和狭义概念两种解释。

广义的体育概念也称作体育运动，是指以身体练习为基本手段，根据人体生长发育、技能形成和机能提高等规律，增强身体素质与运动能力、改善生活方式、进行思想品德教育、丰富社会文化生活而进行的一种有意识的身体运动和社会活动。

狭义的体育概念也称作体育教育，是学校教育的组成部分，是有目的、有计划、有组织地促进身心全面发展，增强体质，磨炼意志，健全品格，传授锻炼身体的知识、技术、技能，培养道德意志品质的一个教育过程。

上述体育的概念，包括了体育三个方面的内涵：一是体育是以身体练习为基本手段。体育这种社会现象不同于别的社会现象，它是人体通过自身的身体利用阳光、空气、水等自然因素，结合卫生措施，调整和促进人的有机体的物质与能量代谢变化，以及活动能力变化的过程。二是体育是有意识、有目的的身体运动和社会活动。生命在于运动。体育是适应生产劳动需要而产生的。但是体育与劳动又是有区别的，区别在于体育是有意识地运用身体运动达到既定的目标，而劳动不是。三是体育具有两重性，既有自然属性，又有社会属性。马克思指出："人直接地是自然存在物"，同时，"个人是社会存在物"，人是"一切社会关系的总和"。因此，体育具有自然属性和社会属性。它的价值，不仅是物质的，同时也是精神的，是物质方面与精神方面的统一。

二、体育的内容

现代体育由学校体育、竞技体育、体育锻炼三个方面组成。

（一）学校体育

学校体育又称体育教育，在国外称为"身体教育"，是学校教育的重要组成部分，也是全民体育的基础；是对接国家战略，推进教育强国、体育强国、健康中国建设的重要部署。

（二）竞技体育

竞技体育又称竞技运动，是为了最大限度发挥个人或者集体在体格、体能、心理、智力及运动能力等方面的潜力，夺取优异运动成绩而进行的科学、系统的训练和竞赛。它具有三个特点：一是以追求更高、更快、更强为目的的竞赛性；二是以取得优异的成绩为目的的高超技艺性；三是以提倡公平竞争为目的的规则性。

（三）体育锻炼

体育锻炼又称群众体育、大众体育，在国外称为"身体娱乐"，是以健身、医疗、娱乐、休闲为目的进行身体活动，形式灵活，内容多样。它的对象主要是一般民众，目标是增强体质、增进健康、调节精神、延年益寿。

小知识

国家体育发展水平的主要标志

一个国家体育运动发展状况的主要标志是：全民族身体素养和健康水平；运动技术发展水平；体育文化发展水平；体育产业发展水平；群众体育与竞技体育高度融合水平；全民健身和全民健康高度融合水平；体育综合实力和国际影响力水平；公共体育服务体系发展水平。它们之间相互关联，相互制约，相互促进。

三、体育的产生和发展

体育是人类进步史中最为古老的文化之一。在原古时代，原始人在漫长的适应大自然与抗争大自然的劳动中，不断改进，发展了走、跑、跳、掷等各种技能，形成了人类最初的体育形态。随着生产劳动力水平的提高及生产工具的不断改进，年长者开始对年轻一代进行各种经验传授，以期生产和生活能够延续和发展，于是教育应运而生，体育也成了教育的一个组成部分，但这时的体育只是萌芽时期。奴隶社会，随着文字的产生及文明古国不断的繁荣昌盛，学校作为专门的教育场所开始出现。斯巴达作为一个军事化的城邦之国，其五项竞技（赛跑、跳跃、角力、掷铁饼、投标枪）军事体育训练等成为学校教育中极为重要的学习内容，男孩要学习10年时间，而女孩同样也要接受军事体育训练。17世纪，在资本主义社会，英国教育学家洛克将教育分为体育、德育和智育，倡导“三育”学说。随着工业化的发展，体育在资本主义的教育体系里占据了非常重要的地位，体育教育也随着学校教育的发展在体育内容和组织方法上日益发展。

在我国奴隶社会，“射”“御”是军事体育训练的重要内容，与“礼”“乐”“书”“数”一起称为六艺，成为奴隶主贵族子弟学校的教育内容。到封建社会时期，唐朝实行武举制度，鼓励人们学习武艺；五代及宋朝时期，兴办武学，内容有弓箭、武艺和阵法。我国古代，有关身体锻炼和保健教育等方面的内容非常丰富，如“体操”“养生”“导引”“习武”等，但是在古籍中未发现过“体育”一词。1840年鸦片战争以后，为了挽救濒临灭亡的清王朝，一大批有志之士推出洋务运动。在教育方面，他们主张学习西方、举办西学，将西方体育引进学堂，称作“体操科”；同时，还陆续引进田径、球类等各项运动。“体育”一词也从日本传入并被使用。1923年，《新学制课程标准》中正式用“体育课”取代了“体操科”。20世纪30年代，吴蕴瑞、袁敦礼在《体育原理》一书中指出：“体育”二字本为身体教育之简称……即系教育之一方面……乃以身体活动为方式之教育也”。新中国成立后，党和政府高度重视体育。1952年6月10日，毛泽东同志为中华全国体育总会题词：“发展体育运动，增强人民体质”。1954年1月，中共中央批转中央人民政府体育运动委员会党组《关于加强人民体育运动工作的报告》，指出：“改善人民的健康状况，增强人民体质，是党的一项重要政治任务”。1954年，周恩来同志提出政府机关工作人员在工间休息时要做工间操，并说：“共产主义思想要建筑在体质健康的基础上，身体健康是我们逐步过渡到社会主义的重要条件之一”。“增强人民体质”是新中国成立初期体育的重要目的。十八大以来，体育工作坚持以人民为中心的体育发展思想，推动各项体育运动蓬勃发展，全民健身公共服务政策不断完善，全民健身赛事活动不断丰富多彩，科学指导体育水平不断提高，青少年体育工作有力推进，竞技体育扎实推进，体育产业、体育文化、对外体育交往等成绩显著。体育在全面建设社会主义现代化国家新征程中发挥了重要作用。

第二节 学校体育的功能、目的与任务

运动箴言

世上没有比结实的肌肉和新鲜的皮肤更美丽的衣裳。

学校体育的功能、目的与任务是回答学校体育“能够干什么”“应该怎么干”“实际干

了什么”的问题。

一、学校体育的功能

学校教育的根本任务是立德树人。运动能力、身心健康、体育精神、政治品格四个方面构成了现代学校体育学科的核心素养。因此，学校体育的功能包括教育功能、健身功能、健心功能、娱乐功能、文化功能、政治功能、社会功能等七大功能。

（一）教育功能

1. 培养优良品德

学校是社会的“缩影”。体育是社会主义精神文明的重要构成部分。学校体育是进行思想品德教育的重要手段，对学生品格的形成与完善起着积极的作用。学校体育进行思想品德教育的作用有：

（1）培养坚强的意志品质和战斗作风。体育运动具有的激烈对抗特点，不仅能提高青少年的技术与战术，更能有效地激励青少年吃苦耐劳、顽强拼搏、克服困难、奋勇争先、永不气馁。

（2）培养遵规守纪的良好品质。任何一种体育项目，都具有活动规则及竞赛规则。参与体育运动必须尊重规则、尊重裁判、尊重对手，规则面前人人平等。学校体育教育在促进学生遵守规则、公平竞争、树立健康的成败观等道德作风方面有着潜移默化的作用。

（3）培养集体荣誉感和团队精神。体育运动中，个体与个体之间、个体与集体之间、个体与团队之间的行为关系复杂多变，这就要求每个参加体育活动者以集体和团队为重、步调一致、目标一致、思想统一，在参与中树立良好的集体荣誉感和团队精神。

（4）培养“自我”超越的精神。体育运动追求的是“更快、更高、更强”，参与运动者在运动过程中体会运动带来的技能的提升、水平的提高，享受运动带来的快乐，不断地激发他们努力提高运动水平、树立超越自我的思想境界。

2. 促进智力发展

体育活动能加速脑细胞的反应速度，提高大脑皮层的分析、判断、思维和综合能力，促进中枢神经机能的健全发展，提高机体的工作能力。而大脑中枢的机能、机体的工作能力是智力发展的物质基础。因此，学校体育通过体育活动的教学，对促进青少年智力的发展起着积极的作用。

小知识

体育如何进行智力培养

智力是指人认识、理解客观事物并运用知识、经验等解决问题的能力，包括记忆、观察、想象、思维、判断等。学校体育依据体育智力结构，从以下几点加强智力的培养。

1. 加强运动记忆能力的培养。
2. 加强运动表象能力的培养。
3. 加强运动思维能力的培养。
4. 加强临场注意能力的培养。

3. 陶冶美的情操

刘少奇同志曾说："看到运动员使人心理愉快"。陈毅同志说："体育可以使劳动艺术化，活泼人们的脑筋，使人身心愉快，可以消除畸形、加强劳动、促进生产"。毛泽东同志在《体育之研究》中指出：体育之功效在于长身体、强筋骨、增知识、强意志。体育运动展现的是力量、速度以及美。学校体育的各个项目，不仅能塑造身体美、运动美，还能带来心灵美和行为美。这四种美在体育运动中能得到完美的结合。

（二）健身功能

健身功能是学校体育最根本的、最直接的功能。健身是指健全体魄、增强体质。体育健身的理论基础是遵循人体发展的规律，促进人体新陈代谢，使人体的同化作用和异化作用旺盛，提高人体的生命力。

学校体育健身功能主要表现在：

(1) 促进和改善中枢神经系统工作能力。体育运动能促使中枢神经系统及其主导部分大脑皮层的兴奋性增强，抑制加强，改善神经过程的均衡性、灵活性，提高肌体在外界不断变化的环境中的适应性；改善中枢神经系统对内脏器官的调节作用，使各器官系统灵活协调，提高机体的工作能力。

(2) 促进机体生长发育。人体骨骺的可塑性强，尤其是青少年时期，经常进行体育运动，骨骺生长所需要的营养得到改善，骨外层的密质增厚，骨突增大，根据压力和拉力的不同，里层的骨小梁的排列产生适应性变化，更加整齐有规律；骨骼更加结实、粗壮、坚固，抗弯、抗扭、抗断、抗折、抗压等性能增强。关节在适宜的运动刺激下，稳固性和灵活性得到增强。

运动时，肌肉的收缩和舒张使肌纤维增粗，肌肉变得匀称、发达而强壮有力，工作能力加强，肌肉组织的化学成分发生良好变化，肌肉收缩更耐久，不易疲劳；同时肌肉中的毛细血管结构发生良好变化，增加了肌肉的血液供应量，增强了蛋白质等物质的吸收与贮存能力，提高了神经系统对机体的控制能力。

另外，经常参与运动能使骨骼长长，长期参加锻炼的青少年的身高比同龄人增长要快。

(3) 促进机体内脏器官机能。进行体育运动，会多消耗人体体内能量，代谢产物随即增多，血液循环加速，心脏机能、血液循环、消化系统等系统都得到锻炼和促进，机能提高，器官构造发生良好变化；心肌增强，心壁增厚，心脏容积增加，心脏工作出现"节省化"现象。

(4) 促进呼吸系统功能。人体需要能量。能量来源于体内营养物质的氧化。人体依靠不停的呼吸运动，吸进氧气排出二氧化碳。经常进行体育运动，能使呼吸肌增强，胸围、肺活量增大，呼吸深度加深，提高吸氧能力和缺氧的耐受能力。

(5) 提高有机体的适应能力。有机体的适应能力包括对外界环境的适应能力和对疾病的抵抗能力。人类生存在自然与社会环境之中，影响着自然与社会的发展，同时也被自然与社会制约。人类需要调节身体各器官系统适应环境的变化，使身体与内外环境相对一致。在学校体育教育中，加强体育锻炼，能有效地提高青少年对环境变化的适应能力。其次，经常参加体育运动，对提高自身的免疫力有很大的促进作用，可以提高对疾病的抵抗力。

（6）促进身体美的形成。爱美之心，人皆有之。苏联诗人马雅可夫斯基写道："世上没有比结实的肌肉和新鲜的皮肤更美丽的衣裳。"体育与青少年人体美紧密联系在一起。首先，体育可以增进青少年健康美。体育能使青少年面色红润、容光焕发并拥有充沛的精力和体力，给人以肤色美、健康美的印象。其次，体育可以塑造青少年形体美。经常进行体育运动，能使青少年四肢匀称、生长协调、肌肉结实，女子身体轮廓线条柔和，男子身材魁伟、肌肉有力。

小知识

古语说："站如松、坐如钟、行如风。"坐、立、行的姿态美在学习、生活、工作中十分重要，是社会交往中的礼仪要求。姿态美是指挺胸收腹不驼背，关键是脊柱的正常发育。正确的站姿是头、颈、躯干和脚的纵轴在一条垂线上，挺胸收腹立腰梗颈。正确的走姿是身体正直、平稳，双肩不明显地上下晃动，身体重心起伏不大，身躯扭动不大，自然协调。正确的坐姿是躯干正直，肩平头正，自然舒适。

（三）健心功能

第三届国际心理卫生大会指出："心理健康是指身体上、智能上、情感上与他人的心理健康不相矛盾的范围内，将个人心境发展成最佳状态"。学校体育对心理健康的影响主要有：调节情绪，愉悦心情；发展生动活泼的个性；减轻或消除消极情绪；提高自控能力，增强自信心；培养良好的心理素质，形成良好的品格。学校体育可以从以下几点进行心理健康干预。

1. 提高对活动认知的能力

认知是认识客观世界的反映，是通过感觉、知觉、表象、思维、想象和记忆等来实现的，是人的重要心理品质之一。良好的认知能力是一切活动顺利进行的根本保证。长期进行体育运动，能提高人的大脑信息加工速度，对智力、记忆能力有高度的提升作用，能积极影响复杂的认知任务，可以延缓认知功能下降。学校体育，通过研究形成技术动作的认知结构和认知系统对运动技能的调节作用，来掌握体育的科学概念和运动技能，提高认知能力。

2. 加强自信心的建立

人的自信心包括自我概念和自我有效感。自我概念是指人们对自己的总的看法，包括身体、情感、思想等的看法。自我有效感是指人们能够成功地进行某一成就行为的主观判断。

积极参加体育运动，能够促进形成体型美、姿态美、仪表美和皮肤美，给人一种健康美、动作美的享受，有利于个体对身体自我概念形成良好的感受。

适当的运动可使人体获得超出正常机能水平的行为体验和投入、忘却、乐趣、享受、欣快等自我状态下的流畅体验，有利于个体自我有效感的提升，有助于提高个体的自信心和自尊，从而提高个体的心理健康水平。

3. 注重改善情感

情感是指人对客观事物的切身体验或反映，受中枢神经系统和自主神经系统支配，有心境、激情、应激和热情四种表现形态。这四种表现形态在活动中产生、变化或发展。体育运动作为活动，具有多样性和运动环境的复杂性，能发展人的愉快、乐观、友爱、满足等积极情感。其次，体育运动的集体性，能激发人的社会情感，使人养成良好的集体荣誉感、互助互谅的集体主义精神，从而促进个体的心理健康水平。

已有大量研究证明，体育锻炼和身体活动对降低焦虑及抑郁水平有很好的辅助作用，对提高自尊、维护良好的心境及积极情绪状态也有很好的促进作用。患有轻、中度抑郁的个体，在进行药物治疗和心理治疗的同时，辅助适当的有氧运动、无氧运动或不剧烈的运动，可以改善抑郁症状。

（四）娱乐功能

体育是一种最积极、最健康的娱乐方式。

现代奥运会的创始人顾拜旦在《体育颂》中写道："啊！体育，你就是乐趣！想起你，内心充满欢喜，血液循环加剧，思想更加开朗，条理更加清晰。你可使忧伤的人散心解闷，你可使快乐的人生活更加甜蜜！"体育运动日益追求美、新、高、尖、难的发展，技艺的高超性、动作的美感性、团队的默契性、比赛的观赏性使得它成为人们余暇生活中重要的一部分。

在学校，体育是最丰富的课外活动之一，也是最受欢迎的娱乐活动之一。学校体育一方面可以通过课余锻炼与体育比赛丰富生活、活跃气氛、调节感情，缓解学习、生活给学生所带来的情绪紧张与疲劳，使其在运动中享受释放汗水的愉悦与快乐；另一方面，通过体育活动，学生可以表现自我、展现自我、发挥自我，同时与队友、对手进行愉快交流与交往，享受体育带来的队友情及"友谊第一、比赛第二"的友谊收获之情。还有，通过参与或者观赏体育比赛，可以享受体育比赛带来的美、力量、速度、激情以及体育精神，获得心理上的满足和精神上的享受。

（五）文化功能

文化是一个国家、一个民族的灵魂。文化兴国运兴，文化强民族强。没有高度的文化自信，没有文化的繁荣兴盛，就没有中华民族的伟大复兴。文化的重要性渗透于每个角落，学校文化也不例外。

学校体育是学校文化的重要组成部分。学校体育通过开展丰富多彩的体育活动，既能丰富青少年的学习生活，又能营造健康向上的学习环境和人文环境，对青少年的健康成长具有重要的作用。

（六）政治功能

体育作为促进世界人民互相了解、增进友谊的"和平使者""外交先行官"，具有国际政治交往的功能。国际体育竞赛成绩关系国家的荣誉，对民族意识起着重要的激励和振奋作用，对提高国家的国际声望、国际形象，显示国家成就、实力及雄威，发挥着不可或缺的作用。

小知识

党的十八大以来，以习近平总书记为核心的党中央高瞻远瞩，把体育作为推进教育强国、体育强国、健康中国的国家战略重要力量，将体育发展与"教育强国""体育强国""健康中国"建设互促互融。一方面让体育发展直接服从和服务于"教育强国""体育强国""健康中国"，另一方面让"教育强国""体育强国""健康中国"建设为体育发展开拓出更广阔的发展空间。

（七）社会功能

体育具有双重属性——自然属性和社会属性。体育的自然属性主要关注运动对人的身心健康及生活方式的积极作用，体育的社会属性主要指向以人为主体的生命层面的终极关怀。

21世纪的体育，是以个体的、民族的发展为根本需求的体育，是以个体的、民族的健康为终极目的的体育。

学校体育承载着体育的终极目的并作用于青少年。学校体育的社会功能主要体现在以下几个方面：

1. 培养青少年的社会适应能力

社会适应能力是指人进行社会参与时与社会达到完好状态的能力，包括在社会系统中充分发挥个人能力、适应在社会上的角色定位并能有效执行角色任务，行为规范与社会规范一致。

2. 健全人格的培养

《辞海》是这样解释人格的：从社会学角度理解是指个人尊严、价值和道德品质的总和，是在一定的社会中的地位和作用的统一。从法律角度理解，人格是具有感觉、情感、意志等机体的主体。从心理学理解，人格即“个性”。而心理学家认为人格具有独特性、稳定性、整体性三性。在人格结构上，弗洛伊德认为人格包括三种力量即“本我、自我、超我”。

身体活动是人的一种基本需要，对人的人格的形成有一定的关联作用。有研究者通过研究表明：运动员和一般人相比，更有独立性，更客观，更少焦虑；运动员比一般人更具有自信心、竞争性，更外向（库伯，1969）；运动员在恃强性、攻击性、耐受性、成就动机、自主性以及避免伤害等方面不同于一般人（克林曼和希拉德，1987）。这一系列的研究成果说明，体育运动对良好人格的形成有积极的作用。良好的人格形成有助于提高社会适应能力。

3. 人际适应能力的培养

作为最重要的社会文化活动的体育运动，以竞争性、大众性、公开性著称，既有人与人的交往与合作，又有团队与团队、个人与个人的竞争，之间充满了共处、冲突、分享、避让、突变、包容、角色和角色转换的情景，有赞扬、批评、成功、失败、规范、处罚。这一切，近似于社会上所遇到的各种情景。经常参加体育运动的青少年，能更多地体验社会上所遇到的情境，逐渐学会理解他人、合作、正确处理竞争，提高受挫能力、抗压能力。这些会迁移到日常生活、学习和工作中去，使他们步入社会后能够顺利地适应变化的人际环境。

4. 社会责任感的培养

学校体育竞赛具有群众性、竞争性、礼仪性和技艺性，这使学校体育成了传播价值观的理想载体，它能够促进青少年对学校、对班级、对同学的热爱，激发其集体荣誉感。体育竞赛还具有国际性。国际体育竞赛已超越了体育运动本身的价值，延伸到国家之间、民族之间的竞争，可以激发青少年心中的祖国荣誉感和民族自豪感。体育竞赛具有培养集体荣誉感、民族自豪感、爱国主义教育不可低估的教育作用。

小知识

体育关于健全人格的培养方法

1. 提高运动者对人格的认识，满足其在体育运动中追求乐趣的需要。
2. 激发运动者对体育锻炼的内外动机，使其实现自我价值和展示自我潜能。
3. 加强运动者自我锻炼，提高其自身的心理控制能力。

二、学校体育的目的

学校体育的目的是在一定时期内学校体育工作所要达到的预期目标和结果，回答的是“学校体育应该干什么”的问题。

随着我国政治、经济、社会、文化结构的不断深入改革，学校体育的发展经历了运动技能教育论的调整恢复阶段（1978—1987 年）、体育与健康教育理念的巩固提高阶段（1988—1997 年）、全国亿万学生阳光体育运动的改革探索阶段（1998—2011 年），以及落实教育立德树人为根本任务、树立健康第一教育理念，帮助学生在体育锻炼中享受乐趣、增强体质、健全人格、锤炼意志的深化完善阶段（2012— ）（许弘、李先雄，2019）。

学校体育的目的也随着时代的要求不断深化完善：

改革开放初期，各级学校体育的目的是：增强学生体质，与德育、智育相配合，促进学生身心发展，培养德智体全面发展的社会主义现代化建设者和保卫者。

进入加快教育现代化的新时期，党中央围绕学校体育“培养什么人、怎样培养人、为谁培养人”这一根本问题，就学校体育目的不断提出新的目标与要求。

在 2012 年《国务院办公厅转发教育部等部门关于进一步加强学校体育工作若干意见的通知》中，从增强学生体质，全面实施素质教育，与德育、智育、美育有机配合，不断提高学生体质健康水平和综合素质，以及当前和今后一个时期学校体育场地设施、体育师资、保障机制、监测机制等方面提出了目标要求。

2016 年《国务院办公厅关于强化学校体育促进学生身心健康全面发展的意见》提出了以“天天锻炼、健康成长、终身受益”为目标，改革创新体制机制，全面提升体育教育质量，健全学生人格品质，切实发挥体育在培育和践行社会主义核心价值观、推进素质教育中的综合作用，培养德智体美全面发展的社会主义建设者和接班人的指导思想。

2018 年，习近平总书记在全国教育大会上的讲话中提出要努力构建德智体美劳全面培养的教育体系，“树立健康第一的教育理念，开齐开足体育课，帮助学生在体育锻炼中享受乐趣、增强体质、健全人格、锤炼意志”。

三、学校体育的任务

（一）增强青少年体质

体质是指人的有机体的质量，是在遗传性和获得性的基础上表现出来的人体形态结构、生理功能和心理因素综合的状况和特征。不同的人体质不一样，同一个人在不同时期体质也不一样。体质有强弱之分。

体质的强弱是以身体形态、生理功能、身体素质和运动能力、对外界的适应能力以及心理发展水平等多方面进行综合评价的。

指导青少年天天锻炼，首先要依据不同年龄、不同性别的身心特点，有组织、有针对性、有计划地进行体育教育和体育课外活动。通过一系列有关体育教育与活动，提高青少年的体质。

增强青少年体质包括：

(1) 促进青少年身体形态良好发展。即促进青少年生长发育水平良好；体型匀称健美；男生体格健壮，女生体格柔和；姿态正确。

(2) 提高青少年生理功能水平。即提高青少年身体各器官、系统的工作效能，提高机体新陈代谢功能。

(3) 发展青少年身体素质。身体素质包括力量、耐力、灵敏、柔韧、速度等。

(4) 发展青少年运动能力。运动能力包括跑的能力、跳的能力、投掷的能力、攀爬的能力等。

(5) 提高青少年适应能力。适应能力包括对外界的适应能力以及对疾病的抵抗能力。

(6) 促进青少年心理发展。心理发展包括人体感知能力、意志、个性、判断等。

小知识

理想体质的标志

1. 身体健康，无主要脏器疾病。
2. 身体形态良好，体格健壮，体型匀称。
3. 身体各器官与系统等生理机能良好。
4. 情绪乐观，意志坚强，抗压、抗刺激、抗干扰能力较强，有良好的心理素质。
5. 有一定的运动能力，有较强的劳动、工作能力。
6. 对自然和社会环境有较强的适应能力。

(二) 促进青少年健康发展

在人的生长过程中，体质与健康是人的生命活动及工作、生活、劳动、学习的物质基础。但体质与健康是不完全相同的两个概念。体质是人的身体质量，而健康是人的状态表现。

21世纪智能科技高速发展，人们的生活、学习、工作等方式发生了巨大变化。社会对青少年的要求也更高，要求素质健康、终身学习、心态乐观、情感积极、道德高尚。第一，学校体育作为教育的重要部分，要以立德树人为根本任务，以青少年身心发展为中心，将学校体育文化转变成适应青少年发展的内容，注重青少年对运动知识的获得与技能的形成，加强青少年在体育中对运动的真实体验，加强青少年心理健康、意志品质、体育道德和适应社会能力的教育，将体育的育体功能和育人功能紧密联系起来。第二，以“健康第一”的教育理念开展工作。体育是提高青少年健康水平最直接的方式。学校体育应重视青少年在体育中的主体性，开发青少年的运动智力，使青少年对体育中的信息作出适当反应、获得并分享更多的体育带来的真实体验与情感，激发青少年对体育的兴趣、寻找体育赋予的意义，达到开发和培育青少年内在、自发的体育价值的目标。第三，倡导终身体育思想。关注青少年发展性和过程性体育学习，培养青少年养成坚持体育锻炼的习惯，使其逐渐形成终身体育意识。

小知识

学校“阳光体育运动”

为扭转青少年体能指标持续下降、视力不良率居高不下、超重和肥胖比例明显增加的趋势，中共中央、国务院决定从2007年开始，广泛开展“全国亿万学生阳光体育运动”活动，鼓励青少年走向操场、走进大自然、走到阳光下，形成青少年体育锻炼的热潮。

（三）发展青少年运动技能，提高青少年运动技术水平

运动技术是指人们充分发挥机体的能力，合理有效完成动作的方法。运动技能是指按一定的运动技术要求完成动作的能力。体育锻炼中，运动技术与运动技能相辅相成，技术与技能越好，身体锻炼的效果也越好。学校体育要有计划、全面、科学地教会青少年锻炼身体，还要使青少年学习和掌握体育的基本知识、基本技术、基本技能；培养他们善于运用所学的技术、技能、方法，有目的地学习体育项目，独立进行体育锻炼，提高运动技能与技术，养成热爱体育锻炼的习惯。

（四）传授体育知识，提高青少年体育文化素养

体育知识是体育锻炼顺利并持续进行的向导，是体育锻炼得以科学发展的基础。体育知识包括体育的意义和作用、体育原理、体育方法、体育保健、体育卫生等。因此，学校体育不能仅仅把体育看成是单纯的技术、技能动作的学习，还要教授青少年体育知识，采用理论结合实践、专门理论教学等多种形式，传授青少年体育知识，使他们在体育活动中，由盲目到自觉，由被动到主动，增强体质实效的获得，受益终身。

（五）健全人格，锤炼意志

健全青少年人格，锤炼青少年意志，是学校体育教育中重要的任务之一。意志品质包括坚韧不拔、进取心、自制力、自信心、坚毅、果断、顽强、勇敢等。南非前总统曼德拉说，体育拥有改变世界的力量。在学校各项体育活动中，要鼓舞青少年坚定信心、顽强拼搏，要倡导青少年“公平竞争、团结友爱、相互扶持、相互包容、相互进步”的精神，利用体育活动对青少年进行生命教育、责任教育、安全教育，引导和帮助他们追寻生命的意义、培育生命的智慧、丰富生命的内涵，从而重视生命、珍爱生命。

（六）进行思政教育

学校体育的思政教育内容有共产主义思想教育和体育道德作风教育。青少年正处于世界观形成的关键时期，在学校体育的各项活动中，根据体育的特点，进行思政教育，对青少年身心健康有十分重要的意义。

在体育教学中，对青少年进行思政教育主要是通过贯彻体育课堂常规、结合丰富多样和思想性强的教材内容、严密体育课的组织教学、处理好体育课中的突发事件以及发挥体育运动的集体力量等途径进行。

第三节　奥林匹克运动会

运动箴言

保持身体健康、随时准备入伍是公民的天职，不能表现出身体的力量和美是一种耻辱。——苏格拉底

奥林匹克运动会是现代举世瞩目的国际体育盛会，推动了世界体育的发展和交流，促进了世界体育的进步。奥林匹克精神广泛传播，深刻地影响了人类社会活动和人类文明。

一、奥林匹克运动会的历史渊源

在体育方面，古希腊人创造了巅峰并通过文艺复兴重现影响整个世界体育直至现在。

奥林匹克运动会，是因古希腊一个叫奥林匹亚的地区而得名。两千多年前，古希腊的许多地方举行运动竞赛，其中，规模最大的是在奥林匹亚举行的奥林匹克运动会。

奥林匹克运动会分为古代奥林匹克运动会和现代奥林匹克运动会。

古代奥林匹克运动会的产生与古希腊奴隶社会各城邦之间的战争及信奉多神的宗教有密切的关系。古代奥林匹克运动会延续时间之长、影响之深，在人类历史上是奇迹。它是现代奥林匹克运动会的前身。

古代奥林匹克运动会第一届开始于公元前 776 年，以后每隔 4 年举办一次，日期定在闰年夏至后第二次或第三次的月圆时，会期五天。

古代奥林匹克运动会最初几届的比赛项目以短距离跑为主，全程 192.27 米；以后陆续增加了往返跑、武装跑、五项运动、摔跤、拳击、赛车和赛马等项目。

公元前 2 世纪，古希腊国力大减而被并入罗马版图，古奥林匹克运动会逐渐衰落。公元 393 年，东罗马皇帝下令废止了奥林匹克运动会。至此，共举行了 293 届历时 1 169 年的古奥林匹克运动会，从人们的记忆中消失了。

小知识

公元前 549 年至公元前 338 年期间，雅典国势日盛，体育和教育最为发达。雅典人既是军人，又是社会和文化活动家。当时，雅典的学校有运动场、沐浴场和一些设施，7 岁后的男孩在此学习各种游戏和运动，12 岁时学习五项运动、拳斗、游泳体育训练，14～18 岁进入国家体操馆学习，18 岁入伍进行严格的军事训练。

二、现代奥林匹克运动会

文艺复兴时期，随着对古希腊和罗马帝国的深入研究，人们对古代奥林匹克运动会产生了浓厚的兴趣。复兴奥林匹克运动会的呼声越来越高。为了激发国民的爱国主义精神，希腊于 1859—1889 年间举办了五次奥林匹克运动会，但是只限希腊人参加。法国教育家皮埃尔·德·顾拜旦试图“用体育来唤醒法国”，于 1892 年公开提出举办奥林匹克运动会的倡议。在他的积极努力下，1894 年 6 月 18 日至 24 日，12 个国家的 79 名代表在巴黎举行了“恢复奥林匹克运动会代表大会”的国际性大会。会议成立了国际奥林匹克委员会，决议确定了每 4 年举行一次。1896 年第一届现代奥林匹克运动会在雅典举行，比赛项目有

田径、举重、体操、摔跤、自行车、击剑、射击、游泳（含跳水），有13个国家共计311名男运动员参赛。皮埃尔·德·顾拜旦被誉为“现代奥林匹克之父”。

1926年5月，国际奥林匹克委员会确认法国夏蒙尼冬季运动周为第一届冬季奥林匹克运动会。从那时开始，现代奥林匹克运动会就有冬、夏之分，比赛在同一年内举行，但不得在同一城市举行。

现代奥林匹克运动会推动了世界体育的发展和交流，促进了世界体育的进步，已成为举世瞩目的国际体育盛会，对全世界各国人民产生了巨大的影响，其意义已远超出奥林匹克运动会本身的范围。

小知识

国际奥委会

国际奥委会委员以个人身份入选而不代表国家，主席由委员选举产生，任期八年，可以连选连任。

国际奥委会对奥林匹克运动会拥有一切权力，只有国际奥委会有权选择和决定举办奥运会的城市，国际奥委会管辖奥林匹克运动。

国际奥委会与各国国家、地区之间仅存在承认关系，只有获得国际奥委会承认的国家、地区才有权派队参加奥林匹克运动会。

国际奥委会与其他国际单项体育联合会之间也是承认与被承认的关系。只有被国际奥委会承认的单项体育组织，其所辖运动项目才能被列入奥运会比赛项目。

三、中国与奥林匹克运动会

现代奥林匹克运动会在中国经历了一个漫长而又曲折的发展过程。

1895年，国际奥委会发出正式邀请函请清朝政府参加1896年在雅典举行的第一次国际奥林匹克运动会，但是清政府未作任何答复。

1915年，国际奥委会邀请中国参加1916年奥运会，但因第一次世界大战停办。1922年，北洋政府外交部部长王正延被选为国际奥委会委员。

1928年荷兰阿姆斯特丹举行的第九届奥运会，中国只派宋如海一人出席参观。

1932年美国洛杉矶举行的第十届奥运会，刘长春代表国民政府参赛，在100米及200米预赛中落选。

1936年，中国派出包括“考察团”在内的共141人的体育代表团参加了在德国柏林举行的第十一届奥运会。69名运动员参加了田径、足球、篮球、游泳、举重、自行车项目，除符保卢在撑竿跳高比赛中获得复赛权外，其余均在初赛中被淘汰。比赛期间，代表团进行了武术表演，获得了意外好评。

新中国成立后，为了维护和提高国际地位、增进与各国人民的了解与友谊，1952年，中国代表团冲破重重难关参加了第十五届奥运会。然而，1958年中国断绝了与奥运会的一切关系，也退出了非法接纳台湾体育组织的国际体育组织。

1979年11月，国际奥委会恢复了中国奥委会的合法地位。以奥运会为战略中心的中国体育，在1980年8破世界纪录，8获世界冠军。

1984年，中国重返奥运会赛场，取得了15枚金牌、8枚银牌、9枚铜牌，在金牌榜列第四位的好成绩，实现了中国在奥运会“零”的突破。

至此，中国体育跻身世界前列，创造了举世瞩目的辉煌。

2008 年 8 月 8 日，第二十九届夏季奥林匹克运动会在北京召开，我国以 51 枚金牌成为奖牌榜首，这是奥运史上首个亚洲国家登上金牌榜首。

2015 年 7 月 31 日，在马来西亚吉隆坡举行的国际奥委会第 128 次全会投票决定，北京成为 2022 年冬奥会和冬残奥会举办城市。

小知识

北京 2022 年冬奥会吉祥物“冰墩墩”（左）、冬残奥会吉祥物“雪容融”（右）

北京 2022 年冬奥会会徽

北京 2022 年冬残奥会会徽

四、奥林匹克的内涵

（一）奥林匹克主义

“奥林匹克主义”（Olympism）是由奥林匹克运动之父顾拜旦提出的，并在不同时间表述不同的含义。概括来说，奥林匹克主义是建立在哲学和宗教理论上的学说，是强壮的身体文化，是维护世界和平的强有力的因素。

“奥林匹克主义”的中心思想是人的和谐发展，强调通过体育运动与教育、文化结合，充分发挥奥运选手的榜样作用，改善生活方式，促进人的和谐。

因此，奥林匹克主义极大地丰富了体育的内涵。第一，奥林匹克主义是提高人的身心和精神和谐的一种人生哲学。第二，奥林匹克主义使体育运动与教育、文化融为一体，为人的和谐发展服务。第三，奥林匹克主义以一般伦理的基本原则的尊敬为基础，是维护世界和平、和谐社会、个人尊严的和平使者，担负着崇高的历史使命。第四，奥林匹克主义追求在奋斗中体验乐趣，在优秀榜样中开创人生道路，具有强大的教育作用和文化价值。

（二）奥林匹克精神

《奥林匹克宪章》指出，奥林匹克精神（Olympic Spirit）就是相互了解、友谊、团结和公平竞争的精神。其强调对不同国家、不同地区、不同民族文化差异的容忍和理解，强调竞技运动的公平与公正；倡导通过奥林匹克运动实现国际交流，尊重不同国家、民族，汲取其优秀文化，从而不断丰富自己；倡导公平竞争下的团结与友谊，学会尊重他人、学会生活，学会如何度过自己的一生及如何对待自己的同类。

小知识

奥林匹克标志

《奥林匹克宪章》规定，奥林匹克标志是奥林匹克运动的象征，是国际奥委会的专用标志。奥运五环标志是由 5 个奥林匹克环套接组成，环从左到右互相套接，上面是蓝、黑、红环，下面是黄、绿环，分别代表欧洲、非洲、美洲、亚洲、澳洲。

奥林匹克标志象征着五大洲和全世界的运动员在奥运会上欢聚一堂，充分体现了奥林匹克主义的内容，即“所有国家、所有民族”的“奥林匹克大家庭”主题。

（三）奥林匹克宗旨

奥林匹克运动的宗旨是：“通过没有任何歧视的体育活动，以友谊、团结和公平竞争的奥林匹克精神，促进青年之间的相互理解，从而为建立一个和平的、更美好的世界作出贡献。”奥林匹克运动的宗旨具有两个含义：一是促进人类社会向真善美发展。世界和平事业是奥林匹克运动的一项重要事业，这也是奥林匹克运动具有国际重要地位原因之所在。二是以具有人文精神的体育运动为途径，在世界各国人民间建立和平友谊的纽带。如在巴塞罗那奥运会上，刚结束战争仅一年的伊拉克和科威特的运动员同时出现在赛场上。奥林匹克不仅将体育运动作为一种改造社会的力量，并有意识地将这种力量应用到社会发展这个广阔的范围内。

（四）奥林匹克格言

奥林匹克运动最著名的格言是“更快、更高、更强”。奥林匹克格言（Olympic Motto）又称奥林匹克口号，短短 6 个字，充分表达了不断进取、永不满足的奋斗精神和不畏艰险、勇于拼搏的积极向上的精神。其鼓励人们不仅要在竞技场里不畏强手、敢于竞争、敢于胜利，在生活与工作中也要具有不甘于平庸、超越自我及勇往直前的大无畏精神，将自己的潜能发挥到极限，实现新的目标，达到新的境界。

第四节 学校体育竞赛编排

运动箴言

运动太多和太少，同样损伤体力；饮食过多与过少，同样损害健康；唯有适度可以产生、增进、保持体力和健康。——亚里士多德

竞赛项目编排不同，编排方法也不同。在学校球类运动竞赛中，采用的比赛编排方法有淘汰制、循环制和混合制三种。这里介绍通常用的淘汰制编排方法。

淘汰制一般是在参赛队数或人数多而比赛时间短的情况下采用。其优点是比赛场次少、时间短，可使更多的队或运动员参赛。其缺点是除第一名外，其他名次的选手的成绩不能客观地反映出来。淘汰制有单淘汰赛、淘汰附加赛和双淘汰赛三种。

一、单淘汰赛

单淘汰是指比赛中失败一次即被淘汰，获胜者继续参赛直至赛出冠军的赛制。

(一) 号码位置

号码位置是指参赛队在比赛轮次表中的位置。

(二) 号码位置数

号码位置数是指第一轮比赛时合适的位置数目。根据参加比赛的队数，选择稍大于参加队数并是 2 的乘方数为号码位置数。

(三) 比赛场数计算方法

场数＝队（人）数－1

例如：8 个队参赛，8－1＝7（场）。15 个队参赛，15－1＝14（场）。

(四) 比赛轮次数计算方法

轮次＝选用号码位置数的以“2”为底的幂的指数

例如：8 个队参赛，比赛轮次为 3 轮，即 $2^3=8$。15 个队参赛，比赛选用号码位置数为 16，比赛轮次为 4 轮，即 $2^4=16$。

(五) 轮空数的计算方法

轮空数＝号码位置数－参赛队数

(六) 轮空号码的定位

按轮空数目，依次逐列由左向右，摘出小于比赛号码位置数的号码即为轮空位置号码。例如：12 队比赛，有 4 个轮空位置，查表得出 2、15、10、7 四个号码即为轮空位置，见表 1－1。

表 1－1

2	255	130	127	66	191	194	63
34	223	162	95	98	159	226	31

18	239	146	111	82	175	210	47
50	207	178	79	114	143	242	15
10	247	138	119	74	183	202	55
42	215	170	87	106	151	234	23
26	231	154	103	90	167	218	39
58	199	186	71	122	135	250	7
6	251	134	123	70	187	198	59
38	219	166	91	102	155	230	27
22	235	150	107	86	171	214	43
54	293	182	75	118	139	246	11
14	243	142	115	78	179	206	51
46	211	174	83	110	147	238	19
30	227	158	99	94	163	222	35
62	195	190	67	126	131	254	3

（七）编排方法

（1）参赛队数为 2 的 n 次方（4、8、16、32、64 等）时，没有轮空队。以 8 队为例，按图 1-1 编排。

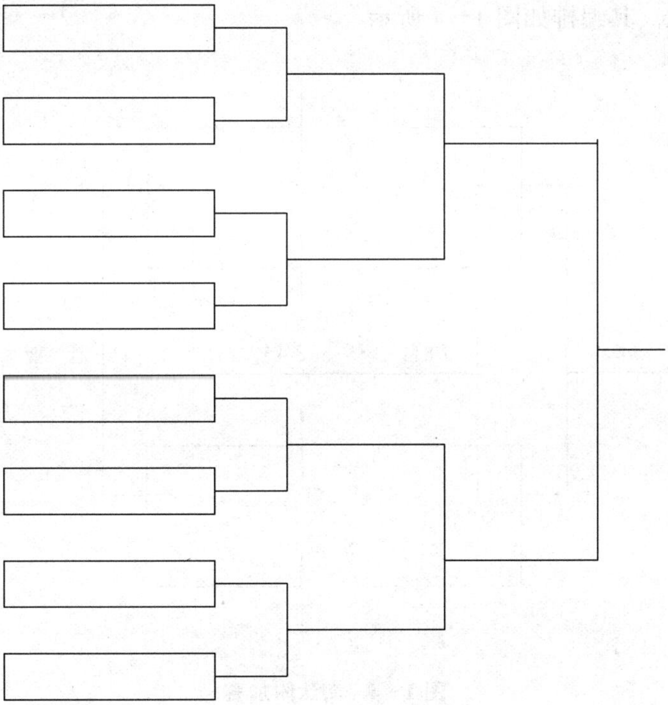

图 1-1　8 队编排方法

（2）参赛队数不是 2 的 n 次方，第一轮比赛有轮空队出现时，先选择最接近较大参赛队数 2 的乘方数作为号码的位置数减去参赛队数，算出轮空队数，再进行编排。以 12 队为例：大于 12 的 2 的乘方数为 16，则 16－12＝4，即第一轮比赛有 4 个队轮空。从表 1-1 得知，2、15、10、7 四个号码即为轮空位置，如图 1-2、图 1-3 所示。

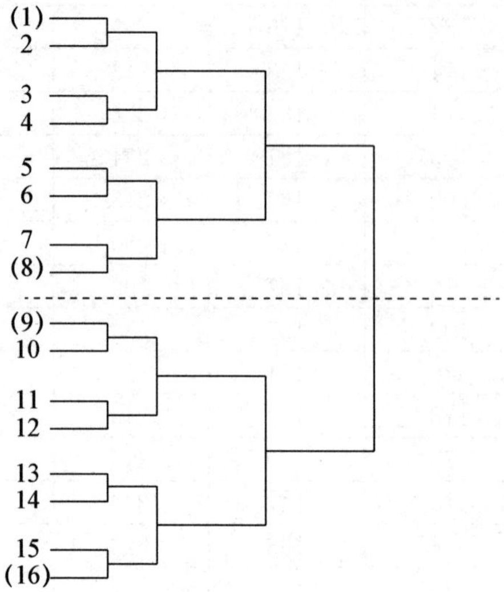

图 1-2　12 队编排方法

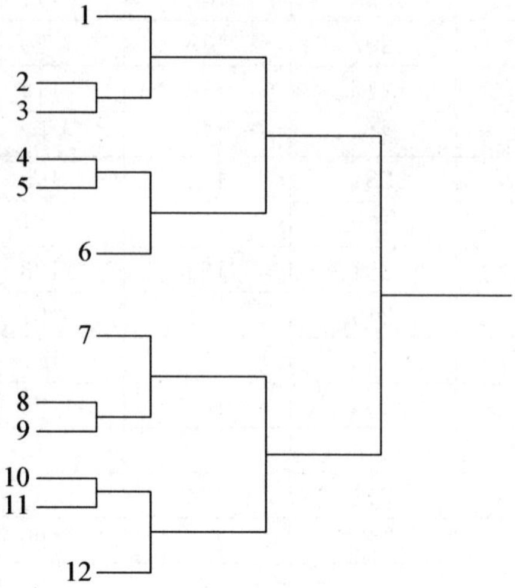

图 1-3　12 队编排方法（简化）

二、淘汰附加赛

单淘汰赛只能定冠、亚军，用附加赛可进一步排出前八名，办法是每轮胜者与胜者比、负者与负者比。其编排如图 1-4 所示。

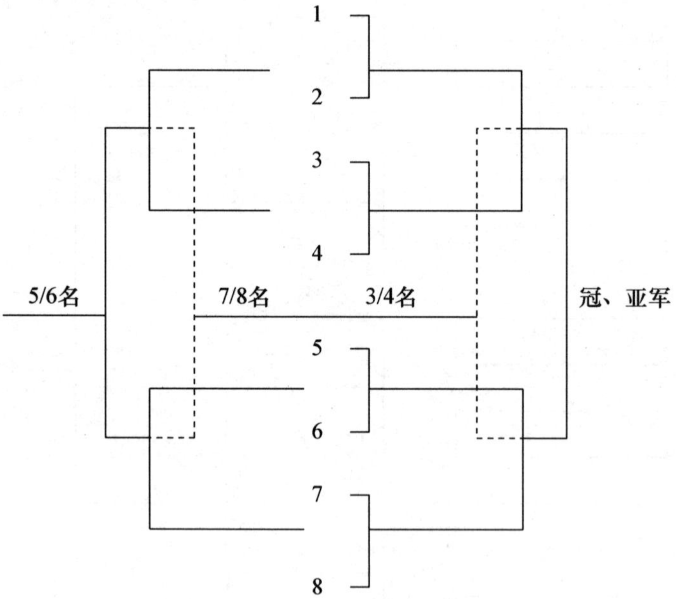

图 1-4　淘汰附加赛

三、双淘汰赛

双淘汰制是比赛过程中失败两次的参赛队（人）即被淘汰的赛制。其编排方法与单淘汰相似，每赛一轮，胜者留在上半区，负者留在下半区。下半区的失败的参赛队（人）再次编排进行比赛，再次失败的被淘汰，胜者与上半区的第二名争夺进入冠、亚军资格，获得资格者与上半区的第一名争夺冠、亚军，获胜者为冠军。其编排如图 1-5 所示。

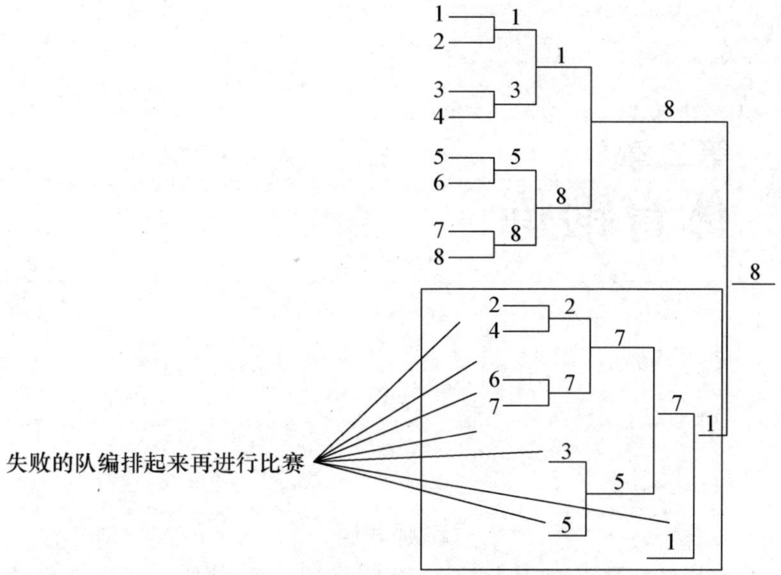

图 1－5　8 个队参加双淘汰赛的编排

实践与探究

1．体育的内容有哪些？

2．体育课中如何充分发挥体育功能、促进学生身心健康？

3．学校将举行篮球比赛，有 16 个队参赛。如果要求你用双淘汰制编排赛事，你将如何编排？

第二章
体育锻炼

教师导语

享受健康人生是我们追求的目标之一。21世纪，我们以合理、自由、丰富为原则，以文明、健康、科学为主要特征，以积极参加体育锻炼为生活方式，坚持终身体育，积极生活，活出我们的生活质量、生命价值。

第一节　体育锻炼概述

运动箴言

生命在于运动。

生命在于运动。纵观人类身体发展的生命历程，可以看出人体的发展遵循“用进废退”的规律。随着现代社会的进步，人类对自身的健康越来越重视，以合理营养、体育锻炼、调节和改善心理适应能力以及自我保健为高水平健康医学的模式被人们提出，体育锻炼成为促进人体健康的四大基石之一。

一、体育锻炼的定义

法国启蒙思想家、教育家卢梭说过：要学习思索，必须练习四肢、感官以及各器官，它们是求知的工具。欲求这些工具发挥最大效用，为人配备这些工具的身体必须健壮。身体虚弱，将永远不会有充满活力的灵魂和智慧。因此，现代人将体育锻炼作为增强体魄、促进身心健康的重要手段之一。

体育锻炼是指运用各种体育手段、结合自然力（日光、空气、水）和卫生措施，以发展身体、增进健康、增强体质、调节精神和丰富文化生活为目的的身体活动过程。

二、体育锻炼的特点

（一）以健身为目的，提高锻炼的实效性

体育锻炼是从体育锻炼者身体健康出发，通过体育锻炼，追求个人的身体健康及对疾病的抵抗能力的实际效果，提高身体机能，提高个体生活、工作、学习、劳动的效率与能力。

(二) 以健心为目的，追求锻炼的娱乐性

现代社会，随着物质生活水平的不断提高，人们对精神生活的要求也越来越高。闲暇之余，人们通过体育动作展现“难、新、美、尖、高”的运动技巧与技术，美化生活，陶冶情操，丰富健康的生活习惯和生活方式。

(三) 活动内容多样，组织形式多样

随着生活水准的提高，人民群众对健康也有了更高层次的要求。太极、瑜伽、体操、游泳、跑步、羽毛球、篮球、气排球、散步、健美、减脂运动、力量运动等活动项目成了人们业余锻炼、增强体质的内容之一。人们在业余时间，根据爱好与具体情况，有选择地进行个人、集体活动，开展锻炼。

(四) 因人而异，因地制宜

根据运动者的实际情况，安排合适的运动内容与运动负荷，是体育锻炼行之有效的关键。20 世纪 50 年代，美国运动生理学家卡波维奇提出了“运动处方”的概念。这是通过严格的医学检查和健康诊断后，在医生的监督和指导下，根据性别、年龄、身体素质、健康水平、职业、生活地域与环境等状况，选择锻炼项目，制定锻炼计划，确定运动负荷强度、运动时间、每周运动次数等。

第二节 体育锻炼对体质的影响

运动箴言

体育锻炼对人体的作用是多方面的，能不断优化先天的体质。

人的体质增强有一个从量变到质变的过程。每参加一次锻炼，身体都会发生变化，留下痕迹。经常参加体育锻炼，身体会随着留下的痕迹不断积累加深而发生质的变化，体质逐渐加强。反之，痕迹会消失。

体育锻炼对人体的作用是多方面的，能不断优化先天的体质，主要影响有以下几点。

一、体育锻炼对神经系统的影响

神经系统是人体的通信网络，调节、主宰人的各种活动，是统帅人体一切活动的司令部。长期坚持体育锻炼，对神经系统的结构和机能的改善主要表现在：

(1) 改善神经系统的血氧物质能量供应。据科学家测定，神经系统的血氧消耗居全身首位。经常锻炼，能使神经细胞获得充足的血氧物质能量供应，改善神经系统对全身各器官、系统的调节和支配作用，使心血管和呼吸系统的工作能量得到提高、肌肉血氧贮备增加，改善血氧供应条件。

(2) 改善神经系统的机能。体育锻炼能使大脑的兴奋与抑制过程转换快，对外界刺激反应迅速准确；可以避免神经系统过度紧张，消除视疲劳；可以提高运动与工作能力和对外界环境的适应能力。

(3) 促进智力提高。经常锻炼，脑细胞的反应速度会加快，大脑皮层的分析、判断、思维和综合能力都会相应加强。实验和实践证明，运动员的反射潜伏期要比不经常运动的人反射潜伏期在时间上缩短 3～5 倍。

二、体育锻炼对运动系统的影响

运动是人体对外界反应的主要形式之一。人体各种动作，是以骨为杠杆、以关节为枢纽、以肌肉收缩为动力而实现的，三者合称运动系统。长期锻炼对运动系统的影响十分显著。

(1) 改善骨的结构与性能。青少年时期，在神经系统的调节下，骨骼中进行着非常旺盛的生长过程和物质代谢过程。这期间，骨的长长靠长骨两端的骺软骨来完成。经常参加体育锻炼，骨骺生长所需的营养被改善，人体内分泌相应增加，骨骺的生长受到良好的刺激。据科学调查统计，同性别、同年龄的青少年，经常参加体育锻炼比不参加者的身高高4～8厘米。

(2) 增大关节的稳固性和灵活性。经常进行体育锻炼，在适宜的运动刺激下，关节囊、韧带和肌腱的体积增大、增强，关节软骨厚度增加，关节周围的肌肉、韧带就会有良好的伸展性和弹性，使关节的稳固性和灵活性得到增强。

(3) 促进肌肉的发展。人体的运动都是肌肉收缩和舒张的结果。经常坚持体育锻炼，肌纤维就会变粗，肌肉的横断面积就会增大，肌肉就会发达、结实、匀称有力。这样使得肌肉中的肌糖原、肌动蛋白、肌球蛋白和肌红蛋白增加，收缩能力增强，收缩耐力增强，抗疲劳能力增强；肌肉纤维和肌腱的连接、肌腱和骨骼的连接变结实，能更好地对抗剧烈运动；肌肉对神经刺激产生更快和更准确的反应，肌肉之间相互协调配合的能力增强，能更好地完成复杂和高难度的动作，并且能量消耗少、运动效能大，出现运动机能“节省化”。同时，经常从事体育锻炼，可推迟老年性的肌肉萎缩，保持良好的肌力和正常的工作能力。

三、体育锻炼对心血管系统的影响

坚持锻炼的运动者的心血管系统和不参加运动的人比较，主要不同有：

(1) 呈现运动性心脏。经常锻炼的人心脏粗壮，心脏收缩力提高，心容量加大，搏动有力。一般人的心容量为765～785毫升，而经常锻炼的人可达到1 015～1 027毫升，每搏输出量也增加。

(2) 心血管机能水平高。经常锻炼的人心脏增大，心搏徐缓而有力，安静状态下心脏每次可搏出更多的血量；心容量增大，心脏跳动次数比一般人少，大大节省了心脏的工作；中枢神经系统对心血管系统的调节能力提高，增强了迷走神经的紧张性，动脉血压逐渐降低，出现低血压状态。

(3) 血管壁的构造得到改善。经常锻炼的人动脉血管壁中膜增厚，平滑肌细胞和弹力纤维增加，血液流动阻力减少，心脏对各器官的供血速度加快。

四、体育锻炼对呼吸系统的影响

(1) 增强呼吸肌的力量。呼吸肌主要有膈肌、肋间肌、肩带肌、背肌等辅助肌。经常参加体育锻炼，呼吸肌会变得发达，呼吸动作幅度得到扩展，胸围、呼吸差增大。一般人呼吸差为5～7厘米，长期锻炼的可达9～16厘米。

(2) 肺活量增大，呼吸深度加深。长期锻炼，呼吸能力增强，吸取的氧气多，排出的二氧化碳多；肺活量可比平常人大1 000毫升左右；肺活量增大，在安静时，呼吸深而慢，呼吸后有较长的休息时间，不易疲劳。

(3) 提高吸氧能力和缺氧的耐受能力。人体好像一架大机器，通过物质代谢消耗能量来使各个器官不停地工作。在物质代谢过程中，不断消耗氧气来氧化能源物质（糖、脂肪、蛋白质）从而释放出能量，供给各器官的需要。

小知识

人体的物质代谢过程中实际消耗的氧量，即组织细胞所吸收的氧量，叫耗氧量，又叫吸氧量。耗氧量随着运动强度的加大而增加，但受循环、呼吸系统的限制，每分钟耗氧量的增加有一定的限度，这个限度叫氧极限。运动时，由于机体的限制，耗氧量不能立即提高到应有的水平来满足运动时的需要，欠下了氧，叫氧债。一般人约能负 10 升氧债，而经常锻炼的人氧耐受力可达 15～20 升。所以，通过体育锻炼，能最大程度发展人体的吸氧量，降低呼吸中枢对乳酸和二氧化碳的兴奋，增强人体对缺氧的耐受能力。

第三节　体育锻炼的原则

运动箴言

欲图体育之有效，非动其主观、促其对于体育之自觉不可。

体育锻炼的原则是以体育锻炼的理论依据为准绳，在不断的体育锻炼实践中发展完善的客观规律的反映。它是指导体育锻炼的准则，是体育锻炼中增强体质的规律和科学总结。

一、自觉性原则

体育锻炼是一种健身活动，不同于劳动工作和日常生活中的躯体活动，需要个体有明确的健身目标并有意识、自觉地参与锻炼。要贯彻好自觉性原则，首先要认识到体育锻炼的价值，明确生命在于运动的科学原理。其次要确立体育锻炼的目标及树立坚定的意志。体育锻炼是一个自我革命、自我斗争、自我完善的过程，其间需要克服重重困难，诸如克服惰性、克服伤痛、克服工作及生活与运动的矛盾等。再次要做到意念专一。体育锻炼健身、健心，锻炼时要摒去闲思杂虑，用“心”运动，运心于血脉、筋络、肌肉、关节、呼吸，运动作于屈、伸、进、退等。注重心理调整，把精神、身体、心智融为一体。

二、循序渐进原则

循序渐进原则是指体育锻炼必须遵循人体机能活动的规律，按人体自然发展、机体适应性规律和超量恢复原理开展锻炼。人体体质的增强、各器官系统机能的提高，是一个日积月累、逐步发展的过程，是机体不断接受锻炼、适应刺激的结果。违反这一规律，不仅不能很好地增强体质，反而会损害健康。例如，一个从未参加过锻炼的人，突然被要求跑 800 米，就会出现呼吸困难、胸部发闷、眼前发黑、胃痛、腿软、肌肉痛等现象，这是身体器官系统不适应运动负荷所致。而长期锻炼的人，运动量突然下降，锻炼身体的效果也会下降。因此，要贯彻好循序渐进原则，一是要建立符合自己的运动负荷，二是要遵守人体生理机能活动能力变化规律。根据自己的实际情况，注重运动量与运动强度的关系，在提高“量”的基础上，逐渐增大运动强度，确保形成正确的运动负荷。体质不强和体育基础差的人，更要严格遵守这条原则。人体活动能力的提高，要经过安静状态—工作状态—达到较大的运动负荷—产生一定的疲劳—恢复状态的反复过程。因此，锻炼时，要根据身体实际情况，从易到难、从简到繁，逐步提高锻炼水平。同时，每次锻炼都要做好充分的准备活动，结束时要做好拉伸练习，防止运动创伤或产生不舒服的感觉。

三、持之以恒原则

体育锻炼的直接作用是促进体内异化作用的加强，继而得到同化作用的加强，加快体内物质的合成。经常参加体育锻炼，在时间、次数、强度上保持对体内刺激的连续和衔接，使体内的物质得到补充、增加和积累。避免因为间隔长、中断久，导致产生的痕迹变弱，运动能力减退，体质下降。贯彻经常性原则，一是要合理安排锻炼间隔，二是要经常、持久的锻炼。三天打鱼两天晒网是不行的。要冬练三九、夏练三伏，日积月累，保持旺盛的新陈代谢，增强体质。

四、全面性原则

全面性原则是指体育锻炼必须追求身心的和谐发展。锻炼时，坚持身体全面锻炼，内容、方法应力求多样化，使身体各个部分、各个器官系统得到均衡发展，改善机体形态；从适应环境、抵抗疾病的角度出发，陶冶情操、愉悦心情、丰富文化生活，提高机能的功效。

五、适量性原则

适量性原则是指体育锻炼要有恰当的生理负荷。过小的运动负荷对身体锻炼效果不大，过大运动负荷，不仅不能增强体质，而且会损害身体。运动负荷是相对的，不是绝对的。不同的人的运动负荷不一样，同一个人在不同时期的运动负荷也不一样。因此，安排适宜的运动负荷，一是要根据体育锻炼者的年龄、性别、健康状况等科学地确定负荷大小，二是运动负荷量应该逐步增加，三是合理安排休息时间。体育锻炼的效果不仅取决于练习时间的长短和强度，还与间歇时间有关。在安排间歇时间和次数时，要依据锻炼者的身心特点，以机体在下一次练习之前处于良好的状态为宜。

六、针对性原则

针对性原则是指体育锻炼必须根据个人的实际情况，有针对性地付诸实行。选择锻炼内容、方法和安排负荷时，应考虑锻炼者的性别、年龄、专业（工种）、健康状况等，不应千篇一律，而应因人而异。

小知识

一般人的体育锻炼，应以有氧代谢为主、中等强度为宜。最佳健身效果区间是心率保持在120～140次/分，并且占一次锻炼总时间的2/3左右。

进行强度较大、持续时间不长的无氧代谢运动，心率在120～140次/分时，每搏输出量最大；心率在140～180次/分时，每分输出量最大。此时，对提高负氧债能力的锻炼有一定意义。

体育锻炼的内容、强度要注意年龄、体质的不同，要注意考虑自我的感觉舒适、适应等，不能影响正常的工作、学习、生活。

第四节 体育锻炼的方法

运动箴言

缺乏有生气的健康，阻碍了许多人充分发挥其潜力。

体育锻炼的方法是指根据人体发展规律，运用各种身体练习和自然因素以培育身体的途径和方式，主要有重复锻炼法、间歇锻炼法、变换锻炼法、循环锻炼法。

一、重复锻炼法

重复锻炼法是指按一定负荷标准，反复进行某项练习的方法。它能有效地提高身体素质，提高工作能力，锻炼意志品质。重复的次数和时间，是决定健身效果的关键。例如：以固定的速度，按规定的距离重复跑；以同一姿势多次举同一重量的杠铃等。

二、间歇锻炼法

间歇锻炼法是指重复锻炼之间有合理的休整。间歇时间的长短，以运动负荷价值阈为准。例如：以80%的速度进行100米重复跑，规定重复跑之间的间歇为8～10分钟；举一定重量的杠铃，间歇时间为2～3分钟等。

三、变换锻炼法

变换锻炼法是指在变化的条件下如变换环境、变换动作组合、变换动作技术要素（速度、幅度、时间）等进行锻炼的方法。变换锻炼法对提高中枢神经系统的协调性和机体调节机能的灵活性等方面有独特的意义。

四、循环锻炼法

循环锻炼法是指把各种类型的动作，具有不同练习效果的手段，组成一组锻炼项目，按一定的顺序循环往复地进行锻炼的方法。这种方法能有效地预防局部的疲劳，促进身体全面均衡发展、协调，有显著的健身价值。采用这种方法，要注意各个练习点，内容搭配以简单易行、熟练掌握的动作为主，强调动作的质量、次数、规格和要求，确保达到锻炼效果。

小知识

日光、水、空气是生命体的源泉。空气对人体的物质代谢、热代谢、气体代谢起着重要的作用。当空气中的氧含量低至10%时，人体会出现呕吐、恶心、神经活动减弱现象；当降至7%～8%时，会出现窒息甚至死亡。人体是恒温的有机整体，通过与外界不断进行热交换来维持正常体温，而周围的气温、风速、湿度、光照、气压等气象条件在不断地变化。人类除了改善环境外，还需要通过体育锻炼和改善营养等提高机体的适应环境能力，还可通过日光浴、空气浴、冷水浴等锻炼形式预防疾病、保护健康。

实践与探究

1. 体育锻炼对体质有哪些改善作用?
2. 体育锻炼的原则有哪些?

第三章
体育卫生保健

教师导语

人生最大的财富是希望，人生最大的资本是健康。人生最大的幸福是快乐，人生最大的幸运是平安！物质是健康的基层，精神是健康的支柱，运动是健康源泉，科学是健康的法宝，健身是健康的保证。

第一节　健康概念

运动箴言

体育之效，在于强筋骨、增知识、调感情、强意志。

世界卫生组织提出了人类的新健康标准："五快"（身体健康）、"三良好"（精神健康）。五快：吃得快、便得快、睡得快、说得快、走得快。三良好：良好的个性人格、良好的处世能力、良好的人际关系。

一、现代健康观

（一）健康的定义

健康"health"，古老的英文含义是安全的、完美的、结实的。1948 年，世界卫生组织把"健康"定义为：健康不仅仅是没有疾病和衰弱的状态，而是一种在身体上、精神上和社会上的完好状态。1968 年，WHO 更强调人的社会属性，提出健康是"身体精神良好，具有社会幸福感"。

（二）健康的内容

现代健康的内容包括生理健康、心理健康、社会适应能力良好和道德健康。

1. 生理健康

生理健康是指身体结构和功能正常，具有生活的自理能力。过去将生理健康定义为："能够精力旺盛地、敏捷地、不感觉过分疲劳地从事日常活动，保持乐观、蓬勃向上以及具有应激能力。"但是目前，关于生理健康，应当将健康与健康行为两个概念区别开来，健康是指循环系统、呼吸系统、机体的各个器官、关节活动及肌力都达到最低正常水平，这样就会有助于减少退行性疾病发生的危险性。健康行为要求健康达到一定水平，并且与敏捷性、速度、肌肉的耐受性和收缩力有关，能够使机体更好地从事职业与娱乐方面的生理活动。

2. 心理健康

心理健康是指个体能够正确认识自己，及时调整自己的心态，使心理处于良好状态以适应外界的变化。心理健康有广义和狭义之分：狭义的心理健康主要是指无心理障碍等心理问题的状态；广义的心理健康还包括心理调节能力、发展心理效能能力。

3. 社会适应能力良好

较强的适应能力是心理健康的重要特征。心理健康的职业学校学生应能与社会保持良好的接触，对于社会现状有清晰、正确的认识；既有远大的理想和抱负，又不会沉湎于不切实际的幻想与奢望，注重现实与理想的统一；对于现实生活中所遇到的各种困难和挑战，不怨天尤人，用切实有效的办法去解决；当发觉自己的理想、愿望与社会发展背道而驰时，能够迅速地进行自我调节，以求与社会发展一致，而不是逃避现实，更不妄自尊大和一意孤行。

4. 道德健康

道德健康是指能够按照社会规范的细则和要求来支配自己的行为，能为人们的幸福作贡献，表现为思想高尚并且有理想、有道德、守纪律。

小知识

健康的十条标志

1. 有足够充沛的精力，能从容不迫地应付日常生活和工作压力。
2. 处事乐观，态度积极，乐于承担责任，事无巨细不挑剔。
3. 善于休息，睡眠良好。
4. 应变能力强，能适应外界环境的各种变化。
5. 能抵抗一般性的感冒和传染病。
6. 体重适当，身材匀称；站立时，头、臂、臀比例协调。
7. 眼睛明亮，反应敏锐，眼睑不发炎。
8. 牙齿清洁，无缺损，无痛感；牙龈颜色正常，无出血。
9. 头发光洁，无头屑。
10. 肌肉、皮肤有弹性，走路轻松。

二、运动对健康的影响

在现代文明的生活方式中，健康备受关注，被提到了一个前所未有的高度。人们对健康的认识也发生了较大的改观，健康第一的思想已转化为行动。体育锻炼可以强身健体、舒经活络、促进代谢、陶冶情操等，对人体的生理、心理等多方面有着良好的影响，从而达到增强体质、延年益寿的目的，具体表现为以下几点。

（一）生理方面

（1）有利于人体骨骼、肌肉的生长，增强心肺功能，改善血液循环系统、呼吸系统、消化系统的机能状况，有利于人体的生长发育，提高抗病能力，增强有机体的适应能力。

（2）可以降低在成年后患上心脏病、高血压、糖尿病等疾病的机会。

（3）是增强体质的最积极、最有效的手段之一。

（4）可以防止过早进入衰老期。

（5）能改善神经系统的调节功能，提高神经系统对人体活动时错综复杂变化的判断能力，并及时作出协调、准确、迅速的反应。

（6）使人体适应内外环境的变化、保持肌体生命活动的正常运行。

（二）心理方面

（1）具有调节人体紧张情绪的作用，能改善生理和心理状态、恢复体力和精力。

（2）能使疲劳的身体得到积极的休息，使人精力充沛地投入学习、工作。

（3）能舒展身心，有助于安眠及消除读书带来的压力。

（4）可以陶冶情操，保持健康的心态，充分发挥个体的积极性、创造性和主动性，从而提高自信心，使个性在融洽的氛围中获得健康、和谐的发展。

（5）集体项目与竞赛活动可以培养人的团结、协作及集体主义精神。

第二节 影响健康的因素

运动箴言

生活就像骑自行车，要保持平衡就要不断运动。

中职学生正处在青春发育期的后半期。青春期是人一生中的第二次生长高峰，也是最后一个高峰，不论是在生理方面还是在心理方面都将获得飞速的发展，是人的发展中最关键的时期。如果这一时期的生长发育良好，会为将来的学习、工作、生活打下坚实的身体基础。根据健康的整体观念，现代医学将影响健康的因素归结为四大类，即环境因素、生理因素、心理因素、行为与生活方式因素。

一、环境因素

环境因素强调人体与自然环境和社会环境的统一，强调健康、环境与人类发展问题不可分割。

（一）自然环境

自然环境是指人类生态系统中包含的自然因素，如阳光、空气、水、山川、气候等。保持自然环境与人类的和谐，对维护、促进健康有着十分重要的意义。若破坏了人与自然的和谐，人类社会就会遭到大自然的报复。人类要善于利用自然、开发自然，保护好赖以生存的环境，来增进健康，为后代造福。

（二）社会环境

社会环境是指影响人类日常生活的社会因素，由政治、经济、文化等构成，包括社会制度、法律、经济、文化、教育、人口、民族、职业等。社会制度确定了与健康相关的政策、法律、法规等。良好的社会环境是人类健康的根本保证，可以创造一个优美、文明、健康、清洁的生活和工作环境。

二、生理因素

中职学生的年龄一般在十七八岁左右，这一时期学生的主要发育指标有身体形态的变化、生理功能的逐渐完善和性发育的趋于成熟。身体形态指标主要包括身高、体重、胸围。学生生理上的第一大变化是身体形态的变化，显著的特征是身高迅速增长。学生生理功能主要表现在：心血管系统功能趋于稳定、肺活量和肺通气量增加、神经系统逐步完善、性发育趋于成熟。

三、心理因素

人的心理活动是一个极为复杂的动态过程，因此，影响心理健康、造成心理障碍的因素也是复杂多样的，其中包括生理、心理、社会等因素。职业院校的学生正值长身体、长知识、学做人的时期，正处于世界观、人生观、价值观的形成过程中，可塑性强。学生的心理问题是由来自社会、学校和家庭的各种压力直接造成的，归纳起来主要有：社会竞争的压力、信息矛盾引起的认知问题、生活环境的压力、学习环境的压力、个人情感的压力、人际关系的压力、父母期望值的压力、经济困难的压力、自身缺陷因素等。

四、行为与生活方式因素

行为与生活方式是指在一定环境下，人们长期受一定文化、民族、经济、社会、风俗、规范特别是家庭影响，而形成的一系列生活意识和生活习惯的统称。行为是影响健康的重要因素，几乎所有影响健康的因素的作用都与行为有关。在现代社会里，不良生活方式和有害健康的行为习惯已经成为危害人们健康、导致疾病的主要因素，如吸烟、酗酒、缺乏锻炼、不良饮食习惯，致使人群高血压、冠心病、糖尿病、高血脂等“现代生活方式病”的患病率不断增高。另外，电子游戏成瘾、网络成瘾等因素，已经成为危害人们健康、导致疾病的原因。

影响健康的四个因素中，环境因素起重要作用，其次为生理因素、心理因素、行为与生活方式因素，这四个因素彼此又有相互依存关系。平时要养成良好的生活习惯和饮食习惯，规律生活，尽量吃符合营养要求的食品，培养积极的、乐观的、向上的情绪，保持充足的睡眠，加强锻炼。

第三节　青春期保健

运动箴言

早睡早起，锻炼身体；讲究卫生，从我做起。

人的一生有两次生长发育高峰，第一次是在婴儿期，第二次是在青春期。青春期是儿童转变为成人角色的过渡时期，这一时期是机体各方面生长发育突增时期。

一、青少年生理发展特点及体育卫生措施

（1）青少年骨骼处于生长发育阶段，软骨组织较多，骨组织中的水分和有机物较无机盐少。因此，青少年的骨骼具有弹性、柔韧性，不易断裂，但不够强壮，承受外部压力和张力的能力比成年人弱，很容易在强度过大和时间较长的外力的影响下发生生理弯曲或变形。

为防止他们的脊柱、胸廓、骨盆以及下肢发生变形，我们除了要在日常的生活和学习中督促他们保持正确的姿势外，还要在体育教学的训练过程中注意并培养他们养成正确的站、立、跑、跳的姿势和动作。教学时不宜在坚硬的（水泥和沥青等）地面上进行反复的跑、跳练习。

（2）青少年心血管系统正处于发育过程中，与成年人相比，青少年心肌纤维短而细，弹性纤维较少，心瓣膜发育不完全。就呼吸系统而言，青少年每千克体重的肺活量较小、相对值较大，呼吸频率主要是通过增加呼吸量而增加呼吸深度。这是因为青少年的呼吸肌发育较慢，调节功能不完善。

因此，在安排运动负荷时必须注意循序渐进和个别化处理的原则。对于他们的运动强度要合理、适当地安排，强度可以稍大一些，但完成时不应过快；练习密度要小，间隔次数要多，总练习时间不能太长。在练习过程中，应注意培养学生根据动作的结构、节奏和用力情况逐步掌握呼吸的方法和节奏，教学生养成健康呼吸的习惯。

（3）青少年大脑皮层神经元工作能力低、易疲劳，神经过程不稳定，兴奋过程占主导地位，兴奋和抑制过程易于在皮层传播。这表现为青少年活跃、积极，注意力不易集中，动作不协调、不准确，容易出现多余动作，产生快、消退快、重新恢复也快。因此，体育活动的教学内容和形式应生动、简单、易懂，可以在课堂上插入各种小比赛和游戏。在教学活动过程中要注意适当的休息或间歇。

二、青春期女子月经期的体育卫生

随着生殖系统发育成熟，女生一般在13～14岁月经来临。月经正常的女生，月经期间适当进行体育锻炼，如做徒手操、活动性游戏、打乒乓球等，可提高和调整神经系统的活动，改善盆腔的血液循环，促进经血的排出，调节情绪。如果月经期间经常出现剧烈腹痛、流血过多过频或过少等现象，就应当去医院检查诊治。

小知识

月经期参加体育锻炼，应当注意以下事项：

1. 运动的时间不宜过长，运动负荷不宜过大，要循序渐进，逐步养成经期锻炼的习惯。

2. 要避免做剧烈的、大强度的或振动大的跑跳动作（如长跑、疾跑、跳高或跳远），也不要做腹压过大的动作和力量性练习，以免引起经期流血过多。

3. 月经期禁止游泳，不要盆浴。因为此时身体抵抗力下降，会增加病菌感染的机会，可引起内生殖器官炎症。

4. 月经期间应注意保暖，避免寒冷的刺激，特别是下腹部不要受凉。

5. 月经期间要保持心情舒畅、情绪稳定。

三、青春期的饮食卫生

青春期的学生正处于发育高峰期、新陈代谢旺盛期，所需要的各种营养与热量比成年人相对要高。同时，职业学校的学生既要学习理论知识还需要学习操作技能。所以，这个时期的学生应注意膳食的全面性和均衡性以保证充足的能量，应以高碳水化合物为主，并应摄入充足的蛋白质、维生素A、B族维生素、维生素C、钙等。

人体所需的营养素有糖类、脂肪、蛋白质、维生素、矿物质、水六大营养素。其中糖、脂肪、蛋白质是机体的重要能量来源。含蛋白质丰富的食物有：肉类、蛋类、豆制品。含热量丰富的食物有：五谷、根茎类。含维生素A丰富的食物有：猪肝、深绿色和深黄红色蔬菜、深黄色水果等。含B族维生素丰富的食物有：猪肝、肉、蛋、奶制品。含维生素C丰富的食物有：深黄色水果等。因此，青少年不应偏食，应多吃肉类、蛋类、豆制品、米、面、杂粮等，保证身体所需要的能量。

小知识

合理饮食注意事项：

1. 要养成良好的就餐习惯，按时按量吃好早、中、晚餐。
2. 不吃过期食品。
3. 尽量少吃腌制食品、油炸食品。
4. 不食毒蘑菇，不食发芽的土豆，不食未炒熟的四季豆、刀豆等。
5. 饭后半小时不运动，饥饿时不运动。

四、青春期的心理健康

因情绪变化而发生的机体生理变化，是人在进化过程中产生的自然现象。但是长时期的过度的不良情绪，会对身体的健康产生伤害。中国有成语“积郁成疾”“乐极生悲”，中医也有“怒伤肝”“忧伤肺”之说。

要培养及控制好自己的情绪，就要在平时的生活、工作、学习中努力做到以下几点：

（1）加强自身思想修养，理智思考问题、处理问题。

（2）积极参与各种有意义的活动如体育锻炼，充实和丰富生活。

（3）不要让不愉快的事长时间积压在心里。

（4）积极面对生活，从不同的角度去思考、看待周边发生的事情。

五、体育卫生

进行体育活动时，人体内物质代谢的增强，与环境的关系更加密切，受环境的影响更大。因此，要取得强身健体、防治疾病的效果，必须重视体育环境的健康。

六、空气卫生

由于进行体育活动时，体内代谢加强，肺通气量增加，如果空气中含有有害成分，锻炼时吸入的有害物质比平时多，对身体的危害就更大。因此，锻炼时应该选择一个空气清新、没有污染的地方。

七、运动场地卫生

体育活动场地不宜过窄，体育场或跑道周围应有一定的空间。运动场地应无杂物，木地板应平整牢固、无碎片和裂缝，地面过硬、过软或过滑都不符合体育活动的要求，会影响运动者运动能力的发挥，有可能造成意外伤害。体育场应该通风良好，有恒温和新鲜空气。户外运动场周围不应有空气污染，夜间照明应充足，光线应柔和、均匀、不刺眼，以利于提高运动成绩和避免运动损伤。

八、气温的变化与体育锻炼

（1）高温运动产生的热量会在体内积聚，使体温升高。一旦中枢神经系统的温度升高，就可能导致一系列的功能障碍甚至死亡。同时由于身体流出大量的汗水以增加蒸发热量，导致大量的水分和无机盐流失，会引起脱水和热痉挛等症状。

（2）温度过低会使肌肉变得僵紧，黏滞性增大，从而容易造成运动损伤，也可引起局部冻伤或体温降低。一般运动的适宜温度约为 15℃，马拉松等重负荷运动的适宜温度约为 10℃。

（3）户外运动时避免过度暴露在强烈的阳光下，以防紫外线和红外线对人体的伤害。过量接触紫外线会引致局部皮肤毛细血管扩张充血、损害表皮细胞、释放组胺物质、增进血管通透性，令皮肤发红、水肿、起斑。过量紫外线辐射亦可引致光照性皮炎、光照性眼炎、头痛、晕眩、体温升高及精神异常等症状。

第四节　珍爱生命，远离不良诱惑

运动箴言

缺乏体力活动是疾病产生的主要原因。

青少年的健康成长关系到国家和民族的未来。但是有不法分子利用青少年思想幼稚、生活经验不足、是非辨别能力不强的弱点，威逼引诱青少年走上违法犯罪道路。因此，青少年一定要擦亮眼睛，学会辨别和拒绝各种不良诱惑，多参加体育活动，充实生活。这是抵制各种不良诱惑最好、最有效的途径。

一、远离毒品

毒品的最大危害是它的成瘾性：人一旦染上，就会对它产生极大的生理和精神依赖。一旦停用，人体生理功能就会发生紊乱，出现不安、焦虑、恶心、腹痛、瘙痒等难忍症状。过度吸入能致人死亡。

毒品有鸦片、海洛因、吗啡、大麻、可卡因、冰毒以及国务院规定管制的其他能够使人成瘾的麻醉药品和精神药品。

二、远离艾滋病和性病

艾滋病的全称叫“获得性免疫缺陷综合征”，是一种由免疫缺陷病毒感染引起的病死率很高的严重传染病，简称 HIV。据调查，艾滋病从发现以来，在全世界新感染者中，15～24 岁的青年人占 40%。艾滋病已成为严重危害人类健康、社会和经济发展的全球性问题。

全球性艾滋病的主要传播途径有血液传播、性传播和母婴传播。据研究，艾滋病的传播除了来自吸毒者的静脉注射针管外，还有吸毒者性传播。据统计，其中 90%以上都是通过性接触感染。

因此，我们要远离毒品，要把学习放在首位，要洁身自好，要有正确的恋爱观、交友观，不随意与人发生性关系。

三、戒除“手机控”和“网瘾”

在信息技术高度发展的今天，手机、网络已成为青少年学习、生活、交友、获取信息和娱乐的主要渠道，同时也带来了“网络成瘾”的精神障碍疾病。其主要症状有：情感淡漠、人际交往窄、行为和心理强烈依赖网络、自我约束和控制能力基本丧失、身心健康受到损害。因此，作为职业学校的学生，要树立健康向上的“网络理念”，积极参加丰富多彩的体育活动，积极参与阳光体育活动，每天锻炼一小时，有效戒除“手机控”和“网瘾”。

实践与探究

1. 影响健康的因素有哪些？如何让自己更健康？
2. 从体育健康的角度，分析青春期应如何度过？
3. 我们如何远离毒品？

第四章 运动损伤的预防与处理

教师导语

每年3～5月、10～12月是青少年学生运动损伤的高峰期，原因是此时间段气温相对舒适，多有春季、秋季运动会等学校的体育比赛安排，青少年学生易于疲劳；另外气候冷暖交替对青少年学生生理的影响比较大。3～5气温逐渐升高，人体的骨骼肌存在不同程度的僵硬状态；10～12月由暖变冷，气温下降，肌肉的黏滞性增加，准备活动不充分就易发生运动损伤。因此，学习预防运动损伤及运动损伤急救知识是非常有必要的。

第一节 运动损伤的预防

运动箴言

不良的心理状态如缺乏经验、思想麻痹、情绪急躁，或在练习中因恐惧、害羞而犹豫不决和过分紧张，都是导致运动损失发生的原因。

参加体育锻炼的目的是增强体质、增进健康水平。积极采取各种预防运动损伤的有效措施是避免运动过程中发生各种伤害事故的重要保障。

一、运动前做好准备活动

准备活动是指运动锻炼前所进行的一系列身体练习，其目的是打破安静时的身体生理平衡状态，调动内脏各器官系统迅速地从安静过渡到运动状态。

准备活动的作用在于提高中枢神经系统的兴奋性，扩大肌肉、韧带、关节的活动范围，克服内脏器官的惰性，加强心血管和呼吸器官的活动能力，使机体各方面的功能达到适应锻炼的要求，预防或减少因运动锻炼而超生理负荷出现的运动损伤。

准备活动量的大小和时间长短，应根据锻炼项目、内容、强度以及季节、气候的不同而有所差异，一般达到身体发热或微微出汗、自我感觉灵活舒适即可。

二、运动后要做放松整理活动

放松整理活动可使人体较好地从紧张的运动状态逐渐过渡到相对的安静状态，使身体得到新的平衡。

运动对身体生理平衡的破坏会引起一系列生理的变化，这种变化不会随着运动的停止而同时消失。如呼吸和血液循环，在运动停止后还会维持在较高的水平上。它们需要有一个恢复过程，这种恢复应是主动积极的而不是消极的恢复。放松整理活动不是一种简单的恢复过程，而是通过放松活动改善肌肉的血液循环，使肌肉中血液畅通，以利于偿还氧债、排出二氧化碳和清除代谢产物、减轻肌肉酸痛，使被打破的生理平衡逐渐恢复或超量恢复到原来的水平以形成新的平衡。

三、加强易伤部位的练习

加强易伤部位的练习，提高其机能，是预防运动损伤的积极措施。例如：为了预防膝部损伤，要加强股四头肌力量练习；为了预防腰部损伤，要加强腰部肌肉的练习，同时还要加强腹肌的练习。

第二节 运动损伤的急救

运动箴言

掌握预防运动损伤的相关知识，克服麻痹大意、冒进等思想，加强自我保护，相互之间多协助。

运动损伤时急救处理的正确与否直接关系伤员的生存率与致残率。因而，无论何种急性损伤，做好现场急救都是十分重要的。

一、运动损伤的急救定义

运动损伤的急救是指在运动中出现突发的紧急性的肌体伤害时，为了更好地保障伤员的安全，避免更多的伤害，减轻疼痛，预防并发症等，并为伤员的转移和附加治疗提供条件，而采取的急救和临时治疗措施。

二、出血的急救

出血有外出血和内出血两种。外出血又分为动脉出血、静脉出血、毛细血管出血。外出血的伤员，尤其是大动脉的出血，应立即止血；如果疑似有内脏或颅内出血的伤员，应尽快送医治疗。

（一）止血的常见办法

1. 冷敷法

冷敷法一般是用冷水或冰袋敷于损伤局部，常与加压包扎和抬高伤肢法同时使用。其常用于急性闭合性软组织损伤。

2. 抬高伤肢法

抬高伤肢法是将受伤肢体在绷带加压包扎后抬高于心脏，使出血部位压力降低的方法。其常用于四肢小静脉或毛细血管出血的止血。

3. 绷带加压包扎法

绷带加压包扎法适用于小动脉、小静脉或毛细血管的出血，具体操作如下：伤口处用数层无菌敷料覆盖再用绷带加压包扎，压住出血的血管进行止血，同时需要抬高伤肢。注意：伤口内有碎骨片时，应禁止使用该方法，以免加重损伤。

（1）绷带包扎如图 4－1 所示。

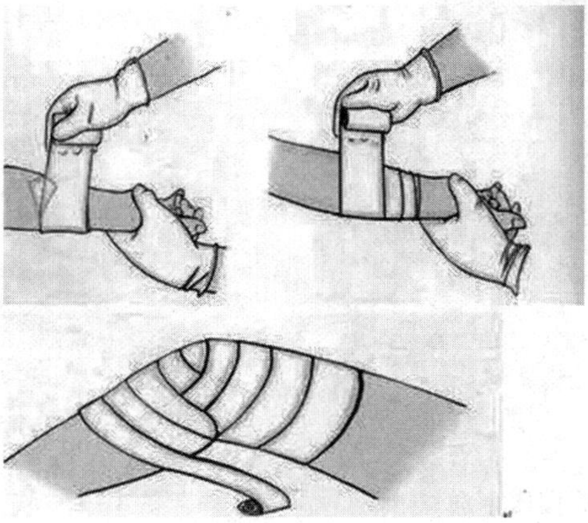

图 4－1　绷带包扎

（2）三角巾包扎如图 4－2 所示。

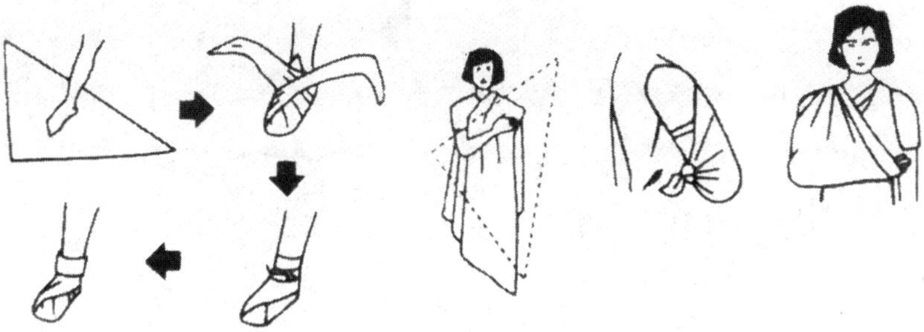

图 4－2　三角巾包扎

4．指压止血法

指压止血法适用于较大的动脉出血后，具体操作如下：用拇指压住出血的血管上方（近心端），使血管被压闭住，中断血液。在紧急情况下，注意应先使用压迫法止血，再根据出血情况而改用其他止血法（如图 4－3～图 4－7 所示）。

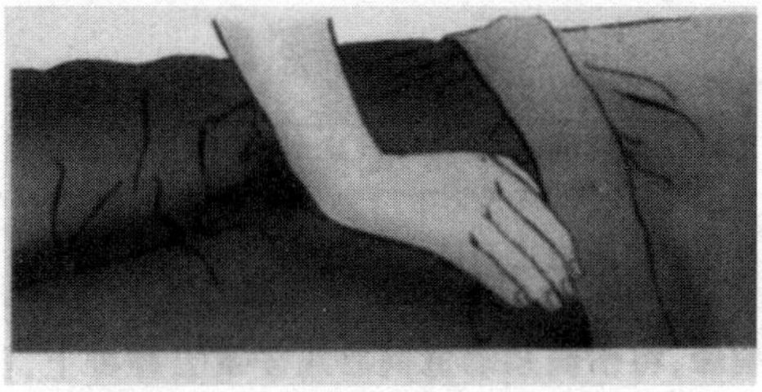

图 4－3　股动脉指压止血

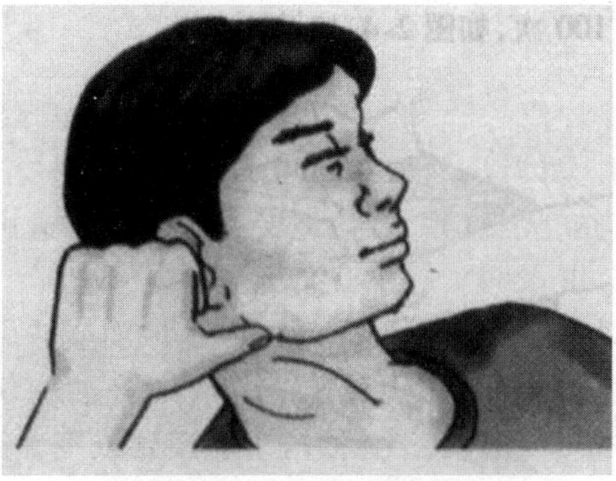

图 4－4　颌外动脉指压止血

图 4-5 肱动脉指压止血

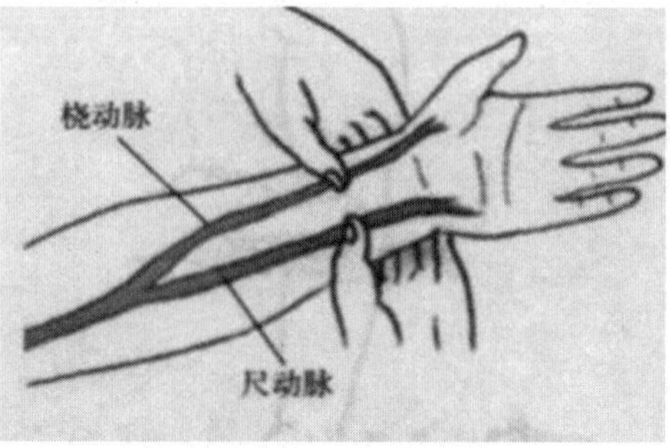

图 4-6 桡、尺动脉指压止血

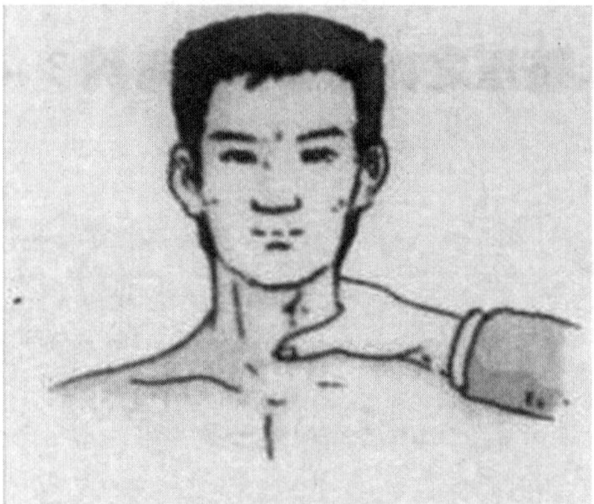

图 4-7 颈总动脉指压止血

三、心肺复苏

(一) 心肺复苏的定义

心肺复苏是对已经停止呼吸或心跳的患者采取的抢救措施，即通过按压心脏或其他方法形成暂时的人工循环，恢复心脏的自主跳动和血液循环，以人工呼吸代替自主呼吸，恢复意识，挽救生命。复苏的最终目标是恢复大脑功能。

(二) 心肺复苏的具体操作方式

心肺复苏＝评估患者状况＋清理呼吸道＋胸外按压＋人工呼吸

1. 进行胸外按压须满足的三个条件

(1) 无意识。轻拍患者的双肩或靠近患者耳旁呼叫，如果患者没反应，就要马上准备急救，并及时拨打 120 急救电话。

(2) 无呼吸。使患者仰卧在地面或较硬的平面上，千万不可以放在沙发或软质的东西上。可以用面部去感受患者鼻子处是否有气息，感知时停 5～10 秒。

(3) 无心跳。10 秒内未触摸到或不确定触摸到脉搏，即可开始胸外按压。

2. 进行胸外按压的具体操作方法

两乳头连线中点（胸骨中下 1/3 处），用左手掌跟紧贴病人的胸部，两手重叠，左手五指翘起，双臂伸直，用上身力量用力按压 30 次（按压频率至少 100 次/分，每 30 次后稍停几秒）。以心脏按压：人工呼吸＝30：2 的比例进行，操作 5 个周期。

3. 口对口人工呼吸的操作方法

首先，仰卧，将患者的头后仰，使呼吸道畅通。若其口内有血块、呕吐物、假牙等异物时，需要取出来。随后做人工呼吸，抢救者先要深吸一口气，然后捏住患者的鼻子，口对口像吹气球那样为其送气，注意不要漏气。每隔 5 秒吹一次气，吹两次气后再进行胸外按压。遇到嘴张不开或口腔有严重外伤者时，可从其鼻孔送气做人工呼吸。每次吹气间隔 1.5 秒，在这个时间抢救者应自己深呼吸一次，以便继续口对口呼吸，直至专业抢救人员到来。

（三）心肺复苏的操作流程

心肺复苏的操作流程如图 4－8 所示。

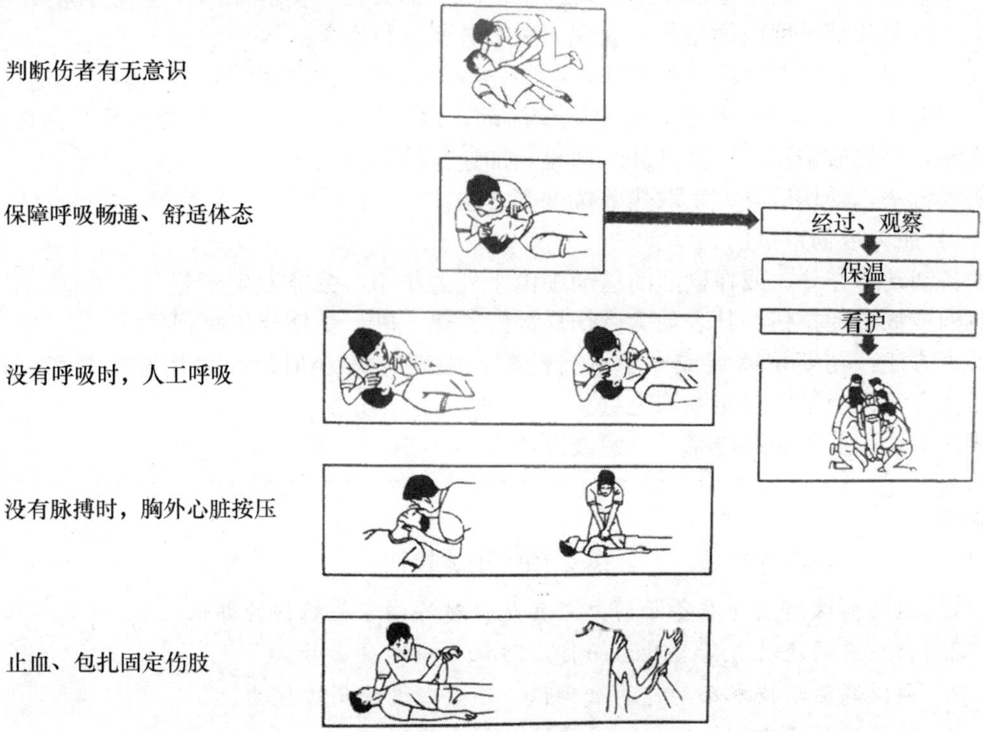

图 4－8　心肺复苏的操作流程

（四）人工呼吸的操作流程

人工呼吸的操作流程如图 4－9 所示。

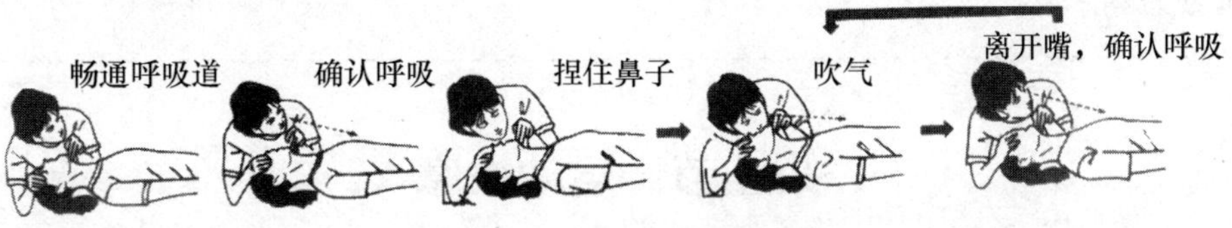

图 4－9　人工呼吸的操作流程

四、几种常见的运动损伤与处理

(一) 皮肤擦伤

皮肤擦伤是运动中最常见的损伤之一，一般容易发生在具有对抗性的运动中，如在篮球、羽毛球、排球比赛时摔倒。其症状是皮肤磨损、出血或者组织液渗出，有一个特定的伤口。

处理方法：如果创口较小较浅，先用生理盐水洗净创口，若有砂石等杂物，应用消毒工具清理干净，再用碘伏消毒伤口 3 次，之后铺无菌巾包扎即可。如果创口较深、创面较大，除了上述处理后应去医院缝针并注射破伤风，以防伤口感染。

错误方法：直接用自来水冲洗伤口。

(二) 扭伤

在体育运动中，由于地面不平或跳离地面时身体失去平衡等原因，扭伤经常发生。其中最常见的踝关节过度内翻扭伤，表现为关节肿胀、行走疼痛等。

处理方法：扭伤急性期红肿疼痛，必须先冷敷，避免按摩摩擦，否则容易加重皮下出血和疼痛症状。24 小时后热敷，尽量减少活动，以减轻疼痛。贴外科的膏药，活血化瘀，消肿止痛，将患肢抬高，以促进静脉回流，加速血液循环。

错误方法：受伤后立即采取热敷按摩等方法。

(三) 肌肉或韧带拉伤

准备活动不充分，或在剧烈的运动中由于外力作用，关节发生了超范围的活动，就会造成肌肉或韧带的拉伤。其表现为受伤局部红、热、肿，受伤部位有刺痛感。

处理方法：初期用冰袋或冷水进行冷敷；中期（24 小时后）可用盐水热敷、按摩、外贴活血膏等；晚期以功能锻炼为主。

错误方法：受伤初期按摩、热敷或继续活动。

小知识

怎么预防小腿拉伤

1. 运动前做好热身准备活动，尤其是针对那些容易拉伤的部位。
2. 初练者的运动负荷要量力而行，防止小腿过度疲劳。
3. 要提高运动技术及动作的准确性，不要频繁使用爆发力。
4. 改善运动场所训练条件，注意运动时温度保持。
5. 冬季运动时要注意保暖，不可穿得太薄。
6. 要注意观察肌肉的反应，如肌肉的硬度、韧性、弹力、疲劳程度。
7. 肌肉拉伤后重新参加训练时要循序渐进，切勿操之过急，并要加强局部保护，防止再度拉伤。

第三节　运动按摩

运动箴言

按出的健康，推出的长寿。

运动按摩是我国古老的医疗保健手段之一，也是我国传统医学中主要预防、治疗运动损伤及进行运动康复的方法之一，具有悠久的历史和丰富的内容。

一、运动按摩概述

（一）运动按摩的定义

运动按摩是指通过各种按摩技术和外界物理刺激，使运动员保持良好的竞技状态，促进和发展运动员潜在的体能，帮助运动员消除赛后疲劳、加速机体恢复的按摩方法。

（二）运动按摩的分类

运动按摩分为自我按摩、运动前按摩和运动后按摩。

1. 自我按摩

自我按摩是指用各种按摩手法在自己身体的一定部位上进行按摩，又称主动按摩，是自己对自身施行的按摩活动，对放松肌肉、缓解疲劳有很好的效果。

2. 运动前按摩

在运动之前进行的按摩叫运动前按摩。它可以使神经、肌肉、关节、内脏和心理情绪适应即将到来的锻炼和心理负担，为防止受伤、提高体力起到积极的作用。

3. 运动后按摩

在运动后进行的按摩叫运动后按摩。它可以缓解肌肉疲劳、加速机体恢复。

二、常用的按摩手法及应用

常见的按摩手法有叩击法、揉法、抖动法、按压法、推法、拿捏法。

（一）叩击法

五指微屈，用五指指端击打。要求力量均匀，手指、手腕放松，发力在手腕。主要应用于腰部和头部，注意力度适中。运动前用此法可以舒缓紧张情绪、缓解精神疲劳（如图4－10、图4－11所示）。

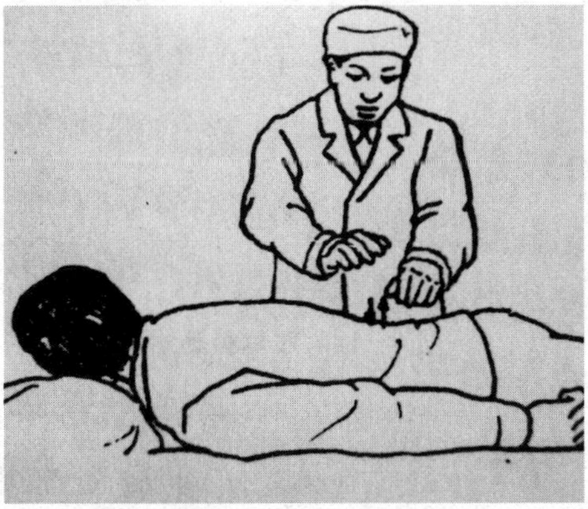

图4－10　平掌叩

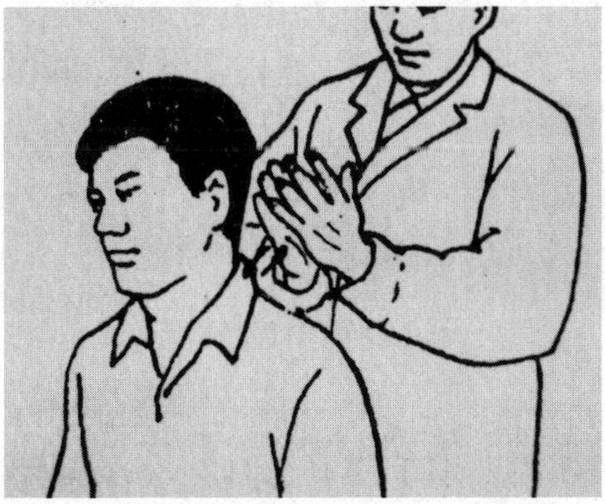

图4－11　侧掌叩

（二）揉法

用手指指腹或掌根在体表穴位做轻柔缓和的回旋转动。轻揉时力达皮下或浅层肌肉，重揉时力达深层组织或深层肌肉。揉法（见图4－12）适用人体各个部位和各个阶段，运动前、运动后都适用，也可以用于自我按摩。

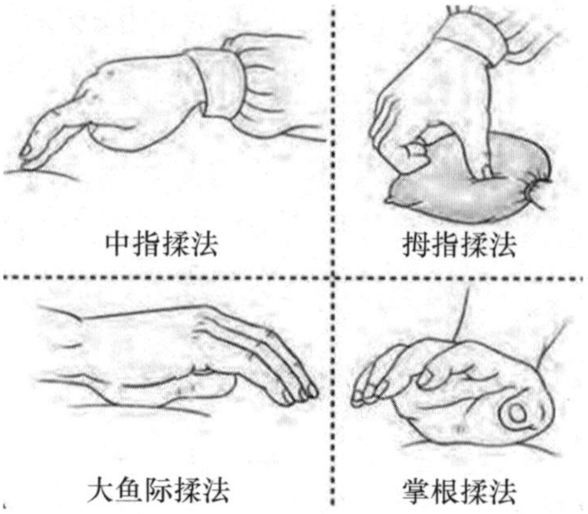

图 4－12 揉法

（三）抖动法

抖动法（见图 4－13、图 4－14）是用双手握住上肢或下肢远端，用力做连续的、小幅度的上下颤动。要求：速度由慢变快再由快变慢，振幅不宜过大。

抖动法多用于肌肉丰厚的部位和四肢，并在按摩的后阶段进行，有助于放松紧张的肌肉。

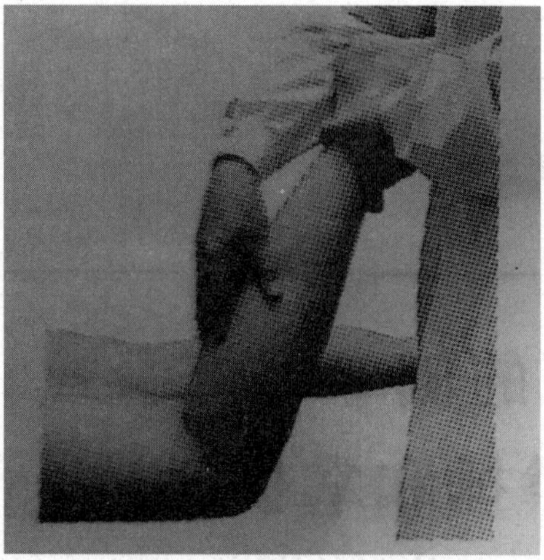

图 4－13 肌肉抖动法

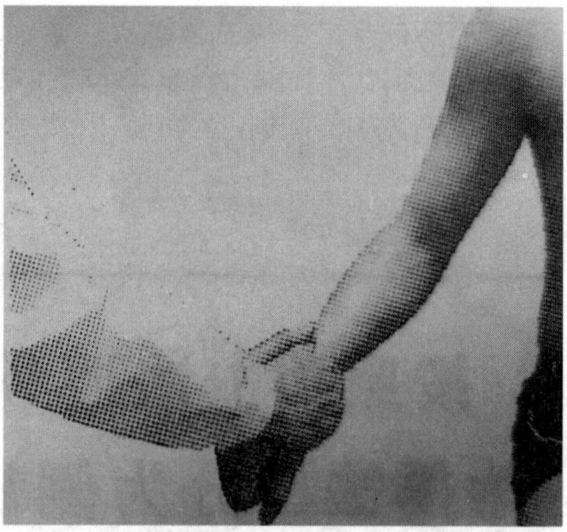

图 4－14 肢体抖动法

（四）按压法

按压法（见图 4－15、图 4－16）是用指端、掌心或肘尖在体表穴位上，逐渐用力下按。操作时，须伸直肘关节，用单手或双手的大拇指或手掌或掌根贴于被按摩部位，用较大的力量向下或相对按压，力量由轻至重又由重至轻。按压法多用于穴位和痛点，有镇静和止痛的作用，常用于肩、背、腰、臀和小腿肌腱处，也可以使肌肉放松、消除疲劳。

（五）推法

推法（见图 4－17、图 4－18）是用手指、手掌、手肘等，在一定部位进行单向直线运动。操作时，肘关节微屈，拇指分开，四指并拢，全手贴于皮肤上。动作要柔和均匀，力量只达皮肤，对神经系统起着镇静作用。多用于按摩的开始和结束，常采用揉捏、按压等技法，交替使用。

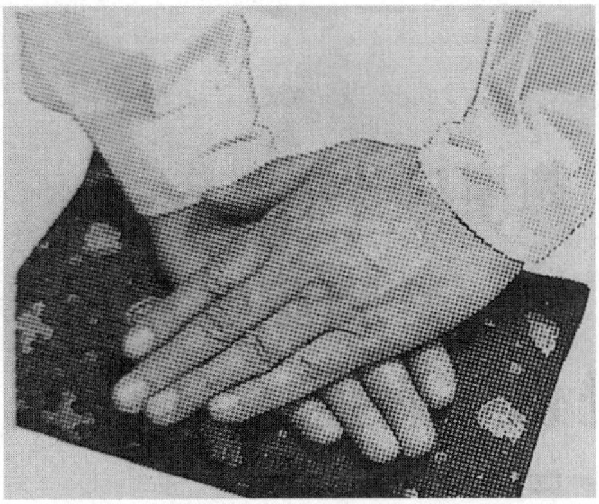

图 4－15　掌按法

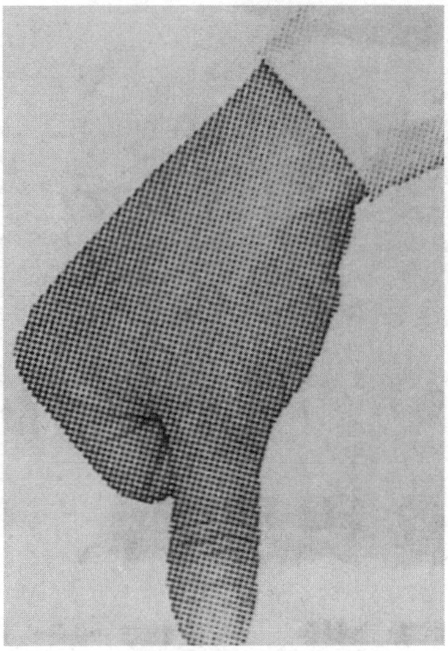

图 4－16　指按法

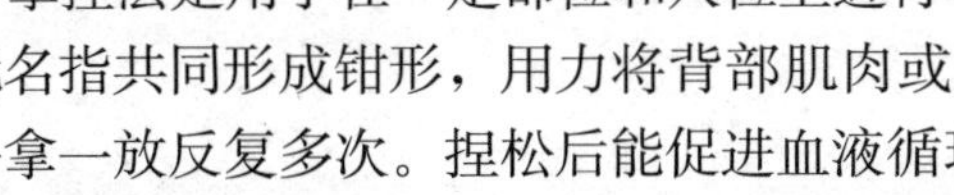

图 4－17　掌平推法

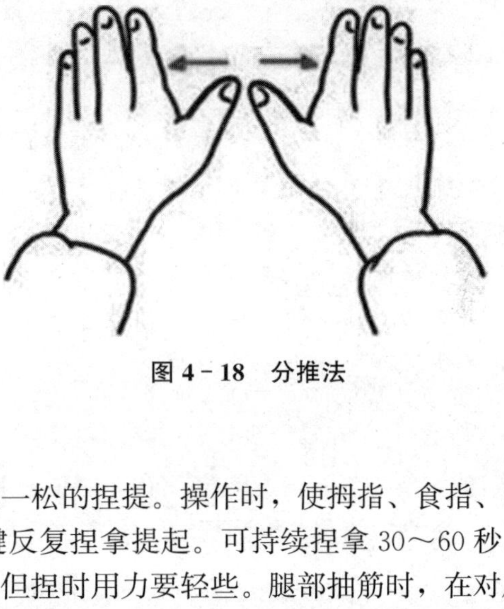

图 4－18　分推法

（六）拿捏法

拿捏法是用手在一定部位和穴位上进行一紧一松的捏提。操作时，使拇指、食指、中指和无名指共同形成钳形，用力将背部肌肉或肌腱反复捏拿提起。可持续捏拿 30～60 秒，亦可一拿一放反复多次。捏松后能促进血液循环，但捏时用力要轻些。腿部抽筋时，在对应部位拿捏按揉，压放之间让血管扩张收缩，促进血液循环而产生治疗作用，疼痛可立即解除。

实践与探究

1. 遇到心脏骤停的患者时，你该怎么做？
2. 用所学的按摩方法为父母做一次按摩，献一次孝心。

第五章

田径运动

教师导语

田径运动中的各个项目，锻炼的都是人的基本活动能力。因此，田径运动是学校体育课中的重要内容，也是其他体育运动的基础。

田径运动是增进人的体质的最重要的运动项目之一。经常参加田径运动，能促进机体的新陈代谢、全面发展人的身体素质，如快速跑的能力、动作敏捷能力、长时间工作和学习的耐久能力。田径运动多在室外进行，在锻炼之余还可以享受明媚的阳光、新鲜的空气，提高健康水平。

田径运动还能培养学生的组织纪律性、团结友爱的精神和勇敢、机智果断、吃苦耐劳的品质。

第一节　田径运动概述

运动箴言

运动使人健康、使人聪明、使人快乐，它是生命的源泉。一切乐境由运动而来，一切苦境也由运动而散。

田径是田赛、径赛和全能比赛的全称。现代田径运动的分类项目十分广泛，有四十多项。运动中，径赛以时间计算成绩，田赛以高度或远度计算成绩，全能运动项目则是以各单项成绩的标准换算分数计算总成绩。

一、田径运动的分类及项目

（一）径赛类

径赛类项目见表 5－1。

表 5－1

项目类别	项目名称		
短距离跑	100 米短跑	200 米短跑	400 米短跑
中距离跑	800 米跑	1 500 米跑	3 000 米跑
长距离跑	5 000 米跑	10 000 米跑	马拉松（约 42.2 公里）
跨栏跑	110 米栏（男子）	100 米栏（女子）	
接力跑	4×100 米接力	4×400 米接力	
障碍跑	400 米障碍	3 000 米障碍	
竞走	20 公里竞走	50 公里竞走	

（二）田赛类

田赛类项目见表 5－2。

表 5－2

项目类别	项目名称			
跳类	跳高	撑竿跳高	跳远	三级跳远
投掷类	铅球	铁饼	链球	标枪

（三）全能类

全能类项目见表 5－3。

表 5－3

全能项目	
男子十项全能	女子七项全能

二、田径赛事

（一）世界田径锦标赛

国际田径联合会于 1983 年创办了国际性的田径赛事——世界田径锦标赛，最初订为四年一届，1991 年起改成两年一届。

（二）奥运会

第一届奥运会的举办在 1896 年，田径运动从那时候开始就是奥运会的主要比赛项目之一。刚开始项目的设置十分有限，随着赛事的完善，1928 年，第九届奥运会起增加了女子田径项目，到 2012 年项目增加到 48 项。因此，田径运动成为奥运会设置金牌数最多的项目。

（三）国际田联钻石联赛

国际田联于 2010 年推出一项覆盖全球的田径系列赛，简称钻石联赛。参赛运动员必须是每个项目年度排名前 20 位的选手，所以，该赛事涵盖了世界所有时期的田径运动的世界纪录保持者。

三、田径场

正规的田径场如图 5－1 所示。

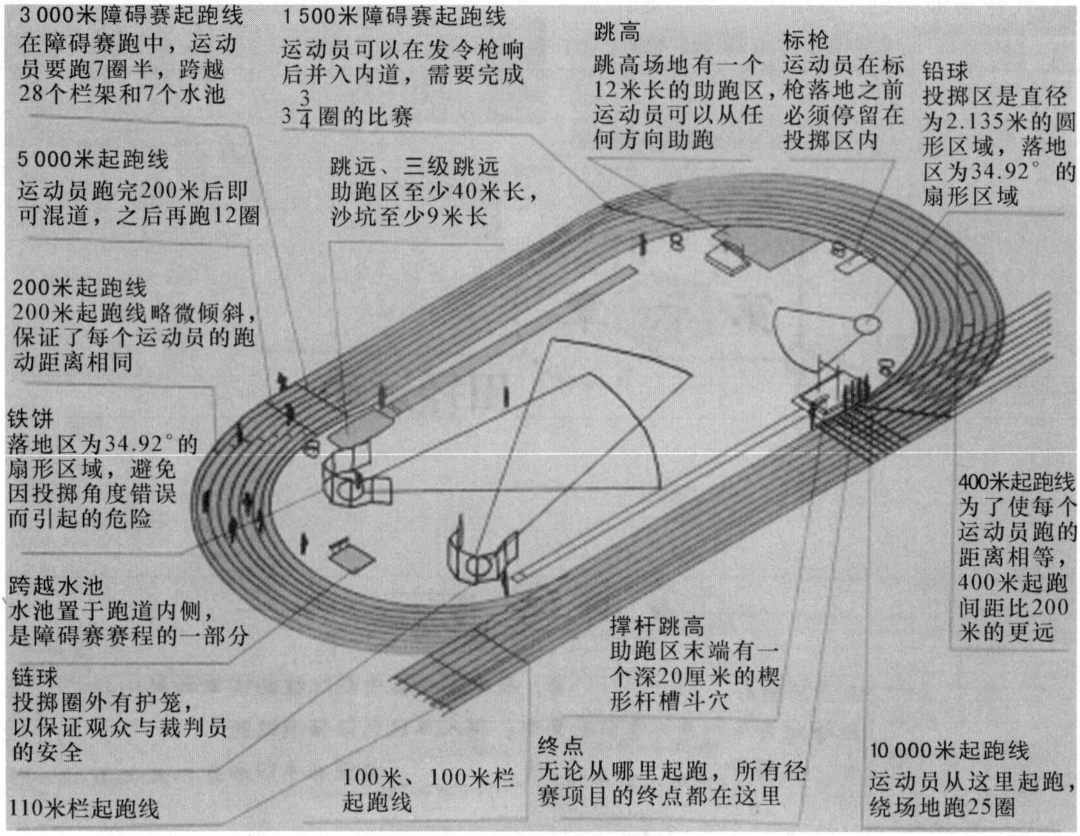

图 5－1 正规的田径场

四、田径运动的着装

专业的田径运动员在比赛时基本上都是以背心和紧身短裤/宽松短裤为主，运动鞋也以钉鞋为第一选择。但是像马拉松这种长距离的或者举重等不适合穿钉鞋的比赛项目，运动员会选择跑鞋来参加比赛。运动服装/田径运动钉鞋如图 5－2 所示。

图 5－2 运动服装/田径运动钉鞋

第二节　跑的基本技术

运动箴言

踏上跑道，是一种选择；离开起点，是一种勇气；驰骋赛场，是一种胜利。

跑是人们的基本活动能力之一。经常参加跑的锻炼，不仅可以增进健康、改善和提高机体各系统器官的功能，还能培养吃苦耐劳、坚韧不拔的意志品质和勇往直前的精神。跑是周期性的活动，在一个跑的周期中包括后蹬与前摆、腾空、着地缓冲等动作阶段。

一、短跑

短跑包括100米、200米、400米。按照全程跑技术的特点，分为起跑、起跑后的加速跑、途中跑、终点跑四个阶段；其中途中跑的段落最长，对跑的成绩影响也最大。《田径竞赛规则》要求，400米及以下的短跑项目必须采用蹲踞式起跑。其目的是获得更最大的冲力，迅速摆脱静止状态，更好地为加速创造条件。

（一）蹲踞式起跑

蹲踞式起跑如图5－3所示，起跑包括“各就各位”“预备”“鸣枪”。

图5－3　蹲踞式起跑

起跑的动作要领：“各就各位”时：（1）蹲踞式时，手支撑于地面，两臂距离与肩同宽或略宽于肩（根据自身情况而定）。（2）两脚前脚掌分别前后踏在起跑器上（如果有起跑器），前腿小腿与地面基本保持平行，后脚膝盖触地。（3）两手大拇指与其余四指成“八”字，虎口朝下，撑于起跑线后。（4）肘关节略微紧缩，手臂伸直，双肩不下塌。（5）前脚掌紧贴于起跑器上。“预备”时：臀部逐渐抬起，略高于肩15～20厘米，眼看前方1～3米。“枪响”时：用力蹬离起跑器，后腿有力向前、向上摆动，上体前倾，两臂大幅度向前、向上摆。

（二）起跑后的加速跑

起跑后的加速跑如图5－4所示，其任务是充分利用前冲力，在最短时间获得高速度。加速跑的距离一般为25～30米。第一步不宜过大，一般落在起跑线前一脚到一脚半，第二步距第一步的着地点约三至三脚半。

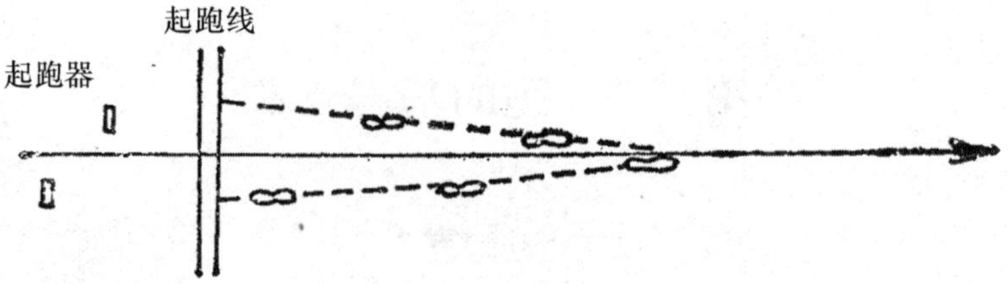

图 5－4 起跑后的加速跑

起跑后的加速跑的动作要领如图 5－5 所示：身体保持前倾，两脚依次用力蹬地，两臂积极摆动，幅度大，步频快。随着步长和速度不断增加，上体逐渐抬起。当发挥到最大速度时，即转入途中跑。

图 5－5 起跑后的加速跑的动作要领

（三）途中跑

途中跑如图 5－6 所示，其任务是继续提高速度和保持高速度跑，是短跑全程中距离最长、速度最快的一段，是各项跑的主要阶段。它的技术与速度对成绩起主要作用。在弯道跑时，为了获得向心力，身体要向内倾斜，倾斜的程度由跑速和弯道半径的大小来决定。

图 5－6 途中跑

途中跑的动作要领：跑时，头和上体正直，两臂屈肘轻松自然摆动，大腿前摆稍小，小腿自然折叠前伸，以前脚掌过渡、全脚掌着地、后蹬用力适中，保持重心高且平稳，步幅稍小，轻快、放松，利用鼻和半张的口进行呼吸，一般三步一吸、三步一呼，并特别注意加强呼吸的深度和一定的跑的节奏。注意事项：(1) 注意身体重心起伏不要太大；(2) 注意途中跑的节奏，体力分配应适当；(3) 注意正确应用呼吸方法，跑时要有合理的呼吸节奏。

(四) 终点跑

终点跑如图 5－7 所示，其任务是尽量保持途中跑的速度进行冲刺，距离终点线 15～20 米，尽快以躯干接触终点线垂直面，以取得最佳成绩和名次。终点跑要求保持途中跑的技术，减少速度下降的幅度。掌握适时提前躯体撞终点线垂直面动作，对短距离跑尤为重要。

终点跑的动作要领：终点跑应保持途中跑的正确技术，并注意加强摆臂幅度。

图 5－7　终点跑

小知识

跑是单脚支撑与腾空相交替、蹬与摆相配合的周期性运动，经过两个支撑时期和两个腾空时期。支撑时期：从脚着地时起到脚离地时止；腾空时期：从脚离地时起到另一脚着地时止。

在跑的一个周期中，每条腿的动作是连贯不能分开的。但是，为了便于分析动作，通常采用以身体重心处于支撑点的垂直上方（即垂直支撑）为参照，以下肢所处的位置来划分跑时一条腿的动作阶段。将支撑时期分为前支撑和后蹬两个阶段，将腿的摆动时期分为后摆和前摆两个阶段。

(五) 200 米和 400 米的技术特点

200 米和 400 米有一半的距离是在弯道上跑。

1. 弯道起跑和起跑后的加速跑

弯道跑的起跑器应安装在跑道右侧正对弯道切点方向，目的是获得一段直线距离进行加速。起跑时，左手撑在起跑线后 5～10 厘米处。起跑后沿切线跑进，跑至切点前，身体逐渐向内侧倾斜，进入弯道跑。弯道起跑如图 5－8 所示。

2. 弯道途中跑

在进行弯道途中跑时，为了克服离心力，整个身体向内倾斜，以臀髋部来带动身体内倾，倾斜的程度由跑速和弯道半径的大小来决定。通常采取身体向左倾斜姿势，以产生向心力。跑速越快，内倾程度越大，右腿前摆时膝关节稍内扣，并以前脚掌内侧着地；左腿前摆时，膝关节稍朝外，用前脚掌外侧着地。右臂摆动力量和幅度应大于左臂。弯道上不能用全速，用约 95%的速度跑。从弯道进入直道时，身体逐渐减小内倾程度，放松跑 2～3 步，然后全速跑完全程。弯道途中跑如图 5－9 所示。

图 5－8 弯道起跑

图 5－9 弯道途中跑

3. 弯道跑技术要领

（1）摆臂：外侧手臂由内向外摆动，内侧手臂小幅摆动。

（2）身体：身体内倾，但要保持正直或稍向前。

（3）脚部：外侧脚的脚掌内侧着地，内侧脚的脚掌外侧着地。

（4）路线：保持在距内道 20 厘米路线上跑进。

重点：身体向内倾斜，手臂正确摆动，脚正确用力。

难点：克服离心力，提高速度。

小知识

提高短跑成绩的是速度，而提高短跑速度的是步长和步频。练习短跑时，步幅要大、放松、自然、有弹性。

二、中长跑

中长跑运动是一项需要速度和耐力的综合性项目，需要人体在较长时间内保持较高速度跑步。一般把 800～10 000 米统称为中长跑项目。目前奥运会设置的中长跑项目中，800 米和 1 500 米属于中跑（中距离跑），5 000 米和 10 000 米属于长跑（长距离跑），马拉松跑为 42.195 公里，属于超长跑。

（一）起跑及起跑后的加速跑

1. 站立式起跑

各就各位时，运动员从集合线走到起跑线处，两脚前后开立，将有力的腿放在前面，前脚尖紧靠起跑线后沿，后脚距前脚一脚左右距离，上体前倾，两膝弯曲，两臂一前一后，身体重心主要落在前脚上，保持稳定姿势，集中注意力听枪声。站立式起跑如图 5－10 所示。

图 5－10　站立式起跑

2．起跑后的加速跑

起跑后上体保持前倾，脚尖着地，腿的蹬地和前进以及两臂的摆动都应快速积极，逐渐加大步伐并加快速度。随着加速段的延长，上体逐渐挺直，进入途中跑。加速段距离的长短和速度，应根据个人特点、战术需要和临场情况而定，以适当的速度迅速占据有利的跑进位置，要求朝切线方向和有利于自己的战术位置跑。

3．途中跑

途中跑如图 5－11 所示。

（1）直道跑技术：跑直道时要求两脚沿平行线跑，抬腿既不靠内也不靠外，正直往前，两脚皆脚前掌着地跑。

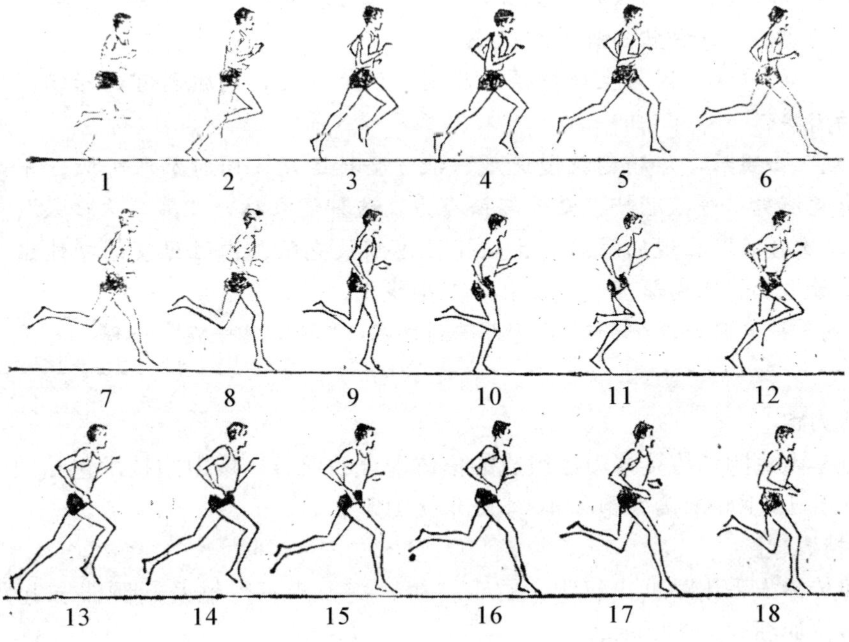

图 5－11　途中跑

（2）弯道跑技术：弯道跑时要求左脚前脚掌外侧、右脚前脚掌内侧着地，左腿膝关节外展而右腿膝关节内扣，身体重心向内倾斜，协调用力，速度越快倾斜角度越大，右臂的摆幅稍微大于左臂摆幅。

4. 冲刺跑

冲刺跑是临近终点前一段距离的加速跑。其主要任务是运用自己的全部力量，克服疲劳，力争在最后阶段跑出好成绩。其技术特点是加快摆臂速度和加大摆幅的同时，配合腿部动作加快频率。冲刺跑的冲刺距离和战术应根据自己的体力情况、战术要求和临场情况而定。在通过终点时，在接近终点一步前身体躯干前倾，做出撞线动作。

（二）中长跑项目的技术要领

（1）中长跑的技术动作要自然、放松，身体重心平稳，缓冲效果好。

（2）后蹬和前摆协调配合，保持稳定的跑的节奏，肌肉用力和放松交替，全程跑始终保持正确的技术。

（3）脚着地前，大腿要积极下压，膝关节是弯曲的，为着地缓冲创造有利条件。

（4）脚着地瞬间，要迅速屈踝、屈膝、屈髋进行缓冲，同时大腿和小腿的伸肌要进行积极的退让收缩，以前脚掌或脚掌外缘有弹性地着地再过渡到全脚掌。

（5）在正常跑速时，三步一呼、三步一吸；随着跑速的增加和疲劳的出现，可改为两步一呼、两步一吸；在终点冲刺时可采用一步一呼、一步一吸。

小知识

“极点”与“第二次呼吸”

在一定的强度和一定持续时间的运动中（如中长跑），会产生一种很难受的感觉，同时伴有动作缓慢、肌肉酸痛、全身无力、胃痛、胸闷、呼吸困难等现象，从而有想终止运动的想法，这种状态称为“极点”。

“极点”的产生是因为生理惰性的原因，供氧不足，内脏器官的活动不能适应肌肉活动的需要。

“极点”出现后，应稍稍放慢速度，继续坚持运动，同时加深呼吸。不久后会出现不适感觉消失、呼吸顺畅、动作轻松有力，这种现象称为“第二次呼吸”。

“第二次呼吸”出现的原因是生理惰性逐渐被克服，内脏器官的功能水平得到提高，吸氧量增加，肌肉速度减慢，乳酸产生减少。

“极点”被克服，人体的运动能力得到提高，“第二次呼吸”出现。

三、接力跑

接力跑是由短跑和传接接力棒组成的集体配合的项目。接力跑技术包括短跑技术和传接棒技术。有 4×100 米接力跑和 4×400 米接力跑。

（一）持棒起跑

第一棒传棒人采用蹲踞式起跑，右手持棒。接力棒不得触及起跑线和起跑线前的地面。持棒方法如图 5－12 所示。

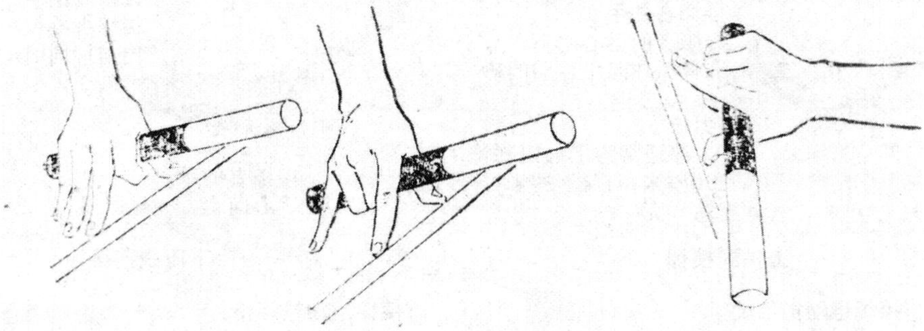

图 5－12 持棒起跑

(二) 传接棒技术

1. 上挑式接棒

接棒人手臂自然后伸，掌心向后，虎口向下，拇指与四指自然张开，手臂与躯干成 40°～50°角。传棒人将棒由下向上“挑”入接棒人手中。上挑式接棒如图 5－13 所示。

2. 下压式接棒

接棒人手臂自然后伸，手腕内旋，掌心向上，虎口向后，拇指与四指自然张开，手臂与躯干成 50°～60°角。传棒人将棒的前端由上向下“压”到接棒人手中。下压式接棒如图 5－14 所示。

图 5－13 上挑式接棒

图 5－14 下压式接棒

(三) 接力跑战术

接力跑是很讲究战术的比赛，4×100 米比赛中，无论用哪种传接棒法，传棒顺序都应是第一棒、第三棒选手沿跑道内侧跑进，用右手将棒传递给第二、四棒队友的左手。第二棒运动员沿跑道外侧跑进，用左手将棒传递给第三棒。第一棒一般安排起跑技术好、实力较强的选手，而跑得最快的、最强的选手通常安排在第四棒。

(四) 传接棒的位置和起跑标志线的确定

传接棒的位置和起跑标志线的确定如图 5－15 所示。

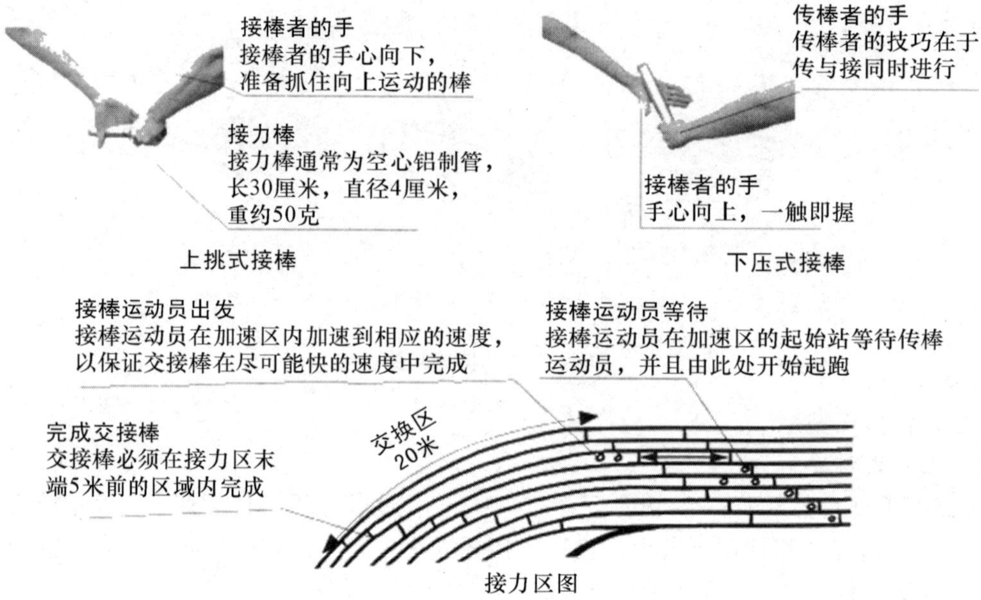

图 5-15 传接棒的位置和起跑标志线的确定

四、跑的练习中常见的错误动作和纠正方法

跑的练习中常见的错误动作和纠正方法见表 5-4～表 5-6。

(一) 短跑

表 5-4

错误动作	产生原因	纠正方法
“坐着跑”	1. 对后蹬动作的概念不清晰，后蹬动作还没充分完成时就急于摆动腿。 2. 腰、腹肌肉无力、松弛，髋关节柔韧性差，跑的过程中髋部没有充分前送。 3. 上体前倾过度。 4. 腿部力量差。	1. 多讲解后蹬动作要领，使学生理解髋、膝、踝关节的用力顺序。 2. 强调跑的时候腰、腹适当紧张，身体要保持正直姿势，髋关节要充分前送。 3. 让学生多做腰、腹肌力量练习，增强腰、腹肌力量。 4. 让学生多做高抬腿、后蹬跑等专门性练习，增强腿部力量。
前踢小腿跑	1. 摆动腿前抬过低，造成前踢小腿现象。 2. 不明晰步幅概念，想通过踢小腿增大步幅。 3. 后蹬结束时，大小腿没有形成折叠动作。	1. 多讲解跑步的动作要领，使学生形成明晰的动作概念。 2. 让学生反复做高抬腿跑练习，体会大腿下压、膝关节放松、小腿自然前伸的动作感觉。
摆臂动作错误	1. 摆臂动作概念不清晰。 2. 臂、肩无力，腰、腹肌力量差。 3. 肩、臂过于紧张。	1. 进一步讲解摆臂的动作要领，使学生形成正确的动作概念。 2. 让学生多练习原地摆臂动作，体会动作概念。 3. 让学生多做腰、腹肌力量练习，增强腰、腹肌力量。
起跑后，加速跑时上体抬起过早	1. 支撑腿力量差，怕摔跤。 2. 头部过早上抬。	1. 多讲解起跑后加速跑的动作要领，使学生形成正确的动作概念。 2. 让学生多做高抬腿、后蹬跑等动作，增强腿部力量。 3. 两人配合多做完成蹬离起跑器练习，体会正确动作。

（二）中长跑

表 5－5

错误动作	产生原因	纠正方法
加速过快	1. 不重视中长跑的起跑技术，身体重心过于前移。 2. 不善于分配体力，急于抢位。	1. 加强学生中长跑起跑技术练习，强调做“各就各位”姿势时身体重心的稳定。 2. 教会学生合理分配体力和加速跑的方法。
跑的动作紧张不协调	1. 技术概念不清。 2. 不会放松肩部和腿部的肌肉，身体姿势不正确。 3. 过于前倾后仰。	1. 反复讲解与示范，使学生了解正确的动作过程。 2. 让学生多做柔韧性练习，增强弱肌群的力量，使各部分肌肉力量发展平衡。 3. 让学生多做上体保持正直的慢跑、中速跑、变速跑和跑的专门性练习，强调身体放松。
直线性差	1. 头部姿势不正确，视线不固定。 2. 两腿力量不一样或脚着地成八字形，使两腿的力量不均匀。 3. 摆臂方向不正确。	1. 让学生沿跑道的白线跑，强调用前脚掌内侧着地。 2. 让学生注意膝关节向正前方摆动，用适宜的后蹬角度跑。 3. 让学生加强弱腿力量练习。 4. 让学生增强手臂、肩带的力量，加强摆臂技术练习。
后蹬效果不好	1. 技术概念不清，蹬地腿离地过早。 2. 关节灵活性和腿的柔韧性差，腿部和踝关节力量差。	1. 使学生建立正确的技术概念，反复讲解和示范。 2. 让学生加强后蹬跑、跨步跳、上坡跑、支撑送髋、原地多级跳等练习，要求髋、膝、踝关节充分蹬直，强调送髋动作。 3. 让学生加强腿部力量练习。
跑的节奏性差	1. 跑时的呼吸方法、跑的节奏掌握不好。 2. 跑的速度感及均匀分配体力的能力差。	1. 反复讲解示范，使学生了解正确的呼吸方法及跑的节奏性的重要意义。 2. 让学生原地跑步，练习呼吸步伐的协调配合，逐渐过渡到途中跑，保持呼吸和步伐的协调配合。 3. 让学生多做各种跑的练习，在练习中强调保持稳定的步长和步频以及均匀的跑速，通过分段报时的方法逐渐培养学生跑的速度感。

（三）接力跑

表 5－6

错误动作	产生原因	纠正方法
接棒人不能在预定的传接棒位置完成传接棒	1. 对传接棒区概念和路线不清晰。 2. 过度紧张。 3. 受对手影响，判断有误。	1. 反复讲解和示范各棒次队员正确的跑进路线。 2. 加强心理应激练习，培养学生良好的心理状态。 3. 确定标志线，让学生反复练习和调整。 4. 让学生在比赛的条件下反复练习。
接棒人过早伸臂等接棒，影响快跑速度	1. 对技术概念不清楚。 2. 不能正确地判断伸臂的正确时机。	1. 反复讲解技术要领，使学生形成正确的动作概念。 2. 加强队员之间速度的练习，培养队员之间速度的感觉。
接力棒在传递过程中掉落	1. 过度紧张。 2. 传接棒技术要领没有掌握好。 3. 队员配合不默契。	1. 多加强对手性的比赛，提高学生心理素质。 2. 多培养队员之间的配合，提高彼此默契程度。 3. 多加强传接棒技术练习，提高学生传接棒能力。

五、提高跑的能力的方法

（一）跑的专门练习

1. 小步跑（见图 5－16）

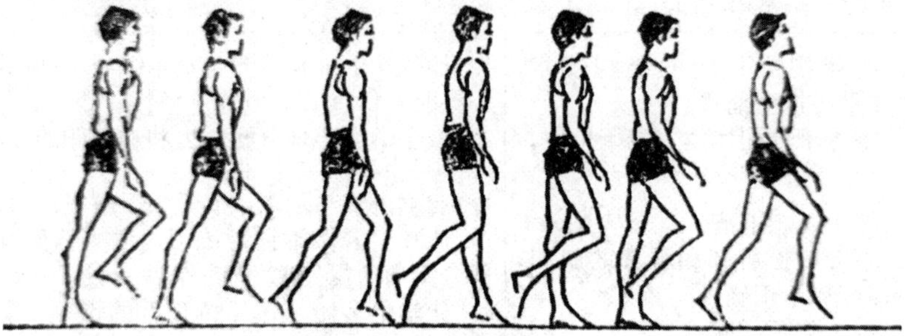

图 5－16 小步跑

2. 高抬腿跑（见图 5－17）

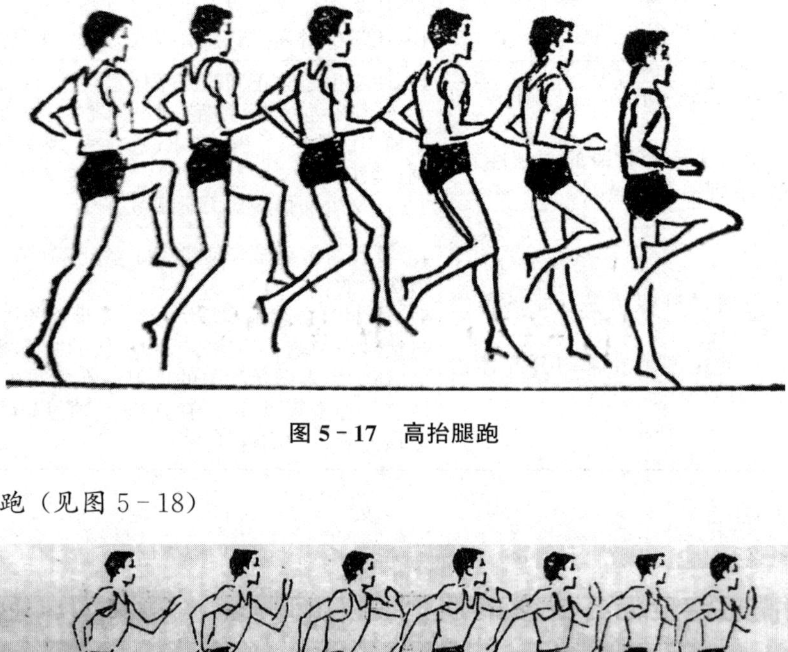

图 5－17 高抬腿跑

3. 后蹬跑（见图 5－18）

图 5－18 后蹬跑

（二）专项力量能力练习

力量是基础。几乎所有的竞技性体育项目都离不开基础力量的训练。在短跑的训练过程中更需要的是力量持续作用于肌肉的能力，也就是专项力量能力。具体到训练的方法手段上可以采用的有负重高抬腿、橡皮筋摆腿、100～200 米段落的跨步跳等。

(三) 速度能力练习

速度能力是核心，是保持速度的能力。它跟通常所说的速度耐力是有区别的。具体到训练手段来说，速度能力是指以最大强度或者是接近最大强度来完成的100～200米段落跑；它的特点是重复次数不多，间歇时间较长，强度很大。而速度耐力是指强度稍低（80%～90%）的250～500米段落跑；其特点是重复次数较多，要求跑平均强度，间歇时间相对要短一些。

(四) 耐力能力练习

跑的耐力练习分为速度耐力和力量耐力。速度耐力跑的练习有：中等强度跑300～600米；用70%～85%强度反复跑100～500米；变速跑150米、200米、100米等；各种距离的组合跑。练习时注意间歇时间，心率降到120次/分后再进行下一组练习。力量耐力练习有：较长时间的跑、跳结合的练习；较长距离的跑、跳结合的练习；较轻负重的练习等。

(五) 柔韧性练习

柔韧性练习主要是加强髋、膝、踝关节周围的肌肉、韧带等柔韧性和弹性。其方法有：正踢腿、侧踢腿、后踢腿练习；前后左右摆腿练习；前后左右劈腿练习等。

第三节 跳的基本技术

运动箴言

一根小小的木棒，连接的是团结和友爱；一根小小的木棒，传递的是勇气和力量；一根小小的木棒，演绎的是奋斗和拼搏。

田径运动中的跳跃项目，是运用人体自身的能力（或同时借助一定的器材，如撑竿），通过一定的运动形式，使人体腾越尽可能高的高度或跳越尽可能远的远度。田径运动的跳跃项目属非周期性项目，各个跳跃项目虽然运动形式和要求不同，但有其共同点，即人体的运动都是从静止状态开始向前跑进，而后转变为腾空，最后是落地。

经常进行跳的练习，可以发展人的速度、弹跳力和协调性等身体素质，增强人体内脏器官的功能，有益身体健康，同时还能培养勇敢、顽强、不怕困难、勇往直前的精神。

一、跳远技术

跳远运动包括跳远和三级跳远两个项目，同属爆发性用力的灵巧项目，技术结构皆由助跑、起跳、腾空和落地组成。因“腾空步”在空中可分为“蹲踞式”“挺身式”“走步式”三种，所以可将跳远分为蹲踞式跳远、挺身式跳远、走步式跳远。本节主要讲蹲踞式跳远、挺身式跳远。

(一) 助跑

助跑是为了获得最高水平的可控制速度，为起跳做好准备。助跑距离一般为16～22步。确定助跑步法的方法有两个标志，一个标志是助跑的起跑线，一个是最后6～8步的起跳脚着地点。

（二）起跳

起跳的任务是改变身体重心方向，在保持水平速度的同时最大限度地获得垂直速度，是跳远技术中的关键技术。起跳过程分为“着地”“退让”“蹬伸”三个阶段。

（1）起跳脚的着地。助跑最后一步起跳脚脚掌运动的方向是向下、向后，下落时快速积极，成“扒地”动作。着地时先脚跟触地，迅速转为全脚掌支撑。着地柔和、轻巧有弹性。

（2）起跳脚的退让。起跳脚着地后，膝、踝关节及时弯曲，进行“退让”，同时迅速前移身体，为快速蹬伸阶段做准备。

（3）蹬伸。当身体重心移至起跳脚支撑点上方一刹那时，起跳腿快速用力蹬直，髋、膝、踝关节充分伸展，摆动腿积极前摆，两臂配合上摆。当大臂摆到与肩平时，动作要“突停”。

（三）腾空

（1）蹲踞式。人体单脚起跳腾空后，上体保持正直，摆动腿的大腿部分继续向上摆动，留在体后的起跳腿开始屈膝前摆，这样，逐步靠拢摆动腿，逐渐在空中形成蹲踞式，落地前小腿自然前伸落地。蹲踞式跳远如图 5－19 所示。

图 5－19 蹲踞式跳远

练习方法

- 原地纵跳屈膝团身，两手触脚，大腿尽量靠近胸部，落下时用前脚掌着地。
- 短距离助跑起跳成腾空步后，起跳腿向摆动腿靠拢，双腿越过一定的高度（如横拉的皮筋或栏架）然后落入沙坑。
- 在低跳箱上向沙坑内做立定跳远，落地时小腿积极前伸，脚跟触沙后迅速屈膝，脚掌下压，双臂配合积极前摆。
- 利用弹簧板，做短程助跑起跳，成腾空步后，起跳腿与摆动腿并拢完成空中蹲踞姿势，然后做伸腿落地动作。
- 进行中程和全程助跑蹲踞式跳远练习，体会完整的技术动作。

（2）挺身式。其技术要领是单腿起跳进入腾空步后，摆动腿的膝关节伸展，小腿自然由向前、向下到向后方而成弧形摆动，此时留在体后的起跳腿与后摆的腿靠拢，挺胸展髋，成展体姿势。快落地时，双脚、双手向身体前方合拢落地。挺身式跳远如图 5 - 20 所示。

图 5 - 20　挺身式跳远

练习方法

● 原地模仿挺身式跳远的空中动作。支撑腿为起跳腿，摆动腿屈膝前摆，随即放腿并向右摆，髋部前展，同时两臂配合腿的动作向下侧后方绕摆至侧上方，注意体会放腿与展髋的动作。

● 起跳腿支撑站立，随口令做摆臂、摆腿、放腿、挺身、展髋的单足立定跳远，着重体会臂和腿的配合动作。

● 利用弹簧板做短程助跑起跳成腾空步后，下放摆动腿并落在沙坑内然后跑出。体会摆臂与展体的动作。

● 利用起跳板做短中程助跑挺身式跳远，要求摆动腿自然下放，髋部前移，展体挺身，收腹举腿落入沙坑。

● 全程助跑挺身式跳远练习，体会完整的技术动作。

二、跳高技术

跳高是田径运动跳跃项目之一，又称急行跳高，由有节奏的助跑、单脚起跳、腾空过杆与落地等动作组成，以其最后成功地越过横杆上缘的高度计算成绩并以此判定名次。跳高是征服高度的运动项目，是人类不屈不挠、勇攀高峰的象征。也有人称跳高是一项失败者的运动，因为每次比赛，运动员在跳过一个高度以后，还要向新的高度挑战，直到最后跳不过去为止。

(一) 跨越式跳高

进行跨越式跳高时，助跑方向与横杆成一定角度，用远离横杆的腿踏跳，起跳点距离横杆垂直面 60～80 厘米。当人体腾空后，上体前倾，摆动腿摆过横杆后，向杆下内转下压，使臀部迅速移过横杆，两臂下垂。过杆时，躯干向横杆方向侧倒并向起跳腿方向扭转，两臂举起，同时起跳腿迅速向上高抬，完成跨越过杆动作。过杆后，身体侧对横杆，用摆动腿先落地。因为这种方式起跳后重心离横杆较高，故不能充分利用腾空高度，但动作简单易学，多为中小学体育教学以及初学者采用。跨越式跳高如图 5 - 21 所示。

图 5－21 跨越式跳高

练习方法

● 摆动腿原地踢摆练习。异侧手扶肋木（或树干），摆动腿以同侧髋带动大腿前后摆，同侧臂配合腿的前摆，上摆至与肩平制动。

● 原地模仿跨越式过杆动作练习。两腿依次跨过约与膝关节高的横绳，可用长绳或橡皮筋带系于两个篮球架柱上，集体进行，加大练习密度。

● 模仿跨越式两腿过杆动作练习。立正，右手按着竖立竹杆的上端，然后右腿向右外侧踢摆越过杆顶，右手迅速按回杆上端；接着左腿也向右外侧摆腿过杆，迅速转髋，左手按杆。然后反过来，向左做同样动作，跨过与髋部同高的竹杆或木棒。

● 同上练习，但按教师的口令进行，可分成四列横（或纵）队进行比赛，以杆（棒）较少落地的队为优胜。

● 上一步跨越斜放的横杆。摆动腿在前，踏跳腿在后。开始时，踏跳腿向前迈一步，做跨越过杆练习。杆的一端放于地面，另一端放在跳高架或木凳上。在硬的地面做此练习时，注意强调着地缓冲，以防踝关节受伤。

● 上一步跨越式越过较低横杆。

● 助跑三步越过横杆。预备姿势是摆动腿在前，站在起点上。助跑方向与横杆所成角度为 30°～60°。踏跳点距横杆投影点三四个脚掌。三步助跑的起跑点在距离踏跳点五个自然步的地方。

● 助跑五步跨越较高横杆。五步的起跑点在距离踏跳点 8 个自然步的地方。

（二）背越式跳高

进行背越式跳高时，弧线助跑，远离横杆的腿起跳，异侧臂引臂、摆动腿屈摆内旋，使身体背对横杆腾空而起，高仰的头部越过横杆以后，髋部接着挺起，形成一个反弓形，双脚急速上提。头靠前，背靠下，双脚提起，整个身体依次越过横杆。以肩背落垫，滚翻缓冲。该技术因身体重心离横杆较近甚至低于横杆高度，能充分利用腾空高度，所以是目前最优越的过杆方式，在比赛中被广泛采用。背越式跳高如图 5－22 所示。

练习方法

● 确定队员起跳腿和摆动腿。

● 原地摆腿和摆臂练习。

- 原地和行进间起跳练习。
- 上一步和上三步助跑起跳练习。
- 沿圆圈或弧线做一步或三步助跑起跳练习。
- 沿着圆圈跑的练习（直径 15 米左右）。体会圆圈跑身体感觉，控制跑时身体内倾斜。
- 由直线进入圆圈跑的练习。体会身体由正直逐渐转入内倾斜。
- 沿圆圈做三步或五步的起跳练习。体会后两步加快节奏，做好起跳动作，积极向上跳。
- 在海绵垫前或对着一定高度的横杆做三步或五步助跑起跳练习。事先在垫前选好起跳点，用白粉画上弧线，让队员在弧线上练习。
- 3～5 步助跑起跳坐上海绵垫。
- 3～5 步助跑起跳背部着垫躺在海绵垫上。

图 5－22 背越式跳高

三、提高跳跃能力的方法

田径运动的跳跃项目属非周期性项目，各个跳跃项目虽然运动形式和要求不同，但有其共同点，即人体的运动都是从静止状态开始向前跑进，而后转变为腾空，最后是落地。通常以抛射运动规律作为田径跳跃运动的力学基础。跳高是为了取得尽量高的高度，主要是垂直速度，因此，在充分利用水平速度的情况下尽可能地获得最大的垂直速度；而跳远是为了取得尽量远的远度，尽可能地获得最大的水平速度。

（一）负重半蹲跳：主要发展腿部肌肉力量和踝关节的力量

动作要领：肩负杠铃，两手扶住杠铃两端，两脚开立与肩同宽，腰伸直，两肩微微外展，屈膝成半蹲，然后两腿迅速用力蹬伸，使髋、膝、踝关节充分伸直，最后离地向上跳起，落地屈膝缓冲。练习方法：建议刚开始练习时重量选择轻些，每次练习 10～15 次，重复 3～5 组。随着力量增长，适当增加重量，减少练习次数，小学初中一般不超过 30 千克，高中一般最重不要超过 50 千克。

（二）连续跳跃栏架：主要锻炼小腿和踝关节力量

动作要领：栏架高度的调整按照学段不同设置，逐渐呈增高趋势。栏架摆成一列，一般是 5～12 个，栏间距调整为 1.5 米左右。两脚自然开立与肩同宽，屈膝半蹲，同时两脚前掌用力蹬地，两腿用力前抬，提膝越过栏架，脚前掌落地屈膝缓冲（类似于连续收腹跳）。跳跃动作应连贯，连续跳跃，越过最后一个栏架再迅速快跑 20～30 米。重复 5～8 组，随着跳跃能力的提高逐渐调整栏间距和栏高。

（三）跳台阶（跳箱）：主要是发展腿部力量和膝踝关节力量

动作要领：一般选择坡度大的台阶，有条件可以采用跳箱，也可以选用楼梯台阶（适用于下雨练习）。两脚自然开立屈膝，脚前掌用力跳起，根据自己的能力跳台阶，随着弹跳能力的提升不断增加高度。

（四）蛙跳：主要发展大腿肌肉力量和髋关节力量

动作要领：两脚自然开立与肩同宽，屈膝半蹲，上体稍前倾，手臂向体后摆成预备姿势，两腿用力蹬伸，使髋、膝、踝关节充分伸直，同时两臂迅速前摆，手臂带动身体向前上方跳起，落地伸小腿，后脚跟先着地，屈膝缓冲。连续进行 8～10 次，重复 3～5 组，（跳完接进行 20～30 米加速跑）。最好在沙坑内进行，以保护膝、踝关节。

（五）原地收腹跳：主要发展腿部腹部力量和足弓弹性

动作要领：（1）抱膝收腹跳：两腿自然开立与肩同宽，屈膝半蹲，脚前掌用力起跳，上体保持正直，用力抬大腿，屈膝收腹，使大腿靠近胸部，两手下伸抱膝，脚前掌落地屈膝缓冲。连续进行 15～20 次，重复 3～5 组。（2）直腿收腹跳：两腿自然开立，屈膝半蹲，脚前掌用力起跳，收腹抬脚，两腿伸直，上体前倾，双手摸双脚尖，脚前掌落地屈膝缓冲。连续进行 10～15 次，重复 3～5 组。

（六）原地纵跳摸高：主要是发展腿部力量和踝关节力量

一般在篮球架下进行，小学和初中可以选择在篮架上。根据学生能力，悬挂物体进行摸高练习，高中直接摸篮板或者篮网。动作要领：两腿自然开立，与肩同宽，微屈膝，两腿用力蹬伸向上跳起，充分伸展髋、膝、踝关节，用双手或单手摸悬挂物，落地屈膝缓冲。连续进行 10 次左右，重复 3～5 组。

第四节　投的基本技术

运动箴言

以自然之道，养自然之生。

投掷运动是一项体育运动项目，起源于古希腊。古希腊著名雕塑家米隆大约在公元前 450 年的代表作《掷铁饼者》，说明了投掷运动的历史源远流长。在古代奥运会上投掷比赛所用的都是扁圆的石块，重量没有统一的标准。比赛时，运动员站在一个石台上，做几次预摆后将石块掷出，用距离和姿势来确定优胜者。现代田径运动投掷项目包括铅球、标枪、链球、铁饼。本节主要初步介绍侧向滑步推铅球技术。

一、铅球

铅球是田径运动的投掷项目之一，它对增强体质特别是发展躯干和上下肢力量有显著的作用。最早期是采用原地推铅球的技术，后来经过演变，逐渐出现了林林总总的方法，如侧向前、侧向滑步推。用废弃的铅制炮弹代替石头进行模拟训练，是现代铅球的直接起源。

最初采用原地推铅球技术，后逐渐发展到侧向推、上步侧向推。20 世纪 50 年代，美国运动员奥布赖恩发明了背向滑步推铅球技术，该技术被称为“铅球史上的一场革命”。20 世纪 70 年代，苏联运动员巴雷什尼科夫发明了旋转推铅球技术，由于旋转后难以控制身体平衡，至今只有极少数运动员使用。比赛时，运动员应在直径 2.135 米的圈内，用单手将铅球从肩上推出，铅球必须落在落地区角度线以内方为有效。男、女铅球分别于 1896 年和 1948 年被列为奥运会比赛项目。

二、侧向滑步推铅球技术

侧向滑步推铅球如图 5－23 所示：右手持铅球，身体左侧对着投掷方向，以左大腿向投掷方向摆出，同时右腿蹬离地面，右脚沿地面滑至投掷圈的中心部位，左脚迅即着地，形成最后用力的开始姿势。接着，右脚快速蹬转，使右髋向投掷方向转动，并侧向抬起上体。当上体左侧移至与地面垂直瞬间时，两腿迅速蹬伸，左臂在体侧制动，同时挺右胸、送右肩，最后以右臂迅速将球推出。球离手后，即降低身体重心并交换两腿，维持身体平衡。

图 5－23 侧向滑步推铅球

三、侧向滑步推铅球练习方法

（1）结合物理知识向学生进行通俗易懂的讲解。

（2）让学生学习和掌握原地推铅球的技术。

（3）让学生练习握球与持球的方法。

（4）让学生徒手做原地推铅球预备姿势和最后用力推铅球的模仿练习。

（5）让学生完成原地推铅球练习，注意掌握正确的用力顺序和做好左侧支撑。

（6）让学生学习和掌握侧向滑步推铅球技术。

实践与探究

1. 400 米及以下的短跑项目起跑采用什么起跑方式？学会并掌握短跑起跑的动作要领。

2. 中长跑采用什么起跑方式？学会并掌握中长跑起跑的动作要领。

3. 如何提高短跑的成绩？

4. 如何提高接力跑的成绩？

5. 如何提高中长跑的成绩？

第六章
足球运动

教师导语

足球，被称为“世界上第一项运动”，是世界上最成功、最具影响力和最有魅力的运动。足球拼的是团队、战术、纪律性和创造力，每个人的分工都很精细，而不是只靠身体素质和个人天赋。校园足球是足球发展的重要组成部分。在足球场上，“决不放弃”是很多人的信仰，即使处于逆境、绝境，也不放弃希望，咬牙去拼。

第一节　足球的基本技术

运动箴言

足球是圆的，在比赛中什么奇迹都会发生。这就是足球的魅力。

随着足球运动的不断发展，现代足球在追求胜负结果的同时，以攻守平衡为原则，以时空控制权的激烈争夺为特点，把激烈的攻防、有效的配合、扣人心弦的进球等内容作为重要组成部分。为此，运动员只有熟练地掌握足球技术，才能在比赛中有目的地采取行动，正确合理地处理球，以达到战术上的要求。所以，要踢好足球，必须熟练掌握足球的基本技术，并得心应手地运用。

一、寻找球感

球感是足球运动中最基本的元素，也是学习和掌握足球技术的前提条件。球性球感能力的好坏直接影响足球技术掌握的速度和质量，像现在足坛的梅西、苏亚雷斯就是因为惊人的球性才能成为左右胜负的关键，所以想学好足球就要先从最基本的球感、球性开始练习，如图 6-1 所示。

注意：最好先做热身运动，使身体活动开，再做颠球练习；把握触球的位置和力度，尽量使足球的运动范围在自身的掌控之内；颠球时，击球的最佳部位是球的底部中央，球弹起的高度最好不超过膝盖。

二、动作要领

（1）双脚脚背正面颠球：屈膝，提高小腿，亮出脚掌，脚向前上方摆动，用脚背击球，击球时踝关节固定，击球底部中央。两脚可交替击球，也可一只脚支撑另一只脚连续击球。击球时用力均匀，使球始终控制在身体周围。

图 6-1　寻找球感

（2）双脚内侧、外侧颠球：抬脚屈膝，用脚的内侧或外侧向上摆动击球的下部，两脚内侧或外侧交替。

（3）大腿颠球：抬腿屈膝，用大腿的中前部位向上击球的下部，两腿可交替击球，也可一只脚做支撑用另一侧的大腿连续击球。

（4）头部颠球：两脚开立，膝盖微屈，用前额部位连续顶球的下部。顶球时，两眼注视球，两臂自然张开，以维持身体平衡。

三、踢球的基本技术及练习方法

踢球的概念：踢球是指运动员有目的地用脚的某一部位将球击向预定目标的动作方法。

（一）脚内侧踢球（又称脚弓踢球）

减少传球失误是争取比赛主动权的重要手段，脚内侧踢球时触球面积大，因而有利于对传球方向作出精确控制，在快速传切配合和二过一战术中被较多采用，是中短距离传球的主要脚法，如图 6-2 所示。

图 6-2　脚内侧踢球

1. 动作要领

(1) 脚背内侧踢定位球：直线助跑，即助跑方向与传球方向一致，助跑最后一步适当加大；踢球腿由后向前屈膝摆动，当膝关节接近球的垂直面时，小腿加速前摆，大腿稍上提，同时膝外展；脚尖上翘，用脚内侧（足弓）部位击球的后中部；踢球腿在击球后继续前伸推送，并保持用力方向与地面平行。

(2) 脚背内侧踢空中球：根据来球速度和运行轨迹及时移动到位，踢球腿大腿抬起（屈）并外展，小腿屈并绕额状轴后摆，利用小腿绕额状轴由后向前摆动，当摆至额状面时与球接触，击球的中部。

2. 练习方法

练习时，应把注意力集中在某个技术环节上，通过大量重复练习提高自己对动作细节的感知和控制能力。

(1) 踢固定球。

方法：两人一组，一人将球踩在地面固定，另一人做原地（或加助跑）摆腿击球动作，力量稍小，主要是体会动作要领。

提示：注意体会踢球腿的加速摆动用力、旋转和击球脚形的控制，以及脚与球接触时的肢体感觉。

(2) 两人对传练习。

方法：两人互传地滚球，力量稍轻，注意动作的规范性。

提示：传球距离应加以控制，初学阶段不宜采用大力踢球，避免出现动作变形。

(二) 脚背内侧踢球

脚背内侧踢球踢球腿摆腿自然，有利于发挥腰腿部大肌群的力量，故踢球力量大，主要用于长传球和远射。

1. 动作要领

(1) 脚背内侧踢定位球：斜线助跑，在不影响摆腿发力的同时更有利于击球脚的控制；支撑脚落地时，身体重心应偏向支撑脚一侧并屈膝缓冲，保持重心的稳定；用脚背内侧击球的后下部，同时脚尖包向球的外侧；前摆送球的方向应指向传球目标。

(2) 脚背内侧踢反弹球：根据来球的落点及时移动到位，在球离地（反弹）的瞬间踢球，其他的动作要求与踢定位球相同，如图 6-3 所示。这种踢球方法多用于踢侧方或侧前方来的空中下落的球。

图 6-3 脚背内侧踢球

2. 练习方法

（1）对墙踢固定球练习。

方法：初学阶段在助跑环节上可简化，采用一步助跑，这样有利于支撑脚的准确选位并将注意力更多地集中到脚形的控制上。

提示：除非已形成正确而稳定的技术动作，此时应注重于纠正错误动作，巩固和强化技术细节，避免因大力踢球导致的动作变形。

（2）两人一组，一人踩球（或实心球），另一人做原地和上一步踢球模仿练习。

（3）踢球腿摆动模仿练习。

方法：可以先在地面确定一个支撑脚落地点，然后加一步、两步或多步助跑，反复练习。

提示：练习时注意体会腿部肌肉的放松，只在触球前刹那通过绷紧腿部肌肉加固关节即可。

（4）两人对传练习。

方法：两人相距 25～30 米，踢定位球或活动球。

提示：体会这一脚法在长传和射门时的区别，通过调整脚形和击球点，控制出球的高度。长传球时脚形位置较平，击球点偏下；射门时脚背绷紧立直，击球点上移。

（三）脚背外侧踢球

脚背外侧踢球动作的特点是预摆动作小，出脚快，能利用膝、踝关节的灵活变化改变出球的方向和性质，是实用性较强的技术手段，如图 6－4 所示。

1. 动作要领

（1）脚背外侧踢定位球：脚背外侧踢球的动作方法类似于脚背正面踢球，只是摆踢时脚面绷直、脚趾向内扣紧；用脚背外侧击球的后中部，击球后踢球腿顺势前摆着地；踢地滚球时，踢球脚同侧的来球多用直线助跑，支撑脚在球侧后约 25 厘米处落位，异侧来球则多用斜线助跑，支撑脚一般距球 10～15 厘米。其他动作则类似踢定位球。

（2）脚背外侧踢地滚球：可用于踢前方、侧前方及正侧方、侧后方来的地滚球。踢球的动作规格要求与踢定位球相同，但支撑脚站位时应考虑球的滚动速度，以保证在脚触球的瞬间支撑脚与球的相对位置符合规格要求。

（3）脚背外侧踢反弹球：与脚背正面踢反弹球的方法相同，只是接触球时用脚背外侧部位。

图 6－4 脚背外侧踢球

2. 练习方法

踢固定球：

方法：两人一组，一人将球踩在地面固定，另一人做原地（或加助跑）摆腿击球动作，力量稍小，主要是体会动作要领。

(四) 脚背正面踢球

脚背正面踢球特点是利用小腿的快速摆动，以及比较坚实的脚背部位触球，使球产生急速变形，促使球高速飞行，形成极具威胁的射门，也常用于长传球。

纠正方法：注意调整助跑方向，避免斜线助跑。

1. 动作要领

支撑脚支撑在球的侧面 10～20 厘米处，以脚背正面击球的后中部，击球后身体及踢球腿随球前移，如图 6－5 所示。

图 6－5　脚背正面踢球

2. 练习方法

(1) 徒手模仿脚背正面踢球，体会动作要领和节奏。

(2) 两人一组，做原地脚背正面踢固定球练习。

四、运球的基本技术及练习方法

(一) 脚背正面运球

脚背正面运球动作的特点是直线推拨，速度快，但路线单一，运进时前方需有较大的纵深距离，技术多用在运球前方一定距离内无对手阻拦时。

1. 动作要领

如图 6－6 所示，脚背正面运球时，身体保持正常跑动姿势，上体稍前倾，步幅不宜过大；运球腿提起，膝关节稍屈，髋关节前送，提踵，脚尖下指；在着地前用脚背正面部位触球后中部将球推送前进。

图 6－6　脚背正面运球

2. 练习方法

(1) 徒手模仿脚背正面运球，体会动作要领和节奏。

(2) 采用实心球（不超过1公斤）做运球辅助练习，进一步体会脚与球的接触部位和用力方法。

(3) 在走与慢跑中练习有节奏地匀速运球，逐步过渡到快速跑运球。要将球控制在身体前面约1米左右的距离。

(4) 运球绕过各种障碍物，增加练习难度，提高控球能力和练习兴趣。

(二) 脚背内侧运球

脚背内侧运球动作的特点是控球稳，运球速度较慢，适用于掩护性运球或运球变向。

1. 动作要领

如图6-7所示，脚背内侧运球时，身体自然放松，步幅稍小；运球腿屈膝提起，脚尖稍外转，使脚背内侧正对运球方向；运球脚落地前用脚背内侧推拨球，使球随身体前进。

图6-7 脚背内侧运球

2. 练习方法

(1) 直线运球练习。

方法：单人练习，确定行进路线自主练习时进行。

提示：运球时，脚触球和小腿及脚踝的发力是柔和的，尤其脚与球接触瞬间的细微缓冲动作是控制好球的关键。初学时常常因为腿部肌肉和关节过于紧张，动作僵硬，出现踢球发力的错误。

(2) 运球绕杆练习。

方法：在做变向时交换运球脚。

(三) 脚背外侧运球

脚背外侧运球动作的特点是灵活性、可变性强，可做直线、弧线和向外变向运球，易于控制运球方向和发挥运球速度，并便于对球进行保护。

1. 动作要领

如图6-8所示，脚背外侧运球时，身体自然放松，步幅稍小；运球脚在身体正面提起，膝稍内扣，脚跟提起，脚尖内转；在迈步前伸着地前，用脚背外侧推拨球，随后脚顺势落地。

图 6－8　脚背外侧运球

2. *练习方法*

（1）直线运球练习。

方法：单人练习，确定行进路线自主练习时进行。

提示：运球时，脚触球和小腿及脚踝的发力是柔和的，尤其脚与球接触瞬间的细微缓冲动作是控制好球的关键。初学时常常因为腿部肌肉和关节过于紧张，动作僵硬，出现踢球发力的错误。

（2）运球绕杆练习。

方法：在做变向时交换运球脚。

（四）脚内侧运球

脚内侧运球动作的特点是控球稳，运球速度较慢，适用于掩护性运球或运球变向。

1. *动作要领*

如图 6－9 所示，脚内侧运球时，身体自然放松，步幅稍小；运球腿屈膝提起，脚尖稍外转，使脚背内侧正对运球方向；运球脚落地前用脚背内侧推拨球，使球随身体前进。

图 6－9　脚内侧运球

2. 练习方法

(1) 直线运球练习。

方法：单人练习，确定行进路线自主练习时进行。

提示：运球时，脚触球和小腿及脚踝的发力是柔和的，尤其脚与球接触瞬间的细微缓冲动作是控制好球的关键。初学时常常因为腿部肌肉和关节过于紧张，动作僵硬，出现踢球发力的错误。

(2) 运球绕杆练习。

方法：在做变向时交换运球脚。

五、接球的基本技术及练习方法

接球是指运动员运用身体的有效部位将运行中的球有目的地接控在所需位置上的动作方法，是运动员获得球的主要手段。

(一) 脚内侧接球

1. 动作要领

如图 6-10 所示，脚内侧接球时，支撑脚脚尖正对来球，接球腿提起屈膝，大腿外展，脚底基本与地面平行，脚内侧正对来球并前迎，当脚内侧与球接触的一刹那迅速后撤。

图 6-10　脚内侧接球

2. 特点

接球平稳，可靠性强，动作灵活多变，用途广泛。

3. 练习方法

(1) 两人一组，进行脚内侧传接球练习。

(2) 利用足球墙进行接球练习。

(二) 脚背外侧接球

1. 动作要领

如图 6-11 所示，脚背外侧接球时，接球点在接球脚一侧，接球时提腿屈膝，脚内翻，并对着接球后运行的方向，脚离地面的高度应是球的半径，然后大腿向接球后球运行的方向推送，同时身体随球移动。

2. 特点

由于踢球时脚腕灵活性较强和摆腿方向变化较多等优点，它是踢各种弧线球、弹拨、削球的主要方法。

图 6-11 脚背外侧接球

3. 练习方法

(1) 脚外侧接球左右脚各 15 次，交替进行练习。

(2) 利用足球墙进行接球练习。

(三) 脚背正面接球

1. 动作要领

如图 6-12 所示，脚背正面接球时，根据球的落点，及时移动到位，脚背正面上迎下落的球，当球与脚面接触的一刹那与下落球同步下撤，此时的大腿膝关节、踝关节、脚趾均保持适度的紧张，脚尖微翘将球接到需要的地方。

2. 特点

迎撤动作自如，关节自由度大，但变化较少，适于接下落球。

3. 练习方法

(1) 自抛自接模仿练习。

(2) 两人一组，一抛一接练习。

(四) 脚底接球

1. 动作要领

如图 6-13 所示，脚底接球时，身体和脚尖正对来球方向，脚尖上翘，一般以前脚掌触球的上部。在触球的一刹那，前脚掌将球停住，也可根据需要在接球的同时将球推向前或拉向后。

图 6-12 脚背正面接球

图 6-13 脚底接球

2. 特点

易于将球接到指定位置，常用来接地滚球和反弹球。

3. 练习方法

(1) 利用足球墙进行接球技术的练习。

(2) 自抛自接球练习。

(3) 正面接地滚球练习。

第二节　足球的基本战术

运动箴言

90分钟比赛都是0∶0，没看到进球一定很郁闷吧？别着急，不到最后一刻，你永远不知道会发生什么。

比赛开始前，双方在各自半场就位。比赛由开球开始，足球被放置在中心标志上由进攻方开球。比赛开始后，每个队员尽力将球踢入对方球门。球员可以利用除了双手和胳膊以外的身体部位触球。获胜者为比赛90分钟后进球数最多的一方。如果比赛结束时双方都没有得分或者得分相同，则为平局，此时如果必须决出胜负，则进行“加时赛”。如果有必要，还可以通过加时赛或者踢点球决胜。

一、足球基本攻防战术

足球战术是指在比赛中为了战胜对方，根据主客观的实际所采用的个人和集体配合的手段的综合表现。

球队攻防的体系基本上决定了一场比赛的胜负，球队战术的变化主要体现在进攻战术的变化上，而一个球队的防守体系，则主要决定了能否让对手的进攻被遏制，从而为自己的队友创造更多的机会，来赢得比赛的最终胜利。在球场上，一个球队的氛围也影响着整个球队的进攻和防守的战术。

(一) 个人进攻战术

个人进攻战术包括传球、射门、运球突破和跑位。

(1) 传球：传球是整体战术配合的基础，是组织进攻，变换战术，迅速逼近对方球门，创造射门机会的主要战术方法。传球是比赛中运用最多、最重要的技战术手段。

传球时还应注意以下几点：

1) 力争向前传球，只有向前传球，才能快速突破对方防线。

2) 争取直接传球，特别是在对手盯逼很紧的时候，运用准确的直接传球，可迅速改变进攻点，使防守队员来不及调整防守位置。

3) 传球时要避开对方的抢截半径和断球的可能。

4) 多采用中传。中传既可加快进攻的速度，失误又少。中传增多已成趋势。

5) 注意转移传球。当攻守队员集中在一侧，进攻受阻时，应及时转移传球，变换进攻方向。

(2) 射门：射门是一切进攻战术配合的最终目的，也是进攻得分的唯一手段，是进攻战术最重要、最困难、最振奋人心的环节。在现代足球比赛中，要想在对方严密防守和紧逼拼抢的情况下，有效地完成射门，必须有强烈的射门欲望，善于抓住射门时机，选择合理的射门方法。射门突然、快速有力，出球准确，才能将球攻入对方球门。

射门时还应注意以下几点：

1）强烈的射门进球意识和欲望。

2）射门必须准确、突然、有力。

3）珍惜射门机会，不失时机果断起脚。

（3）运球突破：运球突破是极为重要、极有威胁的个人进攻战术，是突破防守体系，创造以多打少的重要方法，也是制造更好的射门和传球机会的有效手段。

采用运球突破时应注意以下几点：

1）控好球、护好球。能突则突，不能突也不要丢失球权，使全队陷入被动。

2）掌握好运突的距离和时机。在对方抢截半径以外，在对手犹豫不决时或向其移动时，则向抢球动作反方向果断突破。

3）运球应采用多元组合，动作衔接紧凑，使对手移动不及或抢球失误。

4）一旦突破对手，即可形成以多打少的有利局面，应及时射门、传球配合。

（4）跑位：跑位是指在比赛中，队员在无球的情况下，通过有意识的跑动，为自己或同伴创造进攻机会的行动。跑位是整体进攻战术的基础，是进攻队员为了获得球的准备行动，也是拉开对方防线，为自己和同伴创造获得球的时间和空间的重要手段。为了使有球活动能高质量地完成，必须通过积极、快速、多变的无球活动来摆脱防守，争取控制、支配球的时间、空间。

敏锐的观察，明确的目的，合理的时机和多变的行动是跑位的主要战术内容。

（二）局部进攻战术

在足球进攻战术中，局部进攻战术是指进攻中两个或几个队员之间的配合方法。它是集体配合的基础。基本配合形式有：传切配合，交叉掩护配合和二过一配合。

1. 传切配合

传切配合是指控球队员将球传给切入的进攻队员的配合方法，是局部进攻战术中运用最多的方法。传切配合的形式有局部传切和转移长传切入。

传切成功的要素：一是控球队员要把握准传球的时机，并控制好传球的方向与力量。二是跑位队员要明示切入的方位、时间。起动突然、快速，并用身体掩护住球。

2. 交叉掩护配合

交叉掩护配合是指在局部地区两名进攻队员在运球交叉换位时，以自己身体掩护同伴越过防守队员的配合方法。

交叉掩护配合成功的要素：一是运球队员必须用自己的身体护住球并挡住两名防守队员，将球交递给同伴后，要继续向前跑动。二是接球队员必须主动迎面跑向运球同伴，交叉距离贴近，接球后快速向前运球。

3. 二过一配合

二过一配合是指在局部两名进攻队员通过两次连续传切配合，越过一名防守队员的配合方法。二过一配合的形式根据传球和跑位的路线有：直插斜传二过一、斜插直传二过一、斜插斜传二过一、回传反切直传二过一。

（1）直插斜传二过一：当防守队员身后有一定的空当，防守队员距插入队员较近时采用此种二过一配合效果较好。斜传多采用踢墙式。

（2）斜插直传二过一：当防守队员身后有较大的空当，防守队员移向接应队员时采用此种二过一配合效果较好。直传球力量要适当。

(3) 斜插斜传二过一：当防守队员身后空隙较小或采用连续二过一时可采用此种二过一配合。

(4) 回传反切直传二过一：当接应队员与控球队员有一定的纵深距离，而且防守队员贴身逼抢时可主动向后扯动，拉出空当采用此种二过一配合。

(三) 整体进攻战术

在足球运动中，整体进攻战术是指为了完成进攻战术任务所采用的全局性的进攻配合方法。整体进攻战术涉及的人员比较多，是全队协调一致的行动，体现一个队的进攻实力和配合能力。

在足球进攻战术中，一次完整的整体进攻是由发动、发展和结束三个阶段组成的。发动阶段是获得球、控制球、传球的进攻阶段；发展阶段是整体的无球跑动和有球配合迅速展开的全面进攻阶段；结束阶段是传中、运球突破、传切配合等形式创造的射门和包抄、补射等攻击对方球门的进攻阶段。

依据进攻的方向可分为边路进攻、中路进攻和快速反击。

1. 边路进攻

边路进攻是指在对方半场两侧地区发展的进攻。边路进攻的特点是充分利用场地的宽度，拉开对方的防线。边路场区防守队员较少，防守的纵深保护较差，可利用的空当较大。较容易突破对方防线然后采用传中等手段，创造中路射门得分机会。但直接射门角度小，很难射中球门。

2. 中路进攻

中路进攻是指在对方半场中部发展与结束的进攻。中路进攻的特点是进攻投入的人数多，层次深，配合点多、面广，射门角度大，破门机会多。但防守人员较密集，纵深保护有力，突破难度较大。中路进攻方式有运球突破、踢墙式二过一配合、运球交叉掩护配合、回撤反切突破、头球摆渡和定位球配合等。

3. 快速反击

快速反击是指在本方后场获得球后，由于对方防线压至中场，后场有较大空间，快速将球传给插向前场空当的攻击队员，或在攻守频繁转换时在中、前场争夺到球后快速突破或传球，创造出射门机会的进攻。快速反击的标准：一是时间短，二是传球次数少，三是进攻快于退守。

二、防守

(一) 个人防守战术

个人防守战术是指为了控制对手所采用的个人战术行动。个人防守战术包括选位与盯人以及抢、断球。

1. 选位与盯人

选位一般由攻转守后的防守队员根据自己的位置和职责以及当时的赛势的具体情况，在整体意识的支配下，有目的地选择恰当的位置。盯人是现代足球中的重要防守技巧之一，防守者通过各种方法，紧紧跟随并看着自己的对手。盯人方式主要有紧逼盯人和松动盯人两种。紧逼盯人一般适用于禁区地带或盯接近球的进攻队员。松动盯人一般适用于盯离球的队员。

2. 抢、断球

在足球运动中，足球抢球、断球是指防守队员有目的地运用身体的某一部位，将对手控制或传递中的球夺过来、踢出去、破坏掉的技术动作方法。

抢、断球的要素：正确的判断、合理的位置、恰当的时间。

抢、断球的注意事项：隐蔽断球的意图、顾全防守全局；断球后反击。

(二) 局部防守战术

局部防守战术包括：保护、补位、围抢。

1. 保护

保护是指给逼抢持球队员的同伴以心理和行动支持，使其无后顾之忧，全力以赴逼紧对手。保护时要做到：距离动态变化、随时调整角度、考虑人数对比。

2. 补位

补位是指防守队员弥补同伴在防守中出现漏洞时所采用的相互协助的战术配合。补位的形式：补空位、相互补位、守门员出击。

3. 围抢

围抢是指两个以上的防守队员从多方位夹击对方的控球队员，把球抢夺回来或破坏掉的战术配合。

(三) 整体防守战术

整体防守战术是指全队所采取的防守配合。整体防守战术分为人盯人防守、区域盯人防守和混合盯人防守。

1. 人盯人防守

人盯人防守基本上就是各人专门盯防自己的防守对象，防守对象跑到哪，自己就得跑到哪，不交换防守对象，不受防守区域限制，后方队员间的保护主要由最后的拖后中卫进行区域保护和补位。

2. 区域盯人防守

所谓区域盯人防守，是指全队在防守时，层层设防，形成层层盯人加保护的整体防守体系。在区域防守体系中，每个队员都是在自己相对稳定的区域内进行盯人防守。主要是对进入自己防守区域的对方队员实施盯人防守，当对方进攻队员交叉跑位到另一个防守区域时，我方防守队员和该区域防守队员交换防守任务，一般不越区盯人，不受对方的牵引。防守队员的保护由在其身后的队员来保护和支援。当对方强行突破或无球跑动切入接球时，防守队员就要紧追盯防。

3. 混合盯人防守

混合盯人防守就是人盯人防守加区域防守的结合。这种防守体系中的盯人是将对方中最具有突破威胁或组织者死死盯住，通常是两个中卫中的一个去实施，另一个成为拖后中卫“清道夫”。这种防守体系对盯人中卫的个人防守能力、体能、意志要求较高。“清道夫”则要求有良好的保护和补位意识，头脑冷静、观察全面、判断分析准确。

三、战术阵型

足球比赛中，一支队伍的阵型由 3 或 4 组数字表示。例如，4—4—2 阵型，即此阵型包括 4 名后卫、4 名中场和 2 名前锋。因为守门员不包括在内，所以数字之和总是 10。根据比赛中的情况，队形会发生变化。如果领先的球队需要加强防守，则会使用一个更防守性的阵型。阵型有很多种组合，较常见的有 3—5—2 阵型、4—4—2 阵型和 4—3—2—1 阵型（见图 6-14）。

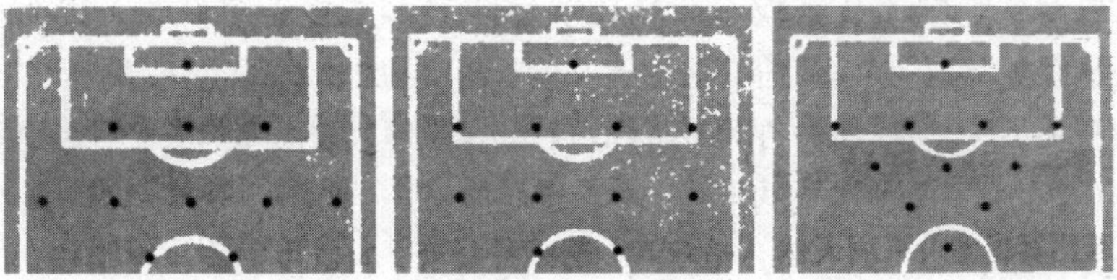

3—5—2 阵型
此阵型中左右前卫（左右中场）更多地扮演进攻角色，有力地支持锋线队员。而中前卫经常与后卫合作防守，尤其当对方球队反击时，一半球员仍在前场无法返回时。

4—4—2 阵型
又称为“一字型”，为目前最常见的一种足球阵型。此阵型通过中场球员与后卫和前锋的紧密合作，可以在比赛中根据需要进行改变。此阵型中，中场球员跳动最多。

4—3—2—1 阵型
此阵型是 4—4—2 阵型的变体，又被称为“圣诞树”，此阵型中有一名中场球员向前参与进攻，就意味着球队中实际有 3 名前锋，其中中间一名前锋站在另外两名前锋之前。

图 6-14 战术阵型

第一种常见的 3—5—2 阵型：与后防相比，其实中场更为重要，因为只有三名后卫，因此设置三名中后卫，边路的助攻和后撤参加防守相当重要，因此对两个边前卫的要求很高。

第二种常见的 4—4—2 阵型：采用的是四个后卫、四个中场和两个前锋的打法。两个边后卫加一个拖后与盯人清道夫作为后防；采用双后腰或单后腰配以两个或三个中场，再加两个前锋的打法。442 的中场担负防守的任务，同时还要负责支援前线的两名前锋，其余球员负责支援后卫及控制节奏。不过此阵型依赖强大的中场，如果没有中场大师，将十分平庸。

第三种常见的 4—3—2—1 阵型：又名圣诞树阵型，在场上的样子像圣诞树，故而得名。阵型强调的是中场的控制，后腰断球，就地组织进攻，攻防转换快，注重于防守。四后卫，三位中场，二位前卫，一位前锋。防中带快攻。这种战术前锋要有一定的带球速度，控球能力，射门准度，把握机会。对边前卫的要求也很高。

第三节 足球规则简介

运动箴言

足球是一项团体运动，为了团队做出牺牲，是一件光荣的事情。

足球是当今世界最受欢迎的运动之一，所谓无规矩不成方圆，在足球比赛中，有太多的规则需要注意，下面简单了解一下足球比赛规则。

一、比赛时间

正式的国际足球比赛分为上、下两个半场，每半场 45 分钟，中间休息 15 分钟。

二、队员人数与换人

一场比赛应有两队参加，每队上场 11 名队员，其中必须有一名守门员。如果一队的场上队员少于 7 人，则判该队弃权。一场比赛每队最多能换 3 名队员，若场上 3 次换人名额用完，发生受伤下场或红牌罚下等情况，均不可再加人，只能按场上实际人数继续比赛；场外和场上队员未经裁判员许可不能擅自进出场地。比赛时，守门员和其他队员的位置不能随意交换，需经过裁判员的同意。

三、裁判员

一场正式的足球比赛由 4 名裁判员担任裁判工作：1 名主裁判员，2 名助理裁判员，一名替补裁判员（第四官员）。

四、比赛判罚

足球比赛的判罚分两种：

（一）直接任意球的判罚

主要是针对恶意踢人、打人、绊倒对方的行为。另外，用手拉扯、推搡对方，手触球也属于这一类。还有辱骂裁判员、辱骂他人也要判罚直接任意球。这种任意球可直接射门得分。如果这些行为发生在禁区内，就要判罚点球。

（二）间接任意球的判罚

危险动作、阻挡、定位球的连踢就属于这一类。这种任意球不能直接射门得分，必须经第二个人触球后进球才算有效，禁区内这种犯规不能判罚点球。

无论是直接任意球还是间接任意球，防守方都要退出 9.15 米线以外。如果不按要求退出 9.15 米，裁判员可出示黄牌。

罚点球：在禁区内直接任意球的犯规要判罚点球。罚点球时，双方队员不能进入禁区。如防守方进入禁区，进球有效，不进则重罚；如果攻方进入禁区，进与不进球均无效，由对方罚任意球。在罚点球时，守门员可以在球门线上左右移动，但不可以向前移动。

五、红、黄牌

足球裁判员在判罚时，根据犯规性质不同可出示两种不同颜色的牌。

对于足球比赛中出现的一些严重犯规，裁判员要出示红、黄牌。如果是恶意的犯规或暴力行为，要出示红牌。故意手球。辱骂他人或同一场比赛同一人得到 2 张黄牌时，也要被出示红牌。

比赛中，有违反体育道德行为，用语言和行为表示不满的要被出示黄牌。连续犯规、故意延误比赛、擅自进出场地的队员也要被出示黄牌。

六、掷界外球

掷界外球是指运动员将比赛中越出边线的球按照规则的规定，用双手掷入场内自己的预定目标的动作。

七、伤停补时

足球比赛有时根据场上情况，在比赛时间上需要补时。有时是一两分钟，最长可达五六分钟，时间长短的确定由主裁判员决定。造成补时的原因主要有：处理场上受伤者；故意拖延比赛；场内外出现了意外事件。

八、越位

足球比赛构成越位要满足以下条件：在同伴传球时脚触球的瞬间，在对方半场内如果同伴的位置与对方最后1名后卫的位置相比更靠近对方底线，同时该队员处于球的前方，这时就判越位。需要说明的是，与对方最后1名后卫处于平行时不判越位。

九、暂停比赛

正式足球比赛一般场上不能暂停，只有在极特殊的情况下，如队员受伤或发生意外纠纷，才鸣哨暂停。恢复比赛一般是将球踢给哨声的最后控球方。

十、计胜方法

（一）进球得分

若规则没有另外规定，则以下情况应判为进球得分：当球的整体从两球门柱间及横梁下越过球门线，而此球并非由进攻方队员（包括守门员）以手掷、带人或故意以手臂挡人。

（二）获胜的队

在比赛中进球较多的队为胜者。如两队进球数相等或均未进球，则比赛平局。

（三）加时赛

竞赛规程应说明，若比赛结果为平局，是否采用加时赛或踢点球决出比赛的胜者。

实践与探究

1. 接球的基本技术有几种？
2. 踢球由哪些环节组成？
3. 运球的基本技术有几种？

第七章
篮球运动

教师导语

篮球运动是一项以篮球为竞赛工具，在特定条件（规则、场地、器材、设备等）下，比赛双方各出5名队员，参加比赛的个人和集体以一定的体能为基础，以掌握特定的专门技术和战术方法为手段，在比赛中争夺球权，力争在攻守交替和对抗中获得球和展开投篮得分，并以得分多少决定胜负的集体运动项目。篮球运动突出地表现在速度快、对抗性强、准确性高，注重速度与高度的统一。

第一节　篮球的基本技术

运动箴言

永远不要低估一颗总冠军的心。

篮球基本技术是篮球运动员必须掌握的最常用、最基础的动作，有移动、传接球、运球、突破、投篮、抢篮板球、防守等。

一、移动

移动是运动员为改变位置、方向、速度时所采用的各种脚步动作的统称，是篮球运动攻防技术的基础，包括起动、跑、滑步，还有急停、跨步、转身、后撤步等。这里简单阐释一下起动、跑与滑步。

（一）起动

以后脚（向前起动）或跑动方向异侧脚为前脚掌短促有力蹬地，同时上体迅速前侧，向跑动方向移动重心，手臂协调摆动，充分利用蹬地的反作用力，向跑动方迈出，前两步要短促而快。

（二）跑

1. 侧身跑

侧身跑时，头、上体要向来球的方向扭转，同时侧肩，脚尖朝着跑动方向。动作要点：面向球转体，上体稍前倾，重心降低。

2. 变向跑（见图 7－1）

变向跑是在跑动中突然改变方向，摆脱对手的一种方法。

变向时（以从右向左变向为例），最后一步用右脚前脚掌内侧用力蹬地，脚尖内扣，随之屈膝，上体向左侧转前倾，移动重心，左脚向左前方跨出一小步后，右脚迅速向左前方跨出一大步，继续跑动。动作要点：右脚前脚掌蹬地同时，上体向左侧转，屈膝向左移动重心。

图 7－1 变向跑

（三）滑步

滑步是防守者阻截对方进攻路线的移动方法，分前、后滑步和侧滑步三种。

1. 前、后滑步

由两脚前后站立姿势开始，向前滑步时，后脚的前脚掌内侧蹬地，前脚向前跨一小步，着地后，后脚紧随向前滑动，保持原来站立姿势。后滑步与前滑步动作相同，方向相反。

2. 侧滑步

两脚左右开立，弯曲，上体稍前倾，两臂侧伸。向左侧滑步时，右脚前脚掌内侧蹬地，接着左脚向左跨出。

二、传接球

传接球在篮球运动中是组织进攻的纽带，是战术配合的桥梁。传球要求快速、准确、及时、多变，做到人到球到。接球要求选好位置，保护好球，争取进攻时间。

（一）传球技术

1. 双手胸前传球（见图 7－2）

双手胸前传球是篮球中一个最基本的传球方法，只有在你和接球队员之间没有任何对方球员的情况下才可以进行。传球前双臂微屈，双手持球放于胸前。可以用于各种距离，各个方向的传球。

图 7－2 双手胸前传球

2. 单手肩上传球（见图 7－3）

以右手传球为例。双手持球于胸前，两脚平行开立，传球时，左脚向传球方向迈出半步，同时将球引至右肩上方，肘外展，大臂与躯干、小臂与大臂的夹角大于 90 度。右手托球，手腕后仰，左肩侧对传球方向，重心落在右脚上，右脚蹬地，转体，前臂迅速向前挥摆，手腕前屈，通过食指、中指拨球将球传出。球出手后，随着身体重心前移，右脚向前迈出半步，保持基本站立姿势。

图 7－3　单手肩上传球

3. 单双手反弹传球

反弹传球是通过地面反弹给同队队员的一种传球方法，具有隐蔽性。传球时，手和腕用力的方向是前下方，传球击地点一般在距接球人 1～1.5 米的地面（或者在防守者的脚外侧或稍后），球反弹的高度以齐腰高为宜。

（二）接球技术

1. 双手接球（见图 7－4）

双眼注视来球，两臂自然前伸迎球，手指自然分开，两拇指成八字形，两手成半圆状。手指触球时，两臂随球后引，缓冲来球力量，持球于胸腹之间。做好传球、投篮、突破的准备。动作要点：伸臂迎球，手触球后立即缓冲来球力量，手形和接球部位要注意正确。

图 7－4　双手接球

2. 单手接球（见图 7－5）

单手接球是接离身体较远的球时采用的接球方法。两眼注视球时，手臂自然伸向来球方向迎球，手掌成勺状对准来球，同时迈出同侧脚。手指触球后，手臂顺势后引，收肩，左手协助将球移至胸前。动作要点：手指和手腕控制好球和缓冲引球。

图 7-5　单手接球

传、接球的练习方法：

1. 一个人对墙壁或篮板传接球。
2. 两人一组的传、接球。
3. 几人一组的圆圈传、接球。
4. 五人一组的五角传、接球。
5. 两人行进间传接球。
6. 三人弧形移动传接球。
7. 全场传接球上篮练习。

三、运球

运球是指持球队员在原地或移动中，用手连续按拍，使球借助地面反弹起来的动作。运球的方法较多，根据其动作结构和技术特点，可按图 7-6 所示分类方法进行分类。

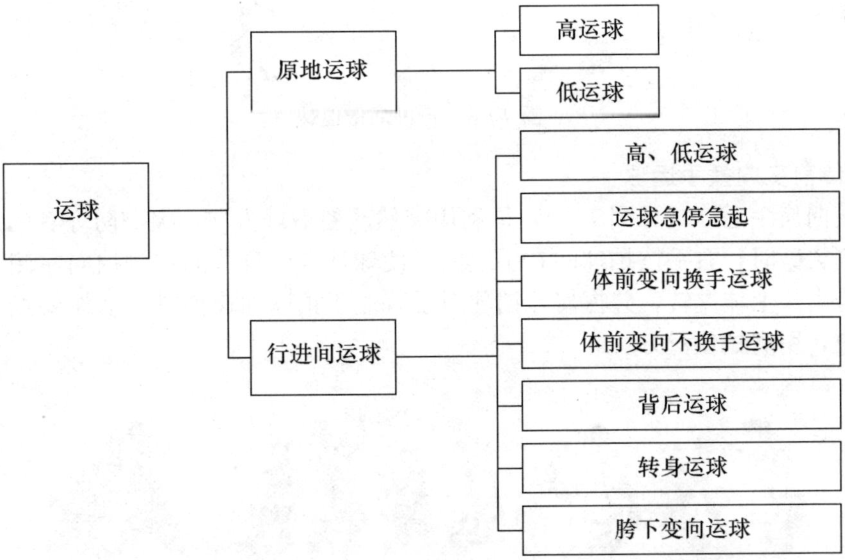

图 7-6　运球分类

（一）行进间高运球

行进间高运球（见图 7 - 7）有速度快的特点，一般在无防守者的情况下采用。运球时，手按拍球的后下方，使球的落点在身体的侧前方，球的反弹高度在腰、胸之间，手和脚的动作要协调一致。

图 7 - 7　行进间高运球

（二）行进间低运球

在有防守的情况下，行进间低运球（见图 7 - 8）是摆脱防守的有效技术动作。运球时，两膝迅速弯屈，上体前倾，用上体、腿及不运球的手臂保护球，同时，用手短促地按拍球的上方，使球的反弹高度在膝关节附近。

动作要点：球反弹向上时，手要主动随球上扬，手指包住球，掌心空出，眼看前方，余光看球。

图 7 - 8　行进间低运球

（三）体前变向换手运球

体前变向换手运球（见图 7 - 9）是利用突然改变运球方向，突破防守者的方法。右手运球向左侧突破时，右手按拍球的右手上方，使球从自己身体的右侧拍向左侧，右脚迅速向左前方跨出，上体左转，并探肩，挡住对手，左手拍球加速前进。动作要点：变向换手推球速度快，用肩挡住对方。

图 7 - 9　体前变向换手运球

(四) 运球急停急起

运球急停急起(见图7-10)是在防守者紧紧跟随的情况下,利用突然变化的速度来摆脱对手的方法。急停时,重心降低,用手迅速按球的前上方,屈腕控制球,两脚做跨步急停,转入低运球,用手臂、上体和腿保护好球。突然起动时,重心前移,后脚用力蹬地,手按拍球的后上方,使人与球的速度、手与脚的配合协调一致。动作要点:急停时,重心下降,保持平衡,保护好球。急起时,用力蹬地,重心跟上。

图7-10 运球急停急起

(五) 运球转身

离防守较近而突破路线被封堵时常采用此方法。转身时,左脚前跨一步为中枢脚,置于对手两脚之间,右脚用力蹬地,右手按球右侧上方,随转身动作拉球于身体后侧方,转身后,换手运球,左脚迅速蹬地,从对手的右侧运球突破。

运球的练习方法:

1. 原地运球。
2. 直线运球。练习者站在端线外,向罚球线、中线、另一端端线做往返运球练习。
3. 变向换手运球。
4. 运球急停急起。
5. 后转身运球。
6. 对抗性运动练习。
7. 运、转、投的综合练习。
8. 运球接力比赛。

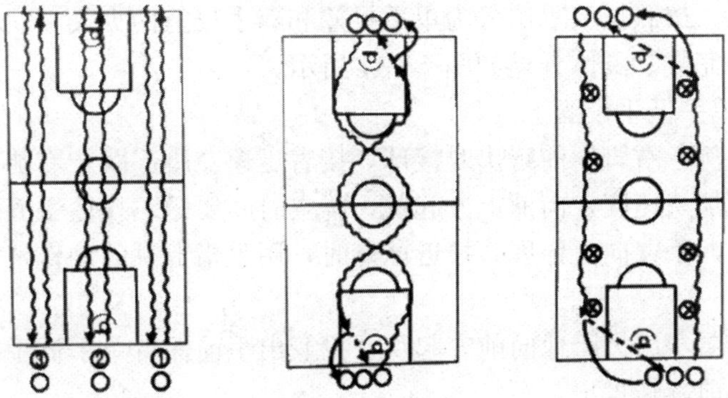

直线运球练习　换手变向运球练习　不换手变向运球练习

四、突破

（一）持球突破技术分类

突破是一项应用普遍、攻击性强的进攻技术。根据其动作结构，突破可分为交叉步突破和同侧步（顺步）突破两种；根据运用形式，突破可分为跳步急停突破、跨步急停突破、前转身突破和后转身突破。

（二）持球突破技术分析

（1）蹬跨。

（2）转体探肩。

（3）放球。

（4）加速运球。

（三）持球突破技术的运用

能否正确地掌握突破技术，善于把握突破时机，是衡量队员进攻能力强弱的标志。运用持球突破要注意以下几个方面。

（1）突破技术要与传球、投篮及假动作结合运用，避免盲目运用和单独运用，充分发挥突破的攻击性和主动性。

（2）选择正确的突破方向和突破形式，根据防守队员的防守能力，从其薄弱环节进行突破。

（3）善于创造突破机会，根据进攻战术需要，做到个人突破与整体战术协调统一。既要运用突破技术扰乱防守阵形，创造进攻机会，又要利用防守者的错误及时突破，加强个人攻击。

（4）不断强化突破意识，提高观察、判断能力，灵活多变，合理运用突破技术，做到敢于突破，善于突破。

五、投篮

篮球运动是集体同场对抗的比赛项目，它是以投篮得分为目的，以投篮得分多少决定比赛胜负，得分多者获胜。所以，投篮是篮球运动中最重要的技术。

投篮是在篮球比赛中，持球队员将球从篮圈上方投进球篮所采用的专门技术动作方法的总称。

（一）投篮技术分类

投篮技术较多，按照投篮手法分为单手投篮和双手投篮两大类，它们可以在原地、行进间和跳起在空中完成。具体分类如图 7－11 所示。

（二）行进间单手低手投篮

以右手投篮为例，右脚向前跨出时接球，接着迅速左脚起跳，右腿屈膝上抬，在接球后的第二步要继续加快速度，向前上方起跳，腾空时间要短。投篮手五指自然分开，托球的下部，手心朝上，手臂向上伸展，接近球篮时，用手指上挑的动作，使球向前旋转投向球篮。

动作要点：第二步用力蹬地向前方起跳，投篮出手前保持单手低手托球稳定性，用指腕上挑力量使球向前旋转投出。

（三）单手肩上投篮

单手肩上投篮是现代篮球比赛中应用比较广泛的一种投篮方法，是行进间和跳起投篮

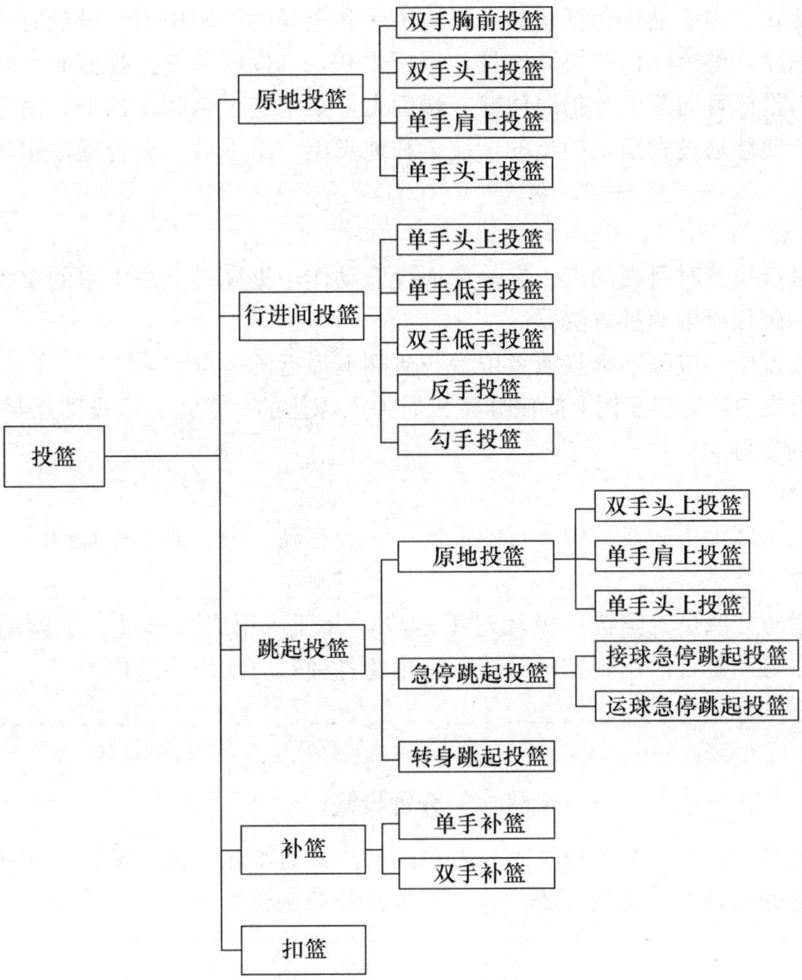

图 7-11　投篮技术分类

的基础。它具有出手点高、便于结合其他动作、不易被防守等优点，并能在不同位置和距离上应用。

1. 持球姿势

以右手投篮为例。右手持球于肩上，手腕后翻，前臂与地面接近垂直，左手扶球左侧。两腿微屈，右脚略前于左脚，身体的重量落在两脚掌上。眼睛注视篮圈前沿或碰板点。

2. 持球手形

手指自然分开，掌心空出，托球的后下部，手腕后屈，小臂向上，用手指和指根把球控制住，球的重心落在食指和中指之间。

3. 投篮动作

投篮时，右臂随着下肢蹬伸的力量向上充分伸展，同时左手离开球，最后用手指柔和地用力拨球，通过指端将球投出，脚跟稍提起，球出手后身体充分伸展，重心移至前脚掌，食指正对瞄篮点，手心向下，腕、臂放松。

4. 出手动作

投篮时球最后出手的动作，是投篮能否准确命中的关键。它直接影响投篮的方向、力量、弧度和旋转。出手动作包括正确的投篮手法和全身的协调用力。投篮时全身协调用力要有一定的顺序，整个动作要协调连贯，轻松柔和，掌握好节奏。投篮时，随着下肢蹬伸和腰腹伸展，投篮臂向前上方抬肘伸臂，最后力量集中到手腕和手指上，由手腕前屈和手指拨球的动作使球通过食指、中指的指端柔和地飞出。出手后，全身随球跟送，手臂自然伸直。

5. 瞄篮点

瞄篮点是指投篮时目视的点。它是掌握投篮动作，提高投篮命中率的重要方面。投篮有直接投中和碰板投中两种方法。

（1）直接投中：应瞄准离投篮者位置与篮圈上最近的一点。

（2）碰板投中：应瞄篮板上能使球碰板后弹入球篮的一点。一般投球点与篮板成15°～45°角的位置时较好。

6. 抛物线

抛物线是指球出手后在空中飞行的弧度。一般有高、中、低三种抛物线。

六、防守

防守是指防守队员为阻挠和破坏对手进攻，合理运用脚步移动、手臂动作和身体姿势，积极抢占有利位置以达到控球目的所采用的各种专门动作的总称。

小游戏

一分钟投篮

以篮圈投影点为中心，以该点到罚球线的距离为半径，画一圆弧。开始时在弧线外跳投，并开始计时，自投自抢，再运至弧线外面跳投，连续一分钟。

（一）个人防守技术分类

个人防守技术分类如图7－12所示。

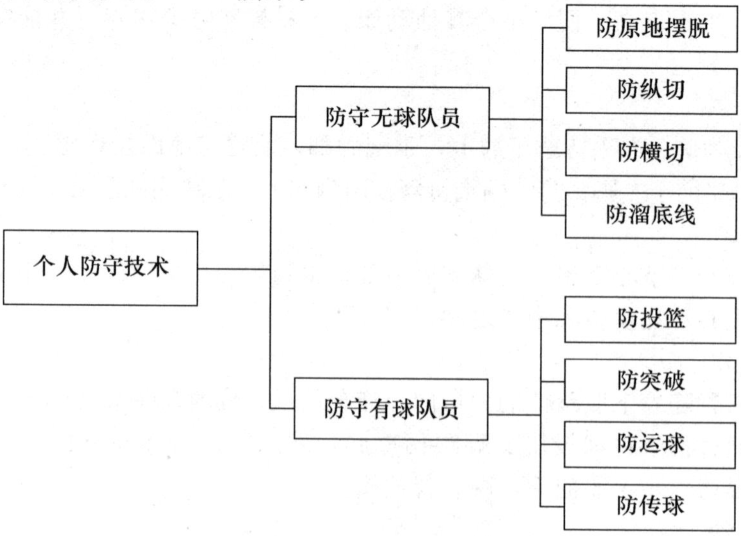

图7－12 个人防守技术分类

（二）个人防守技术的基本要素（影响个人防守技术质量的基本要素）

1．位置

抢占有利位置是防守技术的关键，对手、球、球篮间的方位关系是选择防守位置的基本原则。防守无球队员。要保持“球—握—他”的位置关系，防守人、球、对手三者形成钝角三角形，防守人始终站在钝角处。防守有球队员，防守人应选在对手与篮球之间的有利位置上。

2．距离

防守距离的选择取决于对手是否有球。一般情况下，防有球队员，防守队员要和持球队员保持一臂距离，近篮则近，远离篮则远；防无球队员是近球紧，远球松。

3．姿势

选择防守姿势要便于向各个方向移动。防守无球队员时，要一手指向对方，另一手伸向球；防守有球队员时，一只手向球伸出，另一只手侧举，阻挠对手进攻。

4．步法

防守步法的选择，以滑步为主，配合其他脚步动作。在两脚位置的选择上有两种。一是两脚平行站立的平步防守步法；二是两脚前后开立的斜步防守步法。平步防守便于左右移动，对防突破有利；斜步防守便于前后移动，对防投篮较为有利。

5．视野

防守过程中。利用视野控制对手，调整自己的防守行动，做到人、球兼顾。

小知识

3D球员

3D球员，用篮球术语拆解就是三分球（3 Point）和防守（Defense），代指在球队中，既有稳定的三分球能力，又能够在防守端提供高强度的防守，这样的球员就是所谓的3D球员。

第二节　篮球的基本战术

运动箴言

一个掩护、两人受益、三人策应，四处开花，五人画圆、多点进攻。

篮球战术是指在比赛中队员之间有策略、有组织、有意识地协同运用战术进行攻守对抗的布阵行动，是以篮球技术为基础，在战术指导思想和战术意识支配下的集体攻守方法。

一、进攻战术基础配合

进攻战术基础配合，是指在篮球竞赛中进攻队员两三人之间所组成的简单配合方法，如图7－13所示。

传切配合是篮球进攻战术基础配合的一种，此配合由传球和切入两个较为简单、基本的技术组合而成，所以它具有简单易学，但实用性及攻击性很强的特点。

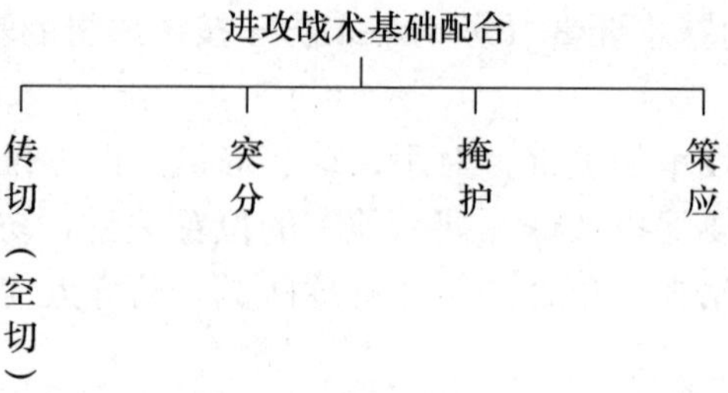

图 7-13　进攻战术基础配合

示例 1：如图 7-14 所示，4 传球给 5 后，立刻摆脱对手向篮下切入，接 5 传来的球投篮。

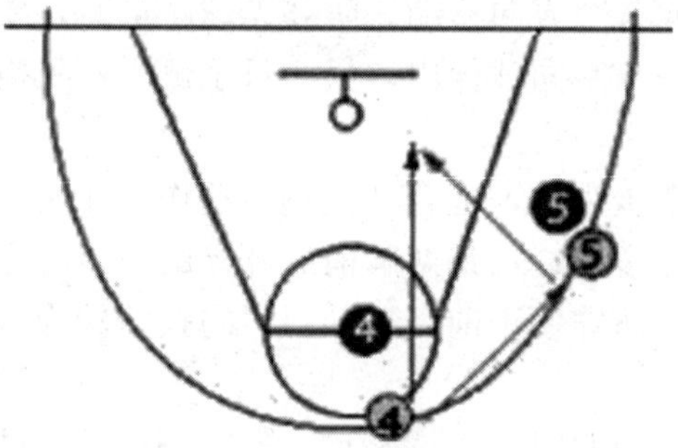

图 7-14　传切配合（一）

示例 2：如图 7-15 所示，在 5 与 6 互相传球之际，4 乘其对手不备之机，突然空切篮下，接外围同伴的传球，然后投篮。

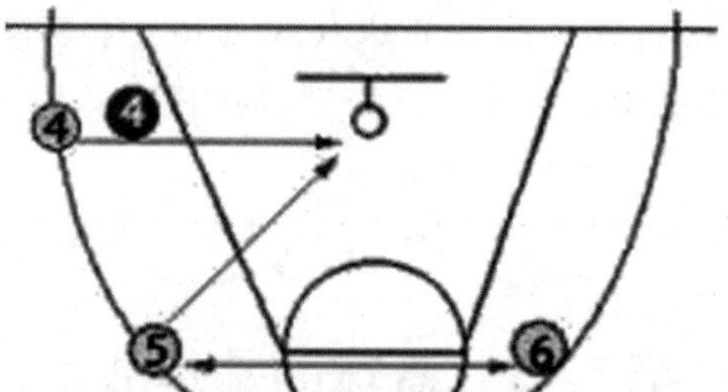

图 7-15　传切配合（二）

二、防守战术基础配合

防守战术基础配合是指在篮球竞赛中，防守队员两三人之间所采用的协同防守配合的方法，如图 7-16 所示。

挤过配合：它是破坏掩护配合的方法之一。当对方掩护，防守队员在掩护队员接近自己时，要迅速向前跨出一步，靠近对手，从两个进攻队员之间侧身挤过，继续防守自己的对手。防守掩护的队员应及早提醒同伴并后撤一步，以备补防。

穿过配合：有些类似于前边所说的挤过配合，但是两者之间又有很大的不同，穿过配合又叫绕过配合，它是破坏掩护的一种方法。当进攻队员掩护时，防掩护者的队员及时提醒同伴并主动后撤一步，让同伴及时从自己和掩护队员之间穿过，继续防守自己的对手。

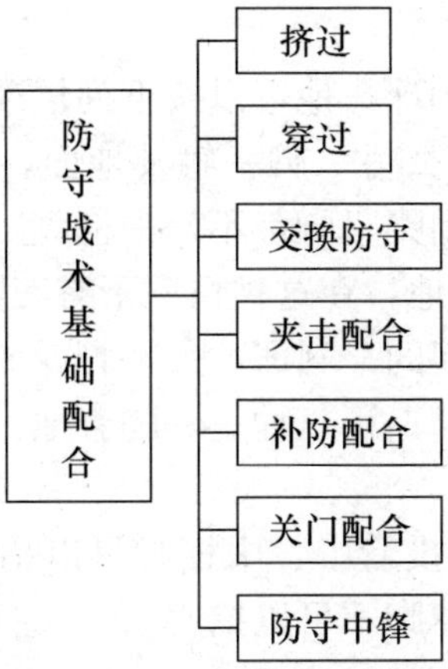

图 7－16　防守战术基础配合

交换防守配合：是破坏掩护配合的一种方法。进攻队员利用掩护已经摆脱防守时，防掩护的队员及时发出换防的信号，与同伴互换各自的对手。在适当时候再换防原来的对手。

第三节　篮球规则简介

运动箴言

每个人都想赢，但不是每个人都愿意为胜利做出必要的准备。

一、比赛通则

（一）比赛时间

（1）比赛由 4 节组成，每节 10 分钟。

（2）在第 1 节和第 2 节之间，第 3 节和第 4 节之间以及每一决胜期之前应有 2 分钟的休息时间。

（3）每半场间的休息时间为 15 分钟。

（二）暂停

（1）在头 3 节的每节中，每队可准予 1 次要登记的暂停，第 4 节中准予两次要登记的暂停，每一决胜期准予一次要登记的暂停。

（2）每次暂停时间为 1 分钟。

二、违例及其罚则

违例是违反规则的行为，其罚则是：发生违例的队失去球权，将球判给对方队在最靠近违例的地点掷界外球，直接位于篮板后面的地方除外。如果投篮或罚球的球中篮无效，然后要在罚球线延长部分的界外掷界外球。

（一）带球走

比赛中持球队员超出规则限制的范围移动则判其带球走违例。确定中枢脚是判断持球队员是否带球走的关键。通常以下面几种情况来确定中枢脚：

（1）队员双脚着地接到球，可以用任一脚作中枢脚。一脚抬起的一刹那，另一脚就成为中枢脚。

（2）队员在移动或运球中接到球，他可以按下列情况确定中枢脚。

1）如果一脚正触及地面，那么另一脚一触及地面，原先那只脚就为中枢脚。队员可以跳起那只脚并双脚同时着地，则哪只脚都不是中枢脚。

2）如果队员接到球时双脚离地，在这种情况下有三种变化：第一种是双脚同时着地，任一脚都可以是中枢脚。一脚抬起的一刹那，另一脚就成为中枢脚。第二种是两脚分先后着地，则无触及地面的脚是中枢脚。第三种是一脚着地，队员可以跳起那只脚并双脚同时着地时，则哪只脚都不是中枢脚。

3）确定中枢脚后，在传球或投篮中，中枢脚可以抬起，但在球离手前不可以落回地面。运球开始时，在球离手前中枢脚不可以抬起。

违反上述的持球移动，都应判带球违例。

（二）非法运球

比赛中队员控制球后，将球掷、滚向地面时，在球接触其他队员前再与球接触时，为运球。每次运球中，必须使球与地面接触。双手同时触球一刹那或使球在一手或双方中停留的刹那，运球即完毕，不得再次运球，再次运球应判为非法运球。当队员的手不和球接触时，运球队员的步数不受限制。下列情况下算运球：连续投篮、在运球开始或结束时，队员偶然地失掉球，然后恢复控制球（漏接）、与附近的其他队员抢球中用挑拍以图获得控制球、拍击另一队员控制的球、拦截传球并获得该球。

（三）拳击球和脚踢球

在比赛中，为了防止危险和粗暴动作出现，凡用拳击球、用脚故意踢球或用脚的任何部位阻拦球均属违例。

在跳球或双方争夺球过程中出现拳击球，应立即宣判违例。在比赛中，如果出现脚或腿偶然地碰到球，则不算违例。

（四）干扰球

在投篮时，当球在飞行中下落，并完全在篮圈水平面以上时，进攻和防守队员都不可触及球。在投篮中，当球碰击篮板后完全在篮圈水平面以上不可触球。当投篮的球触及篮圈时，进攻和防守队员都不得触及球篮和篮板。进攻和防守队员都不得从下方伸手穿过球篮并触及篮圈水平面以上或篮圈上的球，不管是在投篮后、跳球拍击球后或是在传球后皆是如此。如进攻队员违反此规定，不管是否投中均无效，由对方在罚球线的延长线部分掷界外球。如防守队员违反此规定，无论中篮与否，根据投篮地点判给投篮得2分或3分。

实践与探究

1. 传球的基本技术有几种？
2. 投篮的基本技术有几种？

第八章 排球运动

教师导语

排球运动是世界上非常广泛的球类运动之一，它与足球、篮球并称为世界三大球类运动。与篮球相比，排球同样需要娴熟的队友间的密切配合以及灵活的技巧，不同的是，没有直接的身体对抗。排球运动也是体育锻炼的主要项目之一。

第一节　排球的基本技术

运动箴言

要么赢，要么输，没有平手。

排球运动诞生于美国，创始人是威廉斯·盖·摩尔根。

排球是一项高体能的、在两支各六人的队伍之间进行的比赛。目的是击球过网使对方在球落地之前不能有效回球以得分。防守队员全场跑动救球并将球传给处于进攻状态的队友，进攻球员跳起将球猛扣过网。排球也是一项受欢迎的休闲活动，各年龄段、各种水平的人均可参与，有人称排球是世界上最受欢迎的活动之一。

一、准备姿势与移动

(一) 准备姿势

两脚左右开立比肩稍宽，一脚在前，两脚尖适当内收，脚跟稍提起，膝关节保持一定的弯曲度，上体前倾，重心靠前，两臂自然放松置于腹前；两眼注视球的飞行，随时准备向各个方向移动（见图 8－1）。

(二) 移动

1. 滑步（见图 8－2）

当来球距身体较近时采用。向前移动时，前脚迈起同时后脚蹬地，前脚跨出一步落地时后脚迅速跟上成击球准备姿势，向后移动时则由前脚蹬地、后脚退，但上体仍保持前倾；左右移动要领与右脚相同。连续并步就是滑步。滑步主要用于完成传球、垫球、拦网等技术动作的移动。

2. 跨步（见图 8－3）

当来球较低且距身体较近时采用。首先向移动方向跨出一大步，同时屈膝，上体前倾，身体重心移至跨出腿上。跨步可以向前跨步，也可以侧向跨步。

3. 交叉步（见图 8－4）

当来球距身体 3 米左右时采用。向右侧移动时，上体稍向右转，左脚从右脚前面向右交叉迈出一步，然后右脚再向右跨出一大步，同时身体转向来球方向，成准备姿势。向左移动时动作相反。交叉步主要用于完成防守、一传、拦网等。

图 8－1　准备姿势

图 8－2　滑步

图 8－3　跨步

图 8－4　交叉步

二、发球（以右手发球为例）

（一）正面下手发球

准备姿势：面对球网，左脚在前，两膝微屈，左手持球于胸前，右手自然下垂，眼视前方。抛球：左手将球在体右侧抛起，高约 20 厘米，抛球时，身体重心后移，同时右手后摆。击球：右脚蹬地，身体重心前移，右臂伸直，以肩为轴向前摆至腹前，用掌根击球的后下部。击球后，随着击球动作身体重心前移，迅速入场。

（二）侧身下手发球

侧身下手发球与正面下手发球基本相同，不同的是把握好向左做转体的角度，如图 8－5 所示。

图 8-5　侧身下手发球

(三) 正面上手发球

正面上手发球（见图 8-6）准备姿势：两脚自然前后开立，左手或是右手托球于体前。在抛球时：左手将球沿右肩前上方平稳垂直向上抛一定高度（50 厘米左右）；在抛球同时右手屈肘后引，肘略高于肩，手掌自然张开，上体稍向右侧转动，抬头、挺胸、展腹，身体重心移至后脚。击球时：转体收腹带动手臂做鞭打挥臂动作，用全手掌抱住球，击球的中下部，手腕快速有力的推压动作使球上旋飞出。

图 8-6　正面上手发球

三、垫球

(一) 准备姿势

两脚左右开立稍比肩宽，双膝弯曲，上体自然前倾，全身放松。

(二) 垫球手形

正面双手垫球的基本手形有抱拳式、叠掌式和互靠式。叠掌式为两手掌根紧靠，手指重叠，合掌互握，两拇指平行，手腕稍下压，两臂夹紧外翻形成一个平面。

(三) 击球部位

用前臂腕关节上方约 10 厘米处的桡骨内侧平面击球的中下部。

(四) 动作方法

垫球如图 8-7 所示，向前上方蹬地抬臂，迎击来球。击球时，两臂夹紧，插球下，迎击球，灵活控制球的方向和力量。正面双手垫球的教学重点是夹臂、提肩、压腕、垫球的部位准确；教学难点是判断准确，上下肢协调用力。

图 8-7　垫球

练习方法：

- 两手垫固定球、两人一组，一人持球于腹前，另一人用垫球动作击球。要求：体会击球部位。

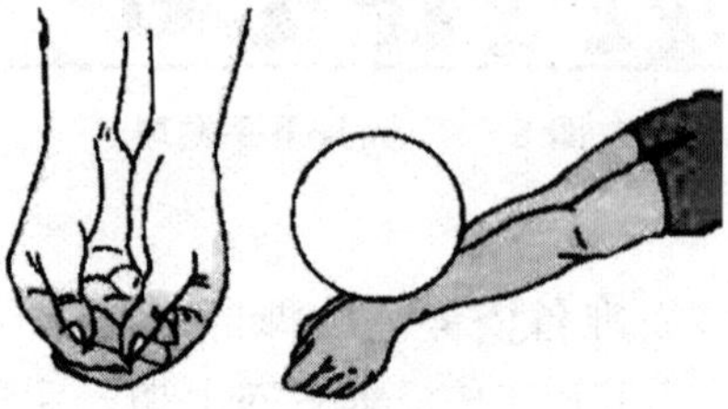

垫球部位

- 自垫高、低球，要求：体会上下肢协调用力。

垫球

- 对墙连续垫球。
- 垫抛球：一人垫球。抛球到位，左右前后抛球。
- 相距 4～5 米，两人对垫。

四、传球

准备姿势："三屈、二仰、一稳定"，即膝、髋、肘关节要有适当的弯曲度；头稍仰起看准来球，手腕后仰对准来球；身体重心要稳定。动作要领：正对来球，两手自然张开与球吻合，蹬地伸臂，于前额上方主动迎球。上下肢协调用力，重心前移。

动作方法：当来球接近头上方时，双手由额前上方主动迎球，缓冲至额前约一球距离。传球时，两臂弯曲，肘关节自然下垂；两手张开，手腕稍后仰；两手自然张开呈半球状，两拇指相对成"一"字形；以拇指、食指、中指负担球的压力，无名指和小指帮助控制传球方向（见图 8－8、图 8－9）。

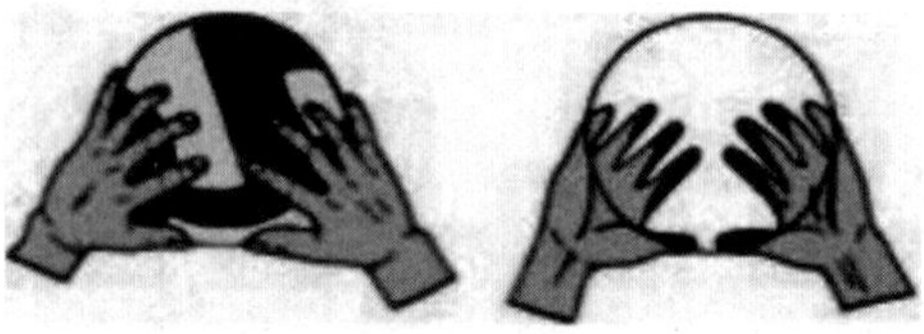

图 8－8 传球手形

图 8-9 正面双手垫球

练习方法：

● 对墙传球：由近到远，近 25 厘米，体会手指手腕用力；远 150 厘米；体会上肢配合用力。

● 两人对传：两人相距 3～4 米，对传。要求：传球有一定弧度，随时准备移动。

五、扣球

扣球如图 8-10 所示。

（一）准备姿势

稍蹲，上体前倾，两臂自然下垂，站在离球网三米左右处，观察判断来球，做好助跑起跳的准备。

图 8-10 扣球

（二）助跑

助跑时（以右手扣球、两步助跑为例），两臂绕体侧向后引，左脚在右脚侧前方着地制动，两膝弯曲，身体后仰，重心自然后移和下降，两脚尖稍向后移，膝稍内扣。

（三）起跳

助跑，最后左脚踏地的同时，两臂由后积极有力地向前上方摆动，随后双腿爆发性地伸膝向上起跳。

（四）挥臂击球

起跳后，挺胸展腹，上体稍向右转，右臂屈肘向后上方抬起，身体成反弓形。挥臂时，快速转体收腹，依次带动肩、肘、腕向前上方成鞭打动作挥动。击球时，挥直手臂到最高点，在自己的前上方，五指微张呈勺型，用全掌包住球，以掌心为击球中心，击球的中部，并有压腕和推压动作，使扣出的球加速上旋飞行。

（五）落地缓冲

前脚掌先着地再过渡到全脚掌着地，并顺势屈膝、收腹。

练习方法：

- 扣击固定球，两人一组，一人双手持球举至头顶，另一人挥臂扣击固定球，要求：体会击球点和手型。
- 两人一组，隔网对站，抛球、挥臂、鞭甩。击球反弹过网。要求：体会手腕及腰背的鞭甩动作。
- 网前助跑起跳。要求：掌握助跑起跳步法。
- 跳扣固定球或扣固定吊球。要求：体会跳点、扣球击球点和手型。

第二节　排球的基本战术

运动箴言

坚持不一定会胜利，但放弃一定会失败。

队员在比赛中，根据排球的规则要求和排球运动规律，以及双方当时的情况，合理运用技术所采用的有意识、有目的、有组织的个人和集体配合行动。

全面、准确、熟练和实用的技术是组织战术的基础，而合理地运用战术又能更加充分发挥技术的威力。

一、阵容配备

阵容配备是指比赛时场上人员的搭配布置，其目的是把全队的力量有效地组织起来，最大限度地发挥每一个队员的特长和作用。在排球比赛中常采用“四二”配备和“五一”配备。

（一）“四二”配备

“四二”配备如图 8－11 所示，指场上有四名进攻队员和两名二传队员。四名进攻队员中主攻、副攻各两名，分别站在对角位置上。

这种配备的优点：每一个轮次前后排都能保持有二传队员和两名进攻队员，便于组织和发挥攻击力量，给对方的拦网和进攻造成困难；若两名二传队员均具有进攻力量的话，每一个轮次都可以插上，组成点进攻，进攻威力可以大增。而缺点是每个进攻队员必须熟悉两名二传队员的传球特点，配合较难；一个队很难培养出两名高水平且具有进功能力的二传队员。

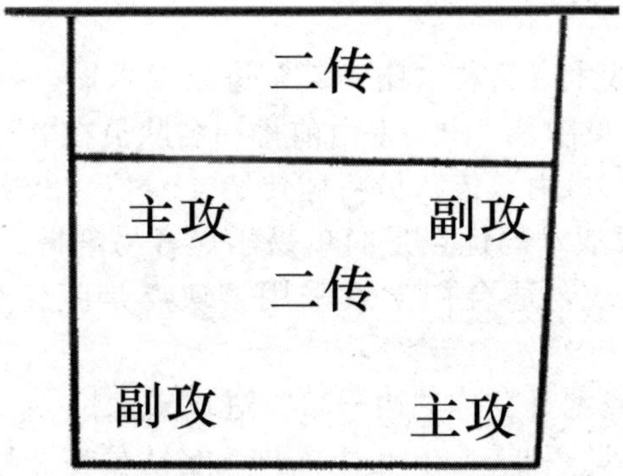

图 8-11 “四二”配备

(二)“五一”配备

“五一”配备如图 8-12 所示。

优点：一个二传队员容易培养；当二传队员轮转到后排，前排有三名进攻队员，进攻和拦网力量得到加强；全队进攻队员只需适应一名二传队员传球的打法，相互之间易建立默契。

缺点：当二传队员轮到前排时，有三个轮次只有两点进攻；防对方发球时，二传队员轮到后排，要插上传球难度较大。

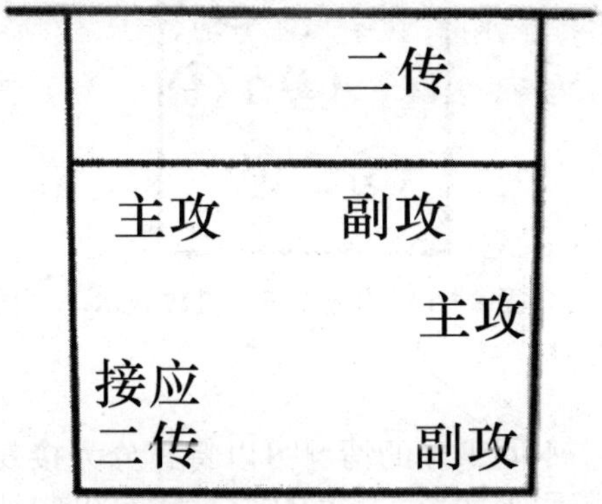

图 8-12 “五一”配备

小知识

排球世界锦标赛

排球世界锦标赛是排球运动会开创以来举办的第一个世界范围大赛，也是排球运动中最重要的赛事之一。

排球世界锦标赛是由国际排球联合会（FIVB）创办的。

第一届男子排球世界锦标赛于 1949 年在捷克斯洛伐克首都布拉格举行。

第一届女子排球世界锦标赛于 1952 年在苏联的莫斯科举行。

世锦赛每四年举办一次，在排球运动中的地位相当于足球的世界杯。

二、进攻战术

(一)“中二三”进攻战术(又称“中一二”进攻战术)

“中二三”进攻战术(见图 8-13)是由前排一名队员在 3 号位担任二传，其他 5 名队员将来球垫传给二传队员，再由二传队员将球传给 4 号位、2 号位或后排队员进行扣球的进攻战术。“中二三”进攻战术的优点是简单易学，容易掌握。由于二传手在中间，传垫球较容易，有利于组成进攻，适合初学者采用。缺点是变化少，进攻意图容易被对方识破。

(二)“边二三”进攻战术(又称“边一二”进攻战术)

“边二三”进攻战术(见图 8-14)是由前排一名队员在 2 号位担任二传，站在 2 号位与 3 号位之间，其他队员将球传给二传队员，再由二传队员将球传给 3 号位或 4 号位或后排三名队员进行扣球的进攻形式。

(三)“插二三”进攻战术(又称“插上”进攻战术)

“插二三”进攻战术(见图 8-15)是由后排任意一名队员插到前排担任二传，将球传给前排三名队员或后排两名队员进行扣球的进攻形式。“插二三”进攻战术有三种基本站位，即 1 号位插上、6 号位插上、5 号位插上。高水平的队多采用“插二三”进攻战术，因为“插二三”进攻战术更具有突然性和攻击性。

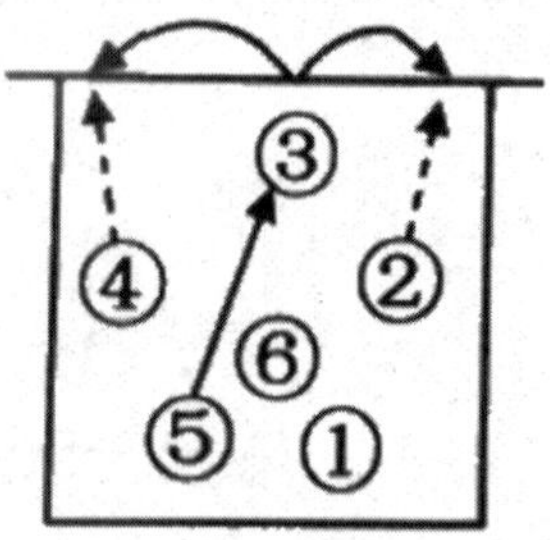

图 8-13 “中二三”进攻战术

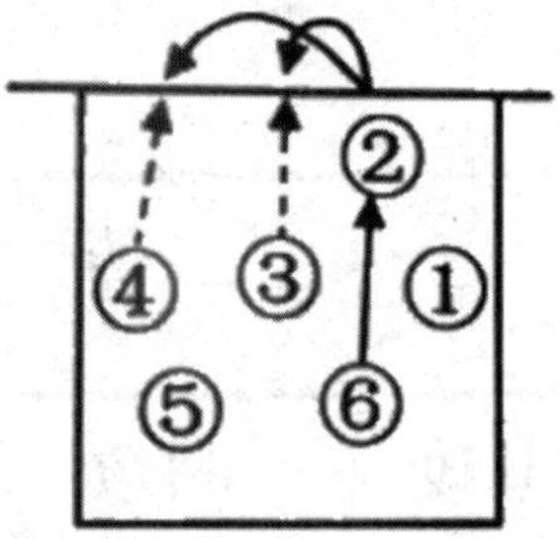

图 8-14 “边二三”进攻战术

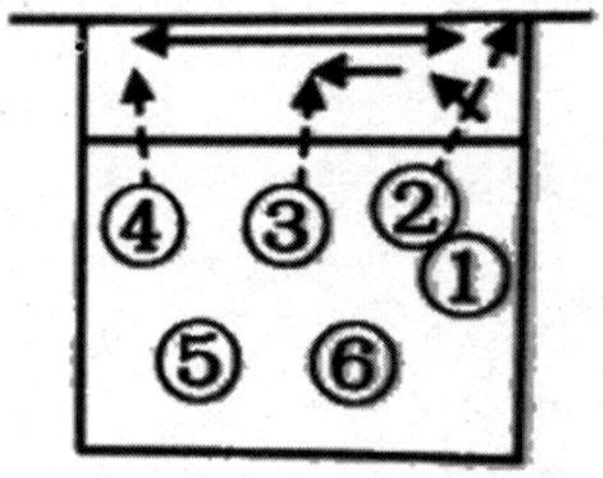

图 8-15 “插二三”进攻战术

三、防守战术

排球防守战术根据比赛中不同来球的情况可以将其分为接发球、接扣球、接拦回球和接传垫球防守战术。这四种不同来球形式下的防守战术可以归纳为两种防守战术形式，即无人拦网防守战术和拦网防守战术。

(一)无人拦网防守战术

无人拦网防守战术在接发球对方远网扣球时采用。

(二)拦网防守战术

当进攻一方近网扣球时，采用近网技术防守，其余队员在后排防守的战术。拦网队员与后防队员的配合要默契。通过信号联系，防守区域分工要明确。

小知识

自由人

“自由人”，就是只能在后场进行防守活动，不能参与前排网上动作及发球的队员。他可以接上换下。这样，在场下的队员可以在聆听完教练指导后上场继续比赛。

第三节 排球规则简介

运动箴言

体育竞赛之最绝妙处乃由于它只在手做，不在口说。

一、比赛方法

比赛采用每球得分制，胜一球即得 1 分。

比赛的前四局以先得 25 分，并同时超出对方 2 分为胜一局。当比分为 24：24 时，比赛继续进行至某队领先 2 分为胜二局。决胜局以先得 15 分，领先对方 2 分的队获胜。当比分为 14：14 时，比赛继续进行至某队领先 2 分为胜一局。正式比赛采用五局三胜制。最多比赛五局，先胜三局的队为该场比赛的胜队。

二、关于“自由防守队员”的规定

“自由防守队员”或“自由人”是国际排联于 1999 年世界女排大奖赛中试行的一项规则，称为自由球员。自由防守队员的功能是加强防守，达到平衡攻守的效果。自由防守队员的规则如下：

（1）球队可以没有自由防守队员，但最多只能登记 2 人。

（2）一队在比赛时只能有一位自由防守队员在场上。

（3）自由防守队员必须身着与其他同队球员明显不同颜色的球衣。

（4）自由防守队员的替补不计入普通球员的替换次数（不记录）。

（5）记录表须注明自由防守队员。

（6）自由球员不得发球或轮转至前排，并且不得拦网或企图拦网。

（7）如球的位置高于网高，自由球员不得在场上任何位置将球处理过网至对方场地。

（8）如第二传球为自由球员，在前排以高手将球传出，则第三球攻击高度不得超过网高。

（9）自由球员不得为球队队长。

三、比赛犯规

（一）发球犯规

发球犯规包括发球次序错误、发球区外发球、发球 8 秒犯规、发球时球未抛起或持球手未撤离。

（二）击球时的犯规

击球时的犯规包括四次击球持球、连击、借助击球。

（1）四次击球：一个队连续触球四次（拦网一次除外）为四次击球犯规。

（2）持球：规则规定，球必须击出，不得接住或抛出，击出的球可以向任何方向弹出。

（3）连击：同一名队员连续击球两次或球连续触及身体的不同部位为连击犯规（拦网一次除外）。

（4）借助击球：队员在比赛场地以内借助同伴或任何物体的支持进行击球，为借助击球犯规。

（三）拦网犯规

拦网犯规包括过网拦网、后排队员拦网、拦发球、拦网出界、从标志杆以外伸入对方空间拦网并触球。

（四）对延误比赛的判罚

在一场比赛中，对某队成员的第一次延误比赛，给予“延误警告”。若该队员造成不论任何类型的第二次以及其后的延误比赛，都给予“延误判罚”，失 1 分并由对方发球。

（五）对球队成员不良行为的判罚

（1）粗鲁行为违背道德原则和文明举止，有侮辱性行为。第一次，判该队失一球，同一队员第二次，判罚出场；第三次，取消比赛资格。

（2）冒犯行为：诽谤侮辱的言语或形态。第一次，罚离开比赛场地一局；同一队员一场比赛中第二次，取消比赛资格。

（3）侵犯行为：人身侵犯或企图侵犯。罚取消比赛资格（全场）。

四、判罚牌的使用

（1）警告：口头或手势无牌。

（2）判黄牌。

（3）判罚出场红牌。

（4）取消比赛资格（红牌与黄牌持于一手）。

五、场上位置

在发球队员击球时，双方队员（发球队员除外）必须在本场区内各站两排，每排 3 名队员。前排位置为 4、3、2 号位，后排位置为 5、6、1 号位。在发球队员击球瞬间，双方队员场上的站位必须与记录表上填写的上场队员站位表相符。球发出后，队员可以在本场区任意移动或交换位置，不受任何限制，但前、后排不可越位。

六、发球与发球轮换

（1）自裁判鸣哨起，发球队员必须在 8 秒内将球发出。

（2）得分一方同时取得发球权，发球队员必须按顺时针方向轮转一个位置。

七、队员的替换

（1）每一局每队最多可替换 6 人次，可以同时替换一人或多人。

（2）替补球员每局只能上场比赛一次，可以替换任何一名主力队员，同一局他只能由被他替换下场的队员来替换，自由人除外。

实践与探究

1. 排球场地有多大？由哪种材料制成？
2. 排球运动的 6 种基本技术分别是什么？

第九章 乒乓球运动

教师导语

乒乓球是中国的国球。中国在乒乓球史上占有很高的地位。自20世纪60年代以来，中国运动员赢得了世界乒乓球锦标赛的大部分冠军，甚至多次横扫整个锦标赛。

第一节 乒乓球的基本技术

运动箴言

冰冻三尺，非一日之寒。只要敢于并勤于在乒乓球的长河中搏击，相信胜利的浪花一定会在你的眼前出现，你更会在乒乓球里找到属于自己的乐趣。

乒乓球的基本准备姿势、握拍法、基本步法、发球与接球技术、推挡球、攻球、搓球、弧圈球、削球技术构成了乒乓球的基本技术。要打好乒乓球，必须熟练掌握乒乓球的基本技术，并得心应手地运用。

一、基本站位与准备姿势

(一) 身体姿势

站立时，双脚与肩同宽或比肩稍宽，膝盖微微弯曲，脚趾稍微靠在地板上，脚跟稍微离开地板，重心放在两脚之间，身体前倾，腹部收紧，双臂自然弯曲，同时握住球拍，直拍手肘稍向外伸展，球拍置于腹部右前方，手腕自然放松，球拍头指向右斜前方，水平握拍手肘放低，前臂自然抬高，手腕自然放松，球拍头向上，非持拍手臂自然向身体左侧弯曲。眼睛注视来球。

(二) 基本站位

不同打法的人有不同的位置，直拍左推右攻法的位置通常是左脚稍稍在右脚前面，左脚位置基本上是在桌左侧线的延长线上，身体与桌子末端之间的距离约为40厘米，如图9-1所示。

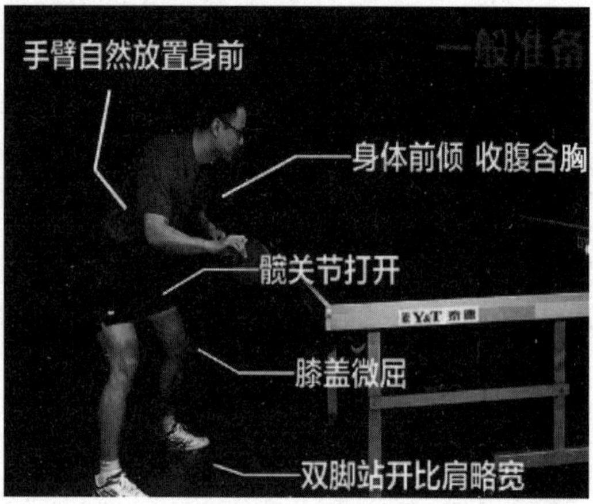

图 9-1　基本站位

(三) 握拍方法

直拍握拍方法（见图 9-2）：拍柄的右侧与食指的第三关节相连。食指的第二个关节压在球拍的右肩上。食指的第一关节自然向内弯曲，拇指的第一关节压在网拍的左肩上（拇指和食指之间的距离应适中）。另外三个手指自然地弯曲和倾斜，中指的第一个关节放在网拍的背面以保持稳定。

横拍握拍法（见图 9-3）：中指、无名指、小指自然弯曲握柄，拇指在球拍前面靠近中指，食指自然伸直，斜放在球拍后面。正手进攻，食指略向上移动，反手进攻，拇指略向上移动。

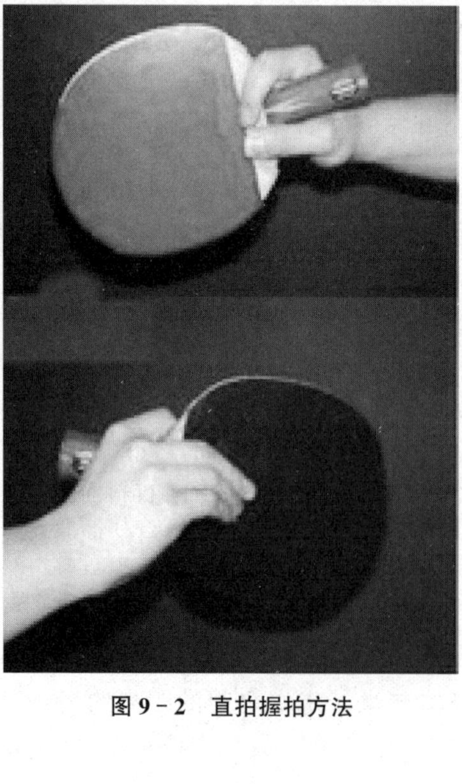

图 9-2　直拍握拍方法

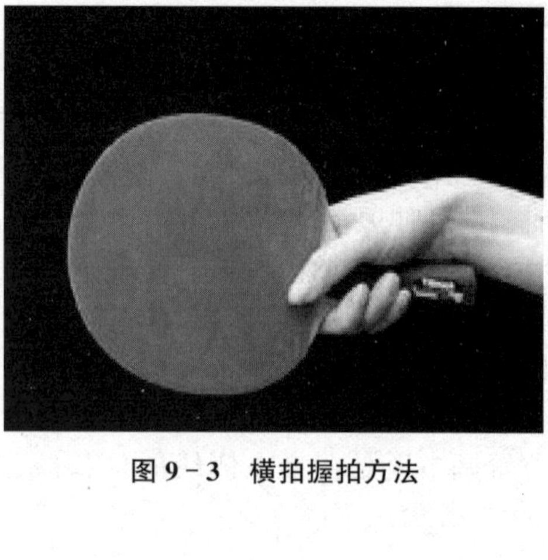

图 9-3　横拍握拍方法

(四) 基本步法

1. 单步 (见图 9-4)

一只前脚掌内侧为轴稍微旋转，用力蹬离地面，另一只脚向前，向后，向左，向右移动到球的方向。

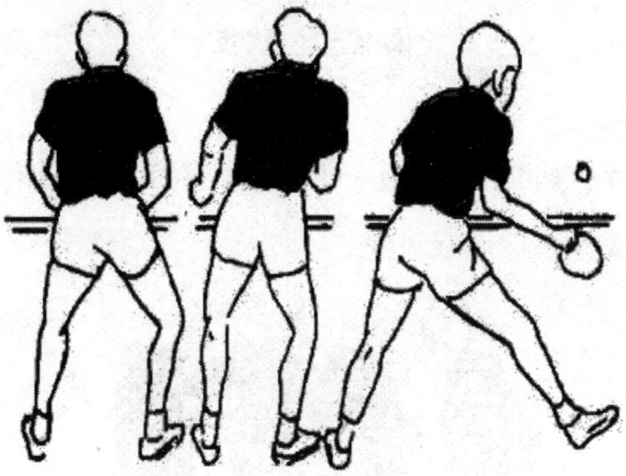

图 9-4　单步

2. 并步 (见图 9-5)

一只脚朝球的方向移动，另一只脚跟在后面。

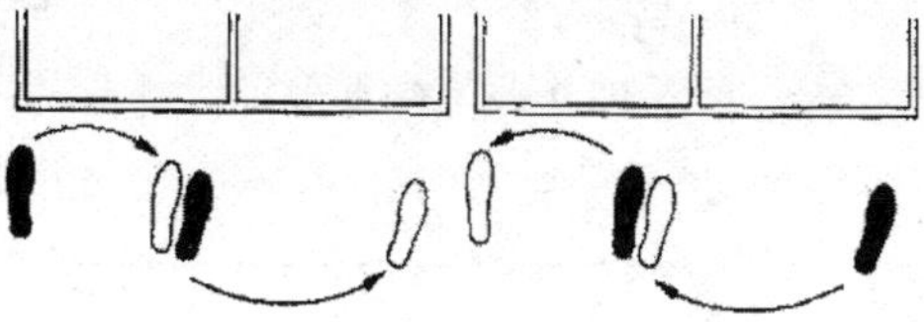

图 9-5　并步

3. 交叉步 (见图 9-6)

以来球的反方向，左脚向球的方向交叉，超过另一只脚，然后另一只脚向来球的方向移动。

图 9-6　交叉步

4. 跳步 (见图 9-7)

来球的异侧脚用力蹬地，双脚同时离地向球的方向移动。

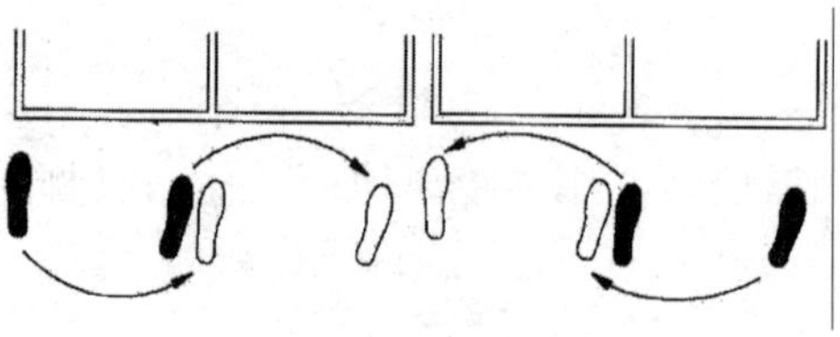

图 9-7 跳步

5. 侧身步（见图 9-8）

左脚向左迈一步，然后右脚向左后迈一步。对于另一个动作，将左脚向前伸，并将右脚左右移动。

图 9-8 侧身步

练习方法：

1. 完成一个向某一方向移动的步法后，在相反的方向再次进行相同的步法。例如，在进行并步时，首先做向左移动的动作，然后再做向右移动的动作。

2. 单腿跳、蛙跳和蹲走均可用于正常训练；达到锻炼腿部肌肉的目的。

3. 在训练和模拟比赛中进行练习。

二、发球

（一）正手发球

左脚稍向前，身体略向右侧，左手掌置于身体前方右侧，左手向上抛球，右臂向内旋转，使拍面角度略向前倾，手腕自然下垂，肘关节高于前臂，向右后方引导前臂引拍。

（二）反手发急球与发急下旋球

反手发球（见图 9-9）要点：

（1）击球点应该在身体的左前方，与球网一样高或略低于球网。

（2）手腕抖动发力。

（3）第一落点应在台面端线附近。

（三）正手发转与不转球

要点：

（1）抛球不宜过高。

图 9－9　反手发球

（2）发转球，拍面略向后，在中下部切球。
（3）加转球，应更加注意手臂向前送的动作。
（4）发不转球，击球瞬间减少拍面向后的角度，增加前推的力量。

（四）正手发左侧上（下）旋球

要点如下（见图 9－10、图 9－11）：
（1）发球要收腹，击球点不能远离身体。
（2）发球要增加从右到左的摆动和弧度，以增强侧旋的力量。
（3）左侧上旋球，瞬间击中腕部快速内收，球拍从球的中心向左上方摩擦。
（4）左下旋球，球拍面略向后仰，球拍从底部向左下方摩擦。

图 9－10　直板发球（正手）

图 9－11　横板发球（正手）

（五）反手发右侧上（下）旋球

要点如下（见图 9－12、图 9－13）：
（1）注意收腹、转腰动作。
（2）充分利用手腕旋转和前臂力量。
（3）发右侧上旋球，击球时从球的中间向右上方瞬间摩擦，手腕有上勾动作。
（4）发右下旋球，拍面后仰，击球从拍面的中间向右下摩擦。

图 9－12　直板发球（反手）

图 9－13　横板发球（反手）

（六）下蹲发球

下蹲发球（见图 9－14）可左旋、可右旋，在对方不适应的情况下，威胁很大，关键时刻发出高质量的球。

图 9－14　下蹲发球

（七）正手高抛发球

正手高抛发球（见图 9－15）最显著的特点是高抛，球下降时对拍的正压力增大，发球速度快，冲力大，旋转变化多，着台后拐弯飞行。但高抛发球动作复杂，有一定的难度。

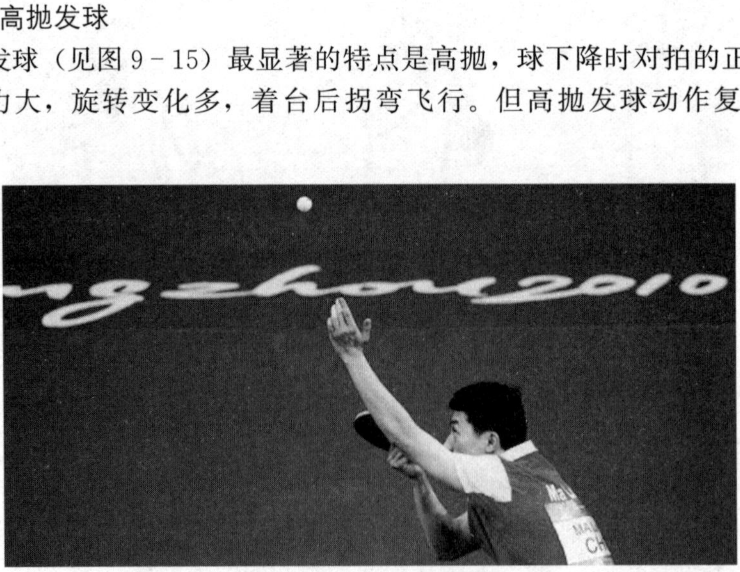

图 9－15　正手高抛发球

练习方法：

1. 徒手练习：一只手模仿抛球，另一只手模仿击球。
2. 非台球练习：不需要台球桌。在床上、桌上或者其他场地练习发球。
3. 球台上的多球练习：节省时间，旋转速度与落点结合。
4. 有对手的发球练习：对方练习接球，发球方能及时知道自己发球的效果。

三、接发球

（一）搓接

搓球的动作小，出手快，隐蔽性强。技术动作：拍面向后倾斜，根据球的旋转强度，向前、向下击球。

（二）托接

所谓托球，就是在搓球的基础上，碰到球时要把球上抬，球拍比搓球要立一些。

（三）推球

推挡时，触球主要靠手和小臂向前发力，直握拍手的大拇指要伸开，主要靠食指和虎口控制住拍型角度。中指和无名指要在拍后用力顶住拍子，配合发力。

（四）吸接

就是减力推挡。在推挡技术动作的基础上，触球时拍子不是向前推，而是减力后撤。

（五）挑接

在来球的高点期，击球的后中部，以前臂发力撞击球为主。击球时，手腕要突然微内收，适当对球稍微摩擦以保证准确度。

（六）拉接

对付长球的方法。在拉接中，容易用力，能保证一定的准确度，能争取及时主动。

（七）打接

打接是一种攻打技术。运用时基本是以击打为基础，有点摩擦。

练习方法：

不限制发球的变化规律，全面练习接发球的技术；一人发球一人接发球练习。

四、推挡球

站位近台，右脚稍微向后或与脚平行，上臂和肘关节靠近身体的右侧。击球时，前臂向前推，食指按球拍，大拇指放松，球拍向前倾斜，在上升期的中上部击球。击球后，手臂前送。

练习方法：

1. 快推：速度快速、动作小，线路变化多。
2. 加力推：提高推的力量，充分发挥手臂的推力。

3. 减力挡：重心稍高，前臂稍微弯曲，球拍保持适当的前倾角度，触球时有意识地后收手臂和手腕。

五、攻球

（一）准备

放松身体，弯曲膝盖，自然地放松肩膀。

（二）站位

身体距离台30～40厘米，两脚之间的宽度基本与肩同宽，左脚稍向前。在此基础上，膝盖自然弯曲，上身微微前倾。全身呈放松状态。

（三）击球

正手攻球击球时，球拍面应略向下，以降低回球的弧度。球拍向上摆动以创造回球曲线的长度。初学者在练习中要自觉保持好球拍角度，稳定挥拍的动作，保证击球的命中率。

练习方法：

1. 固定站位后，练习者可以练习斜线进攻，包括正手进攻斜线和侧面进攻斜线，也可以练习正手进攻直线和侧面进攻直线。

2. 在攻球高峰期，击球难度较小，可以保证击球命中率，达到一定程度后，可以在来球上升阶段练习击球，速度更快，击球更积极主动。

六、搓球

站在离台约50厘米的地方，右脚略向前，上身直立，身体重心居中。击球前，引拍至左肩，将手肘弯曲到80°，手腕内收（微勾），拍面向后倾斜。球拍面稍微向后倾斜。击球时，以肘关节为轴，前臂用力移动手腕快速向前和向下摆动，同时伸展肘关节，前臂稍微向内旋转和向上转动手腕，在左胸与前臂保持一定距离后，迎来落球后期，击球下半部，并向底部摩擦。击球后，手臂肌肉放松，然后向后拉，准备下一次击球。

练习方法：

1. 徒手摆臂模仿练习。
2. 对墙自抛自击练习。
3. 对搓练习。

七、弧圈球

双脚分开，膝盖内收微屈，重心放在前脚内侧，左脚向前，脚后跟轻微抬起，身体稍右转，手腕外展，向后拉，球拍形成水平姿势。将球拍引向右后方，当球跳至高点期或落地前期，触球中部和上部或中部，腰部和臀部带动上臂和前臂从后方向前摆动，立即将球击向前方和上部，右脚内侧用力蹬动，前臂快速内旋收缩，重心从右脚到左脚。

练习方法：

1. 徒手模仿拉弧圈球的动作。
2. 一人发下旋球，一人练拉弧圈球。
3. 一人正手攻球，一人练拉弧圈球。

八、削球

（一）正手近削

双脚几乎与平台平行站立，身体稍微靠近平台。击球时，稍向右转，右脚退后半步，手臂自然弯曲，引拍与肩同高，拍面略向后，前臂向左前下切，手腕向下压，通常在来球的高点摩擦在中下部。

（二）正手远削

双脚开立，右脚在后，膝盖弯曲，上身略向右转，重心支撑点在右脚。手臂弯曲，引拍至右肩。击球时，手臂向球的左前下方挥动，球拍面向后仰，手腕在接触球的瞬间转动，来球下降期摩擦球的中下部。击球后，迅速恢复，准备击中下一球。

练习方法：

离台50～80厘米，然后以慢搓的形式回接来球，拍面接触球瞬间向底部摩擦出去，击球时间在高点期和下降初期。

第二节　乒乓球的基本战术

运动箴言

如果你有梦想并为之努力的话，你就会得到相应的回报。

乒乓球运动是技术、战术、体力、智力、勇气等诸多因素的综合体，其中战术的制定和运用是其中的重要组成部分。本节将对发球战术、接发球战术、推挡球战术、削球战术等四种战术的基本方法逐一进行介绍。

一、发球战术

（1）通过发旋球，改变落点和速度，直接为进攻创造机会，这种战术就是发球进攻战术。发球时，应该知道对方可能如何接球，在哪里接球，如何进攻，例如开局发一个短的下旋球，控制对方不能抢攻或拉。

（2）发球线路的变化和落点后的抢攻战术。利用发球线路和击球点的变化，调动对手，创造机会。

二、接发球战术

各种拉攻技术都可以用来接发球抢攻，但难度大。进攻的成功率取决于球的准确判断、及时的位置和合理的用力等因素。

（1）接发球抢攻对方正手。

（2）接发球抢攻对方反手。

（3）接发球抢攻对方中路。

三、推挡球战术

主要运用正手进攻和反手推挡的速度和力量，并结合落点的变化和节奏的变化来压制和调动对方，以争取主动或得分。推进攻是左推右进攻、对付进攻型打法的主要战术。

练习方法：

1. 左推右攻。
2. 推挡侧身攻。
3. 推挡、侧身攻后扑正手。
4. 左推、反手攻、侧身攻后扑正手。

四、削球战术

（一）拉攻

拉攻在于不断利用正手快拉创造进攻机会，然后利用进攻和扣杀作为得分手段。拉攻战术是快攻对抗削球的主要战术。

练习方法：

1. 正手拉后扣杀。
2. 反手拉后扣杀。

注意事项：

1. 拉、扣的力度要有不同，有较大的对比。
2. 拉球时要有线和落点的变化，调动对方，争取主动，创造进攻机会。
3. 接球时要大胆扣球或进攻。
4. 运用拉攻战术要有耐心，不要急于求成。

（二）拉扣吊结合

拉扣吊结合在于通过拉抢进攻和放短球的组合，是快攻式打法中对抗削球的常用战术。

练习方法：

1. 扣杀或突击后的短球。
2. 拉攻战术中放短球后，结合扣杀或进攻。

第三节　乒乓球规则简介

运动箴言

高标准，精细化，零缺陷。

乒乓球比赛包括男子单打、女子单打、男子双打和女子混合双打。双打比赛的一方有两名选手，单打比赛以一名运动员为一方。有发球权的一方称为发球方，另一方称为接发球方。

一、一场比赛

每一场比赛决出一名优胜者之前采取三局两胜 11 分制，优胜者之间的比赛采取五局三胜 11 分制。

二、一局比赛

在一局比赛中，先得 11 分者获胜，出现 10 平后先得 2 分者获胜。

三、选择方位和发球权

（1）每场比赛开始前，双方球员以抽签方式选择自己的位置、发球和接发球。中签者有权选择位置、发球和接发球，也可以要求对方先作出选择。如果中签者选择发球或接发球，对方选择位置；如果中签者选择位置，对方选择发球或接发球。

（2）一局中首先发球的一方，在该场下一局应首先接发球。

（3）一局中，在某一方位比赛的一方，在该场下一局应换到另一方位。在决胜局中，一方先得 5 分时，双方应交换方位。

四、合法发球

（1）发球时，球应放在不持拍手掌上，手掌应静止、张开、伸平、四指并拢，拇指自然张开。发球员只能手向上抛球，不得使球旋转，使球从手掌向上直抛，至少抛到离不持拍手手掌上 16 厘米。

（2）发球时，乒乓球触网并落在接发球方桌面，发球无效，双方不得分，重新发球。

（3）发球为两球换发制，当比分达到 10∶10 时采用一球换发制，直至拉开两分的差距决出胜负。

五、其他

（1）每局比赛结束之后休息时间为一分钟。

（2）比赛规则最终解释权归乒乓球比赛裁判组。

实践与探究

1. 与同学打一场乒乓球比赛。
2. 你喜欢怎样握拍？

第十章 羽毛球运动

教师导语

羽毛球运动是一项速度与激情并存的运动，既能带来酣畅淋漓的身体感受，又能获得竞赛激烈的情感体验。走进羽毛球运动，在对抗中拼尽全力来磨炼自己，在切磋中找到差距提升自己，在配合中建立信任来实现突破。

第一节 羽毛球的基本技术

运动箴言

羽毛球运动看似温和，却是所有球类运动中同等时间内运动量最大的运动，而且是所有球类运动中初始球速最快的运动。

羽毛球是一项室内、室外均可开展的同场隔网体育运动，正规比赛通常包括单打、双打和混合双打。羽毛球运动在健身、健心、健智等方面对运动者都有着较大的促进作用，具有深厚的群众基础。高水平羽毛球比赛对抗激烈精彩，战局跌宕起伏、变幻莫测。本章介绍了羽毛球运动的基本技术、战术、竞赛规则和运动礼仪等内容，并阐述羽毛球基本技术动作方法、战术组合的基本原理，以帮助我们更好地完成本章学习。

羽毛球是一项全身性运动，需要上下肢协同配合，基本技术包括握拍、发球、击球和跑动四大类。

小知识

现代羽毛球运动起源于英国伯明顿（Badminton），而羽毛球的英文名字就是Badminton。

一、羽毛球运动的握拍方式

握拍是羽毛球运动的基本动作（见表 10－1），方式不当会严重影响击球和发力，会打羽毛球的人握拍方式不一定对，关键是击球前手指放松，击球的瞬间握紧球拍，有一个短暂的停顿，产生爆发力。

表 10－1

握拍方式	动作要领	图示
正手握拍	左手拿住拍杆，使拍面垂直地面，右手以握手的动作轻握住拍柄，手指放松，掌心不要紧贴拍柄，留出空间，大拇指放在食指和中指之间。多用于正手高远球、平高球、吊球、杀球、网前球等。	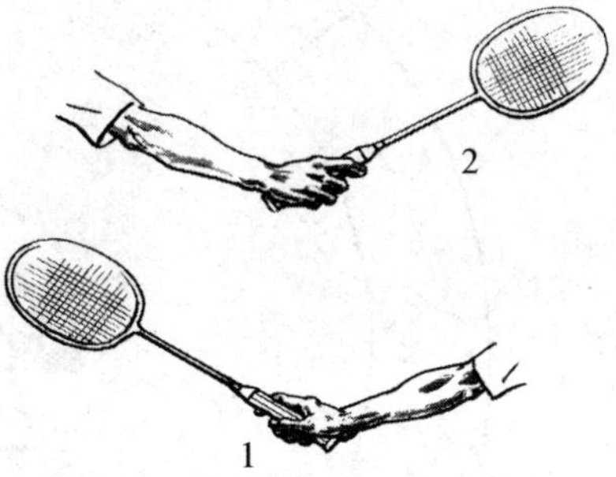
反手握拍	在正手握拍的基础上，大拇指与食指捻动球拍，大拇指按在宽面上，食指回收，同样，手指放松，掌心不要紧贴拍柄。多用于位置比较好的反手高远球、平高球、吊球、网前球等。	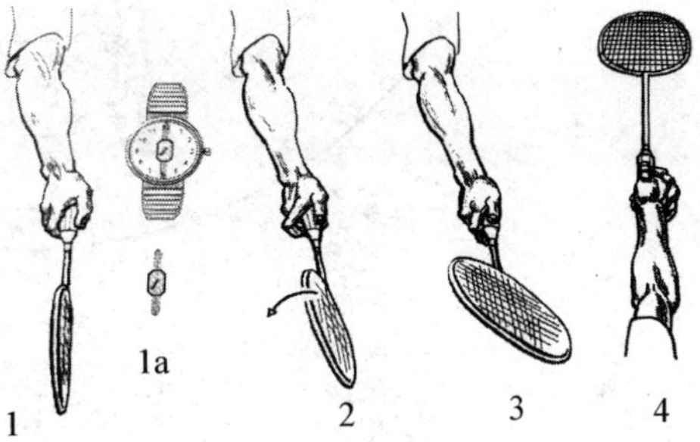

知识拓展

持拍手是指正握着球拍的手。非持拍手是指没有握拍的手。非持拍手的功能主要是在发球时用来持球、抛球；在击球过程中用来平衡身体，以便更有效地击球。

在羽毛球运动中，正手技术是指握拍手同侧的技术；反手技术是指握拍手异侧的技术。

二、准备姿势和站位

合理的站位是确保最短时间内，有效顾及全场，保证快速回击的基础（见图 10－1）。

三、羽毛球运动的基本步伐

快速和合理的步伐是技战术发挥的根本保证，是抢得最佳击球位置、把握战机的基本前提。常用的步伐分为：网前步伐、中场步伐、后场步伐。

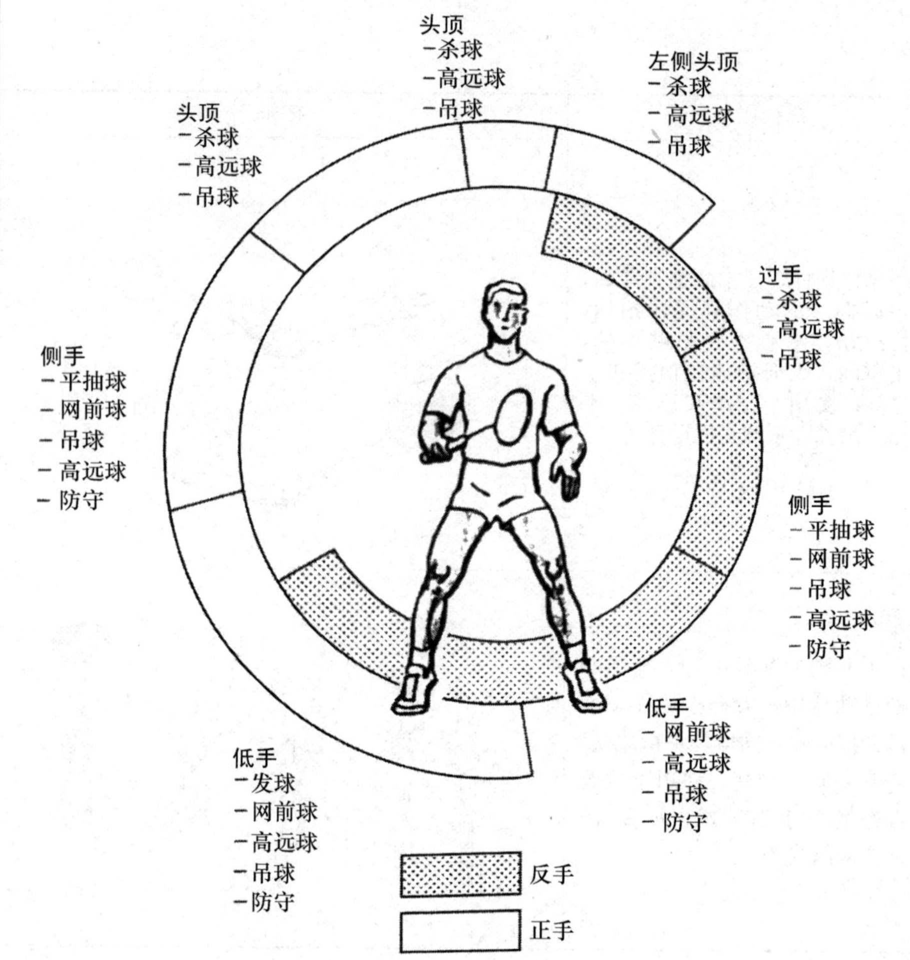

动作要领：两脚开立与肩同宽，右手持拍举于胸前，右脚比左脚稍前移半个脚长。膝关节微屈，脚后跟稍稍抬起，重心前移，落在两脚之间。

图 10-1 准备姿势和站位

小知识

在羽毛球比赛中，对于跑动时各种步伐的组合，只要能迅速移动到位，步伐就是有效合理的。

(一) 前场步伐

前场是防守进攻的主阵地，主要是通过步伐移动，争取网球最佳的击球位置，来限制对手出球质量或逼迫对手被动回球。通常前场步伐移动要降低重心，最后一步要蹬跨出去，并注意脚尖外翻，脚跟落地缓冲（见表 10-2）。

(二) 中场步伐

中场是对手进攻密集区，中场步伐对应的主要是横向移动能力。中场步伐要求基本同前场步伐（见表 10-3）。

表 10 - 2

步伐名称	动作要领	图示
蹬跨步上网	起动后左脚后蹬，接着侧身，右脚向球的方向跨出一大步击球。	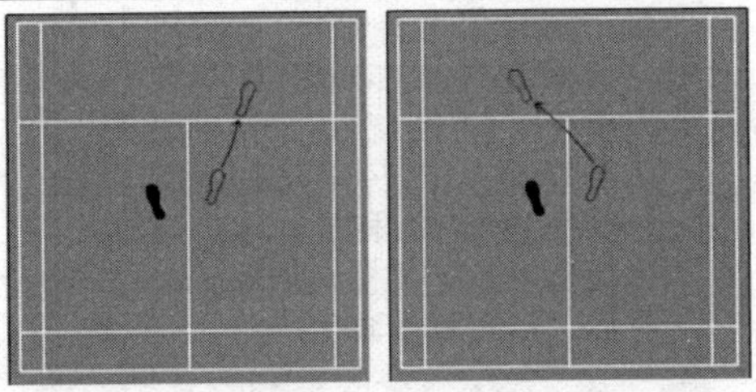
两步蹬跨步上网	起动后，左脚先朝球的方向迈一步，紧接着左脚后蹬，侧身将右脚朝球的方向跨出一大步。	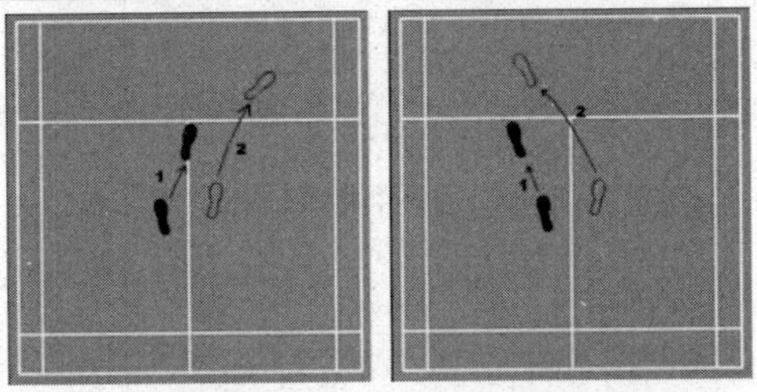
垫步加蹬跨步上网	右脚先向来球方向迈出一步，紧接着左脚垫一小步，同时右脚抬起，利用左脚的蹬力蹬跨出一大步，到位击球。	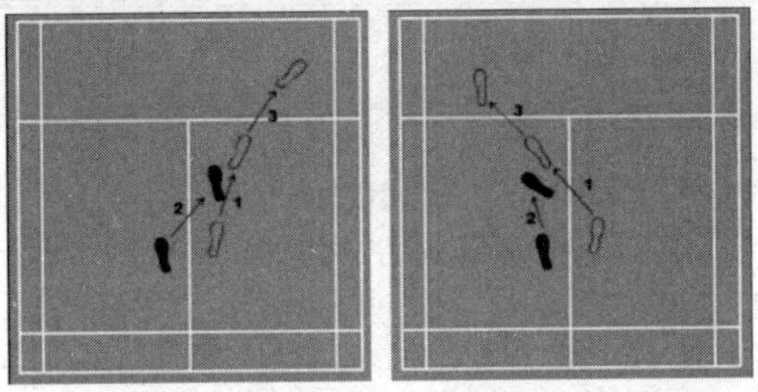
前交叉步加蹬跨步上网	起动后，右脚先向球的方向垫一步，左脚再迈一步，紧接着左脚后蹬，侧身将右脚向球的方向跨一大步，到位击球。	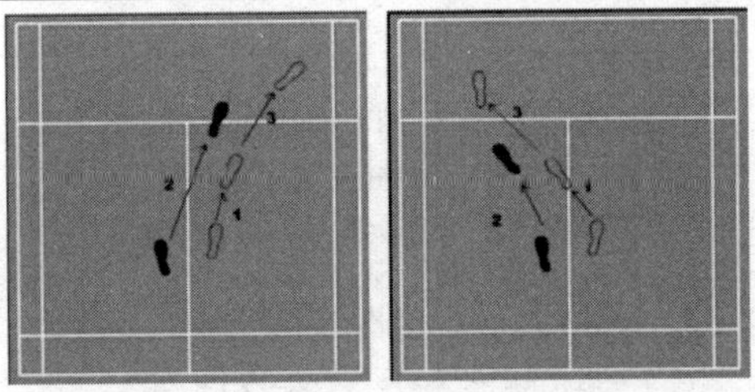
后交叉步加蹬跨步上网	起动后，右脚先向球的方向垫一步，接着，左脚向右脚后交叉一步，左脚一着地马上用力后蹬，侧身将右脚向球的方向跨一大步，到位击球。	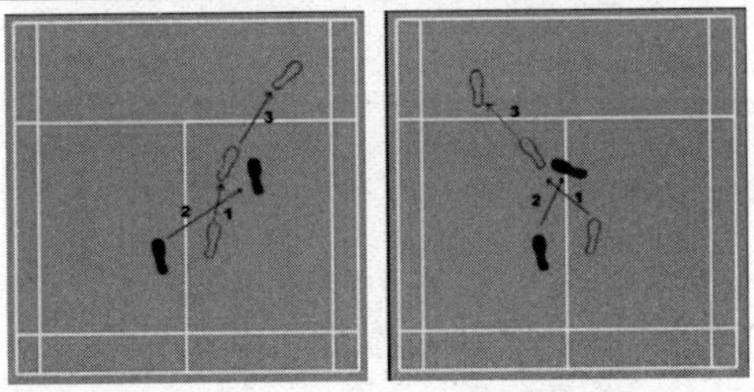

表 10－3

步伐名称	动作要领	图示
向右侧蹬跨步	起动后，左脚掌内侧用力起蹬（同时向右转髋），右脚向右侧跨出一大步（重心落在右脚上，脚尖偏向右侧，以脚趾制动），上身略向右侧倒（侧倒的程度应根据击球点高低而定）作正手抽、挡球。击球后，以右脚前脚掌回蹬。	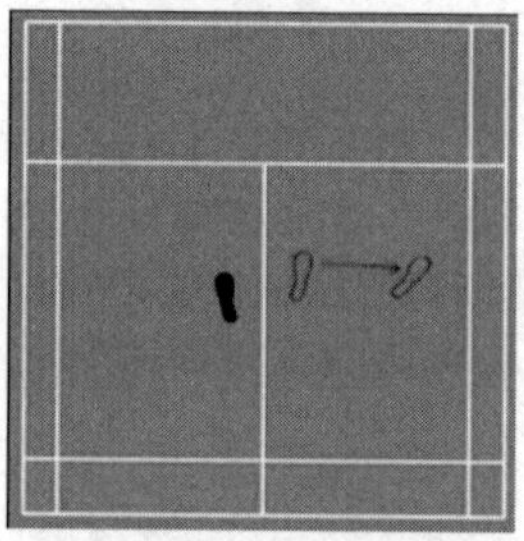
向右并步加蹬跨步	从起动开始，身体倾向右侧，重心移到右脚，左脚向右脚靠拢垫一小步并以前脚掌蹬地，向右侧转髋，右脚向右侧跨步，脚尖朝外。	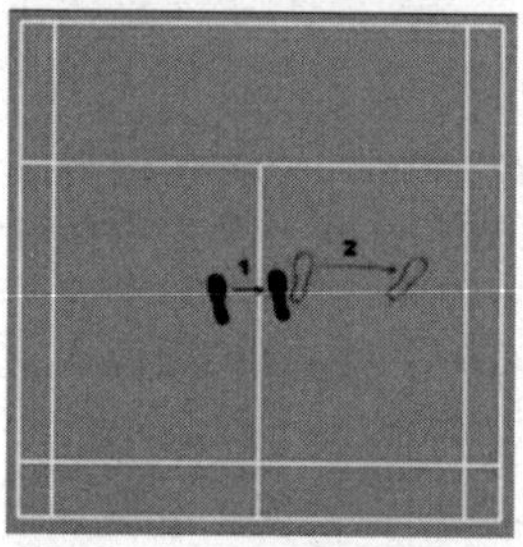
向左侧蹬跨步	起动后，右脚掌内侧用力起蹬，同时向左转髋，左脚向左跨出一步（中心落在左脚上，脚尖偏向左侧，以脚趾制动），上身略向左侧倒，抽球、挡球。击球后左脚前掌回蹬，回到中心位置。	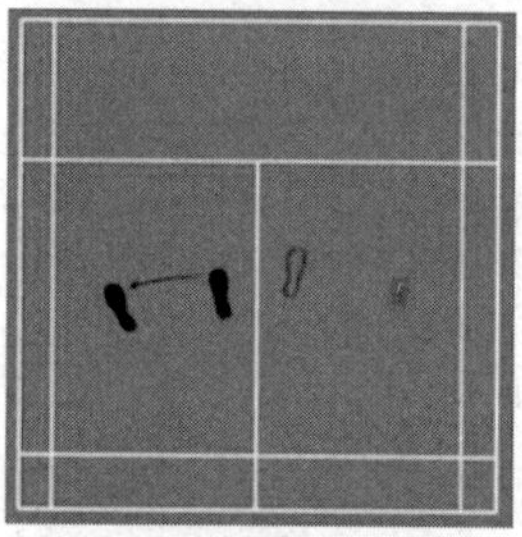
向左蹬转跨步	起动后，以左脚前脚掌为轴，向左转髋，同时，右脚内侧用力起蹬，经左脚前向右侧跨一大步（重心在右脚上），上身略向前倾做反手抽球、挡球。击球后，以右脚回蹬随即转成面对网，回中心位置。	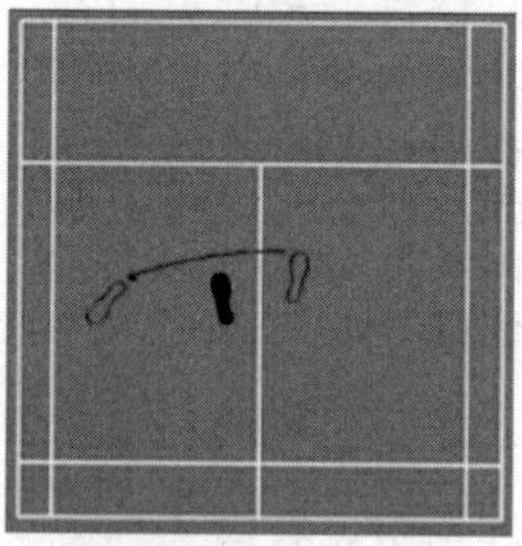
向左垫步加蹬转跨步	起动后，左脚先向左侧垫一步。此后的动作与上述“向左蹬转跨步”一致。	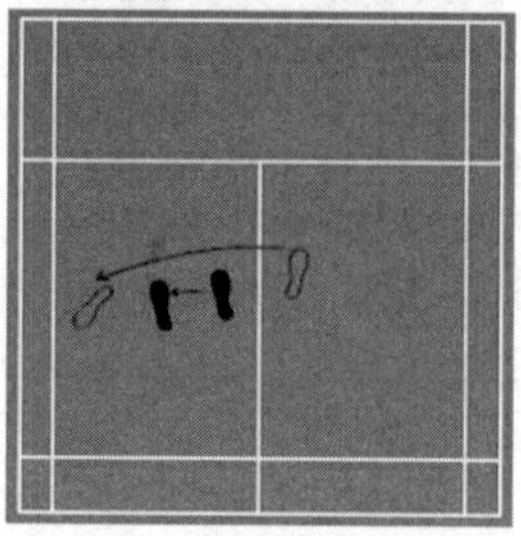

续表

步伐名称	动作要领	图示
左右侧起跳步法	有两种起跳方法： 1. 从准备动作开始，身体向右（向左）稍倾斜，双膝向右（向左）微屈起跳。 2. 从准备动作开始，右脚（左脚）向右跨（左跨）一小步起跳。	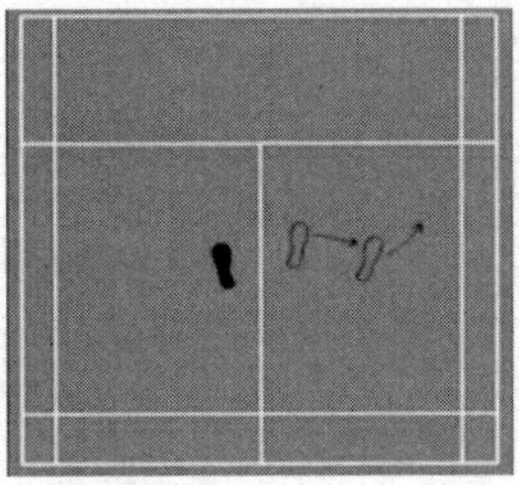

(三) 后场步伐

后场是得分关键区，只有通过合理迅速的步伐来抢夺制高点，进行有效进攻，才能掌握主动权。后场步伐通常包括蹬转侧身移动，重心的移动至关重要（见表 10－4）。

表 10－4

步伐名称	动作要领	图示
侧身后退一步	起动后，以左脚前掌为轴，右脚往右后侧蹬转后退一步，并带动髋部右后转，重心移到右脚上（右脚脚尖朝右侧，左脚尖也顺势略转向右），成侧身对网姿势。此时可作原地击球或起跳击球。	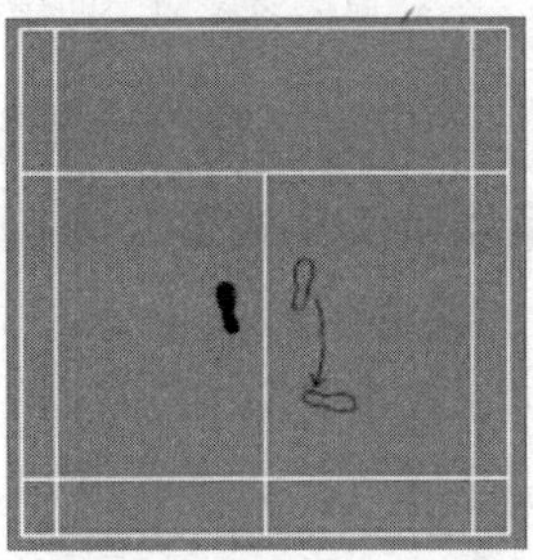
侧身并步后退	起动后，以左脚前掌为轴，右脚往右后侧蹬转后退一步，并带动髋部右后转，左脚即刻往右脚并一步，接着右脚再向右后撤一步（中心移到右脚上），成侧身对网姿势。此刻，可作原地击球或起跳击球。	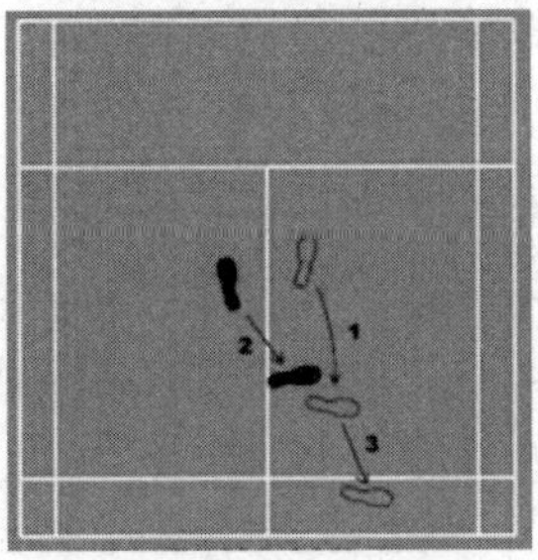
蹬转一步反手击球步法	起动后，以左脚前掌为轴，右脚向左后方蹬转，使身体转向左后方，同时，右脚经左脚向左后场跨出一步（重心移到右脚）成背对球网姿势（在移动过程中，由正手握拍法换成反手握拍法），右脚跨步着地时发力反手击球。击球后，右脚往右后方蹬转，身体随即转成面对球网，回中心位置。	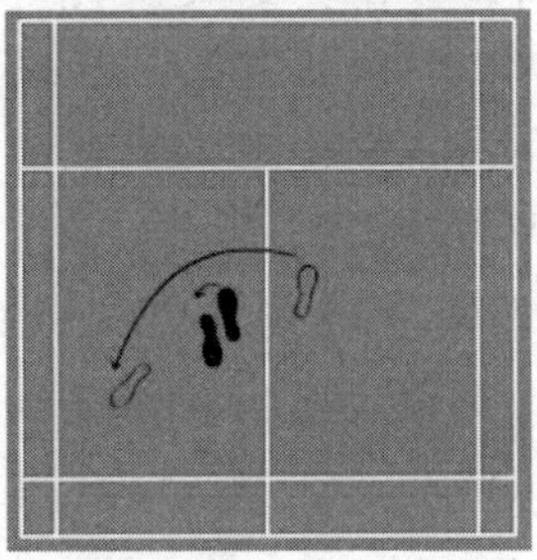

续表

步伐名称	动作要领	图示
垫步蹬转反手击球步法	起动后，上身向左转，同时，左脚后撤垫一步，紧接着以左脚前脚掌为轴，右脚经左脚前向左后场区跨出一步，（重心）移到右脚，成背对网姿势（在移动过程中，由正手握拍法换成反手握拍法），在右脚跨步着地时发力反手击球。击球后，右脚往右后方蹬转，身体随即转成面对球网，回中心位置。	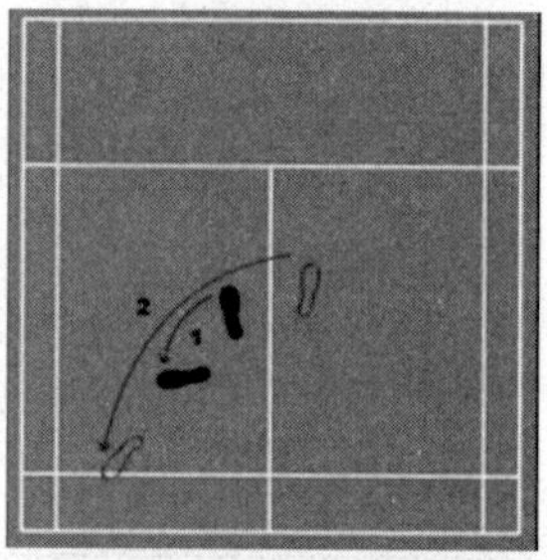
蹬转交叉步反手击球步法	起动后，以左脚前脚掌为轴，右脚向左后方蹬转，使身体转向左后方，同时，右脚经左脚向左后场区跨一步成背对网姿势（在移动过程中，由正手握拍法换成反手握拍法），接着，左脚迈一步，右脚再迈一步（重心移到右脚上），在右脚跨步着地时发力反手击球。击球后，右脚往右后方蹬转，身体随即转成面对球网，回中心位置。	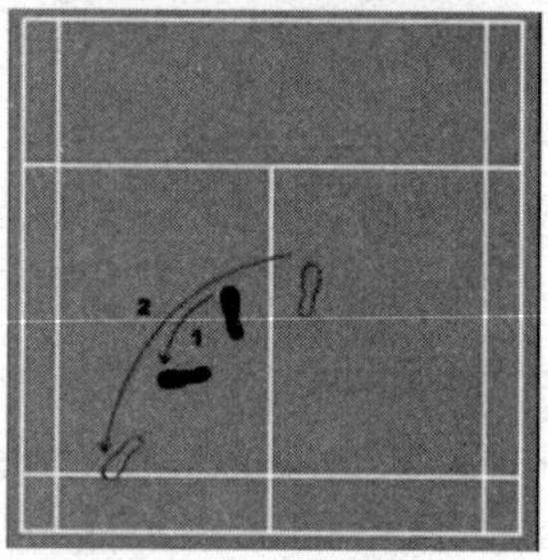

常见错误步法及纠正方法

1．移动判断错误。

球的落点在后场却往前场移动；球的落点在网前却往后场移动。来球在左（右）方，却向右（左）方移动。这是比赛中最被动的步法错误。

纠正方法：这主要是由于判断错误造成的，应多进行教学比赛，提高对假动作及出球路线的辨别判断能力。

2．反应慢，移动慢。

纠正方法：（1）应保持良好的准备姿势，每击完一次球后，就要回中心位置做好准备姿势，尤其要提踵、屈膝和全身自然协调。（2）通过多球练习（或按手势指令）作反应起动练习。（3）通过跳绳、跳台阶、跳沙地、负重提踵等练习增强脚弓、踝关节和下肢的力量。（4）将各种步法练习正确，反复练。

3．步法与击球动作配合不好，不协调。

纠正方法：最关键的是要做到最后一步正确。上网时，最后一步右脚在前，重心在右脚上，步幅宜大。后退时，最后一步右脚在后，重心在右脚上。向右侧移动时，右脚在前，重心在右脚上。向左侧移动时，可视情况左脚在前或右脚在前，中心应在前面一只脚上。

4．哪里打完球就在哪里停着，未养成立即回中心位置的习惯。

纠正方法：（1）依手势的指令，在羽毛球场上反复做起动，到位挥拍“击球”、回动的练习，这个练习也可用多球进行。（2）进行耐力与速度耐力的训练。

四、羽毛球运动的发球技术

发球可分为正手发球和反手发球。单打发球在中线附近，站在离前发球线 1 米左右。双打发球站位可靠近前发球线。

小知识

羽毛球比赛中，运动员通常会揣测对手的心理变化，而采取不同的发球方式，以达到出其不意、扰乱对方节奏的目的，甚至是直接得分。

（一）正手发球

正手发球技术常见于单打比赛，尤其是女子单打比赛中（见表 10－5）。

表 10－5

正手发高远球	正手发平快球	正手发小球
球的运行轨迹又高又远、下落时与地面垂直、落点在对方场区底线附近的球叫高远球。发球时，左手把球举在身体的右前方并自然放下，使球下落，右手同时持拍由大臂带动小臂，从右后方沿着身体向前并向左上方挥动。当球落到右手臂向前下方伸直能触到球的一刹那，握紧球拍，并利用手腕的力量向前上方发力击球。击球之后，球拍顺势向左上方挥动缓冲。	这种球比高远球的弧线低、速度要快。站位比发高远球稍后些（防对方很快回到本方后场），充分利用前臂带动手腕爆发力向前方用力，球直接从对方的肩稍上高度越过，直攻对方后场。发平快球关键是出手的动作要小而快，但前期动作应和发高远球一致。发平快球时还应注意不要过手、过腰犯规。	击球时，握拍要放松，大臂动作要小，主要靠小臂带动手腕向前切送，用力要轻。发网前球时应注意手腕不能有上挑动作，另外，落点要在前发球线附近，发出的球要贴网而过，这样可免遭对方扑杀。

正手发高远球图示

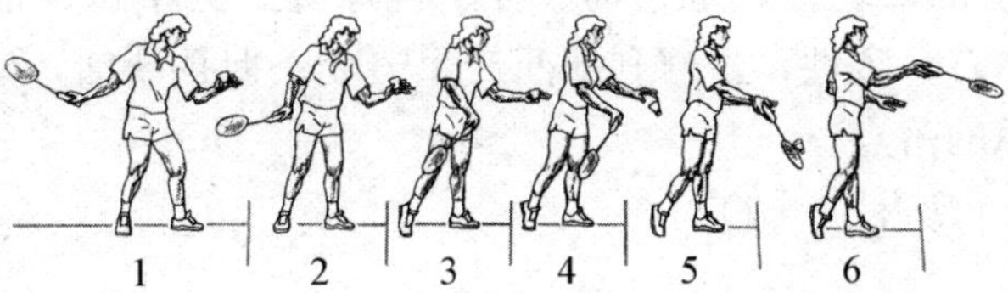

正手发网前球图示

（二）反手发球

反手发球常见于双打项目中，通过落点的变化，达到出其不意效果，也是实施战术的重要技术（见表 10－6）。

表 10-6

反手发网前小球	反手发后场平高球	反手发后场平射球
用反手握拍，以反拍面将球拍自然置于腹前侍球手的后面，击球时靠手腕和手指控制发球的力量，以斜拍面向前轻轻推送击球托，使球尽可能低地沿网上方飞过并落入对方前发球线内。	与反手发小球动作相似，击球力量更大更快。放球时，持拍手前臂内旋，带动手腕展腕由后向前作回环半弧形挥动，击球时屈指收腕发力，反拍面向前上方将球击出。	与反手发后场平高球动作相似，在拍面控制上，拍面与地面呈近似于 90°角迅速向前推进击球。
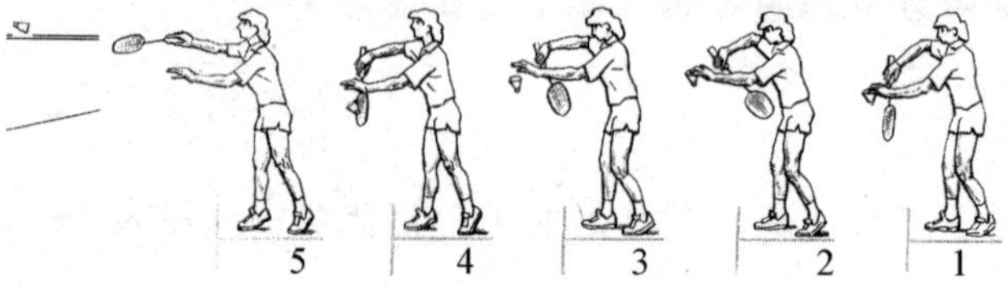 反手发网前球图示		

知识拓展

反手发球时动作的力臂距离相对要小，发球时对球的控制力更强，加之反手发球动作更具一致性、隐蔽性和突然性，因此在比赛中，尤其是在双打比赛中被广泛采用。反手发球要有落点的变化，左右前后都要有。尤其在双打中，我们一定要发出高质量的球，不然将面对对方的扑球。

五、羽毛球运动的击球技术

羽毛球技术按照场区划分，可分为前场技术、中场技术、后场技术。

小知识

羽毛球运动中，击球点选择是否合适，决定着击球质量的好坏，它将直接影响着运动员击球的力量、速度、弧线、落点，最终影响运动员击球的命中率，造成失分，直至失败，因此选择合适的击球点至关重大。

（一）前场技术

前场技术包括网前的放、搓、推、勾、扑、挑球等。其中搓、推、勾、扑属进攻技术，要求击球前期动作有一致性，击球刹那间产生突变。握拍要活，动作细腻，手腕、手指要灵巧，以控制好球的落点。

1．正手前场技术（见表 10－7）

表 10－7

	正手放网	正手搓球	正手推球	正手勾对角	正手挑球	正手扑球
准备动作	运用正手上网步法向击球方向移动，当右脚向前蹬跨时，持拍手向来球方向伸出，争取高的击球点。左手向后伸以保持身体平衡，呈击球前的准备姿势。在伸拍的同时，前臂外旋做半弧形引拍动作。					

续表

	正手放网	正手搓球	正手推球	正手勾对角	正手挑球	正手扑球
击球要领	前臂稍外旋，手腕由后至前稍内收闪动，轻轻向上提，碰击球托的后底部，使球过网后垂直下落。	与正手放网动作相似，只是击球发力不一样。前臂稍外旋，利用手腕展收和手指捻动的力量，包切球托的底部右后侧，使球产生翻转。	身体稍往前移，右前臂往前伸，手腕前收并闪腕，手指瞬间发力握紧拍柄，使球沿边线飞向对方后场底角。	沉肘立拍，前收闪腕，挥拍拨击球托的右侧后部，使球沿网的对角线飞行过网。	以肘关节为轴，当拍面击球的瞬间，前臂迅速内旋带动手腕向前上方展腕并握紧球拍，用食指及手腕的力量，将球向前上方击出。	利用手腕由后伸到前屈收腕的力量，带动球拍向下扑击球。如果球离网顶较近，靠手腕从右前向左前“滑动”击球。
收拍还原	击球后，手腕有一定的制动动作。右脚落地后，立即蹬地向中心位置回动，同时击球手臂回收至胸前，准备击下一个来球。					
击球点	网带之下，越高越好。					网带之上，越高越好。
正手搓球和放网图示	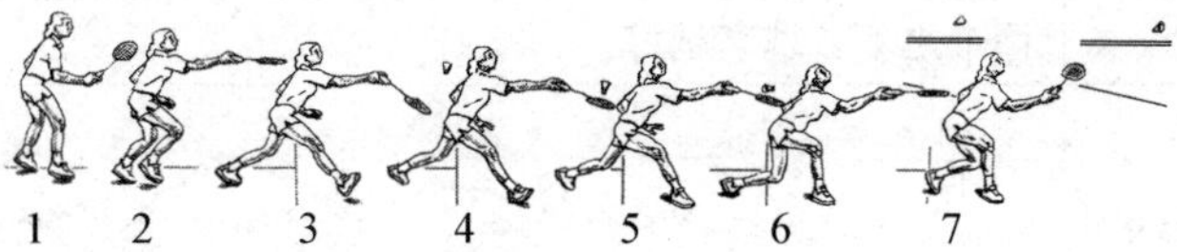					
正手勾对角图示	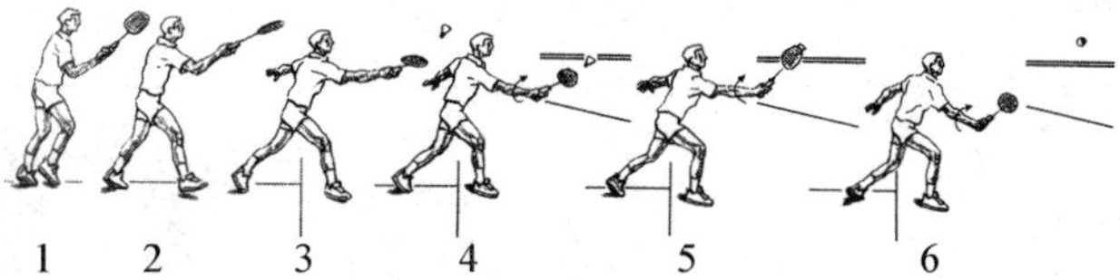					
正手推球图示	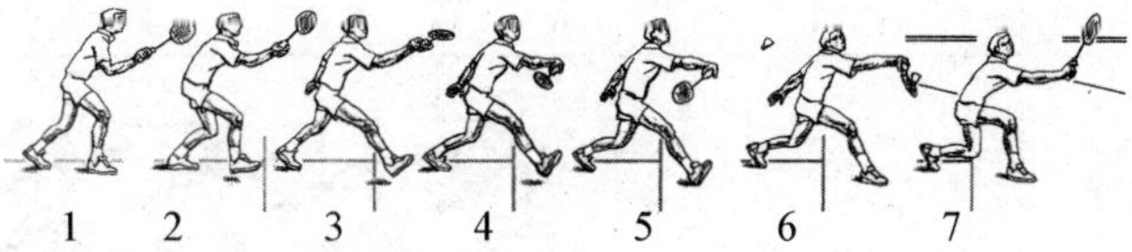					
正手挑球图示	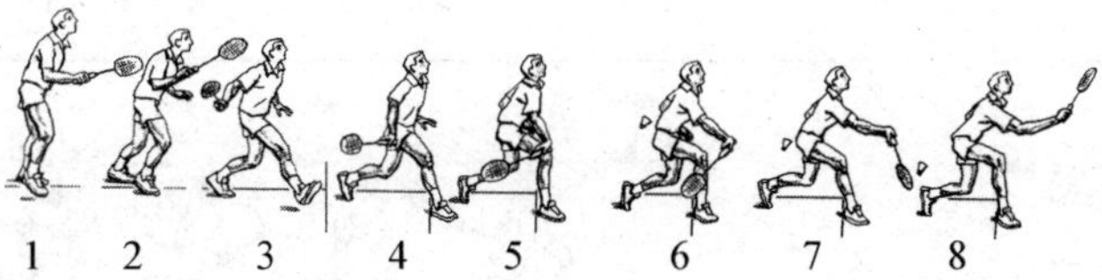					
正手扑球图示						

2. 反手前场技术（见表 10－8）

表 10－8

	反手放网	反手搓球	反手推球	反手勾对角	反手挑球	反手扑球
准备动作	反手握拍，运用反手上网步法向击球方向移动，当右脚向前蹬跨时，右手向来球方向伸出，争取高的击球点。左手向后伸以保持身体平衡，呈击球前的准备姿势。在伸拍的同时，前臂内旋做半弧形引拍动作。					
击球要领	前臂的前伸、外旋和手腕由内收至外展的合力，轻击球托底部把球轻送过网。	前臂的前伸外旋和手腕由内收至外展的合力，搓击球的右侧后底部，使球侧旋滚动过网。	身体稍往前移，右前臂往前伸，手腕前收并闪腕，手指瞬间发力握紧拍柄，使球沿边线飞向对方后场底角。	沉肘立拍，手腕由微屈至伸直、闪腕，手指发力，拨击球托的左侧后部，使球沿对角线飞行过网。	以肘关节为轴，握拍经体前由下往上，用拇指第一指节压住拍柄的宽面，用力将球击出。	手腕向前抖动，大拇指同时顶拍发力，快速击球，击球完成后马上制动收拍，防止拍头触网。
收拍还原	击球后，手腕有一定的制动动作。右脚落地后，立即蹬地向中心位置回动，同时击球手臂回收至胸前，准备击下一个来球。					
击球点	网带之下，越高越好。					网带之上，越高越好。
反手搓球和放网图示						
反手勾对角图示						
反手推球图示						
反手挑球图示						
反手扑球图示	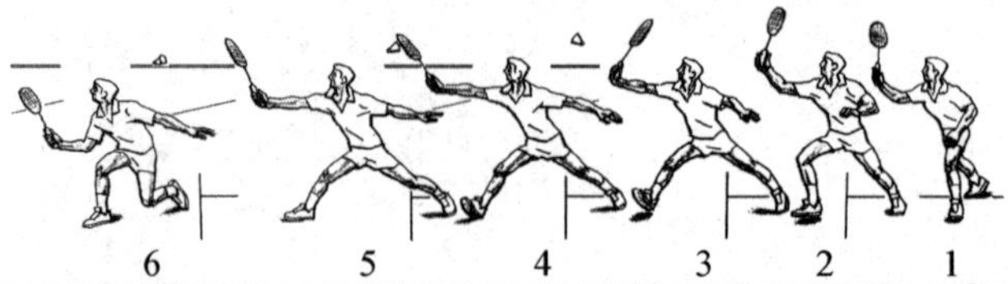					

知识拓展

由于网前技术多样，运动员在网前手法上通常会选择一些具有欺骗性的假动作。要做出具有威胁性的假动作，首先要保证网前抢到高点，其次才能通过动作的一致性或者时间上的停顿，达到迷惑对手的效果，制造得分机会或者直接得分。

（二）中场技术

中场是防守的重点区域，也是摆脱压迫、转守为攻的转移区。中场技术主要是平抽快挡（见表 10－9）。

表 10－9

	正手挡网前球	正手平抽	反手挡网前球	反手平抽
动作要领	到位后，身体右倾，手臂右伸，前臂外旋、手腕外展。击球时，前臂内旋稍翻腕，带动球拍由右下向前上方推送击球，把球挡向直线网前，也可以在击球时前臂由外旋到内收，带动球拍由右向前切送到直线网前。	引拍主要靠前臂挥动，以肩为轴，大臂带动前臂后倒，经外旋回环带动手腕伸展引拍，击球时前臂迅速向前内旋，肘关节向后摆动，带动手腕屈收发力，击球后前臂与手腕要迅速制动，迅速回拍。	步法移动到位，身体左转前倾，右肩对网，右肘弯曲，手腕外展，引拍至左肩前上方。击球时，借对方来球的冲力，以前臂带动球拍由左上方向左前方，用拇指的顶力挥拍轻击球托，把球挡回直线网前。	抬肘立腕，小臂由内旋转为外旋，手腕由外展到内收，手指握紧球拍，利用拇指的反压力把球回击到对方场区。
正手挡网前球图示				
正手平抽球图示				
反手挡网前球图示				
反手平抽球图示				

知识拓展

中场平抽球技术主要是对付对方击来的弧线平于或稍低于网，且落点在中场附近的低平球时所采取的回击技术。在双打比赛中多采用这种技术。它的击球点在与肩同高处或在肩腰之间。因为来球的速度较快、弧线较平，所以击出的球速也较快、较平，因而中场平击球也是一种对攻的技术。

（三）后场技术

后场击球有力量大、速度快、攻击力强等特点，是羽毛球运动中的主要击球技术，常用技术包括高远球、平高球、吊球、杀球。

1. 后场正手技术（见表 10－10）

表 10－10

	正手高远球	正手平高球	正手吊球	正手杀球
准备动作	左脚在前，右脚在后，侧身使左肩对网。两脚间距与肩同宽，重心在后脚，右手握拍屈臂举拍于右侧，左手自然上举，眼睛向上注视来球，使拍面对着球网。来球时，转身抬肘倒拍，使躯干成微微的反弓形。			
击球要领	挥拍击球动作从后脚后蹬开始，紧接着转体、收腹，肘部向前摆动，并以肘为轴，以肩为支撑点，前臂旋内加速向前上方挥动。以正拍面击中球托底部，将球击出。左手协调地降至体侧，协助转体动作。	动作同高远球相似，只是在击球的一刹那，手腕前收，向前发力。	击球的一刹那，以手腕闪动斜拍面切球的球托，让球向前下方飞行。	全身协调发力，形成向下鞭打的用力，球拍正面击打球托的后部，使球沿直线向前下方快速飞行。
收拍还原	手臂随惯性自然回收至胸前。随惯性跑动回位。			
击球点	右肩或头顶正上方		最高点前移 10～20 厘米处	
正手高远球图示				
正手吊球图示	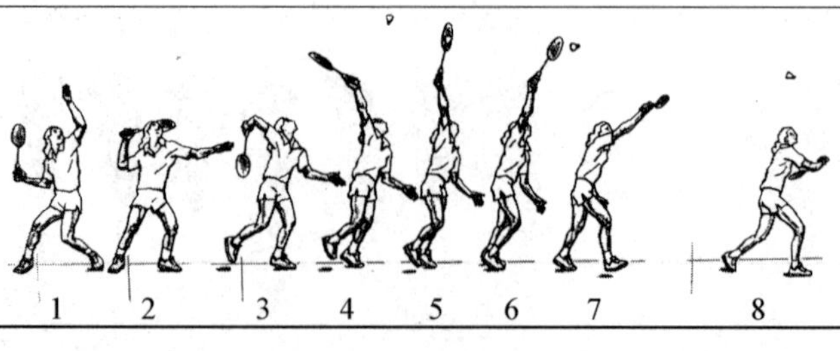			

续表

	正手高远球	正手平高球	正手吊球	正手杀球
正手杀球图示	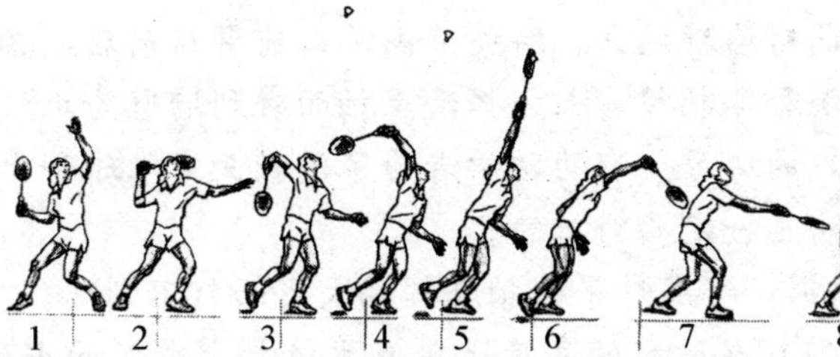			

2. 后场反手技术（见表 10－11）

表 10－11

	反手高远球	反手平高球	反手吊球	反手杀球
准备动作	看准来球，迅速把身体转向左后方，移动到适合的击球位置，背对球网，并用反手握拍法握拍，最后一步右脚跨向左后方，引拍至左肩附近。			
击球要领	击球时，大臂带动前臂转动，前臂由左肩上方往下绕半弧形，最后一刹那手指发力鞭击球，把球击向后上方。	动作同反手高远球相似，只是在击球的一刹那，手腕前收，向前发力。	转肩以大臂带动前臂，以肘关节为支点，球拍触球前最后一刹那，控制拍速，正拍面轻击来球，让球在较高的击球点以一定的初速度开始做抛物运动，最终让球掉落到对方网前。	动作同反手高远球，只是发力更快更大。全身协调鞭打用力，击球瞬间，球拍与扣杀球方向的水平夹角小于 90°。
收拍还原	转身手臂回收至胸前。转身回正跑动回位。			
击球点	右肩或头顶正上方		右肩正上方稍后移 10 厘米	
反手高远球图示（反手平高球、反手杀球）	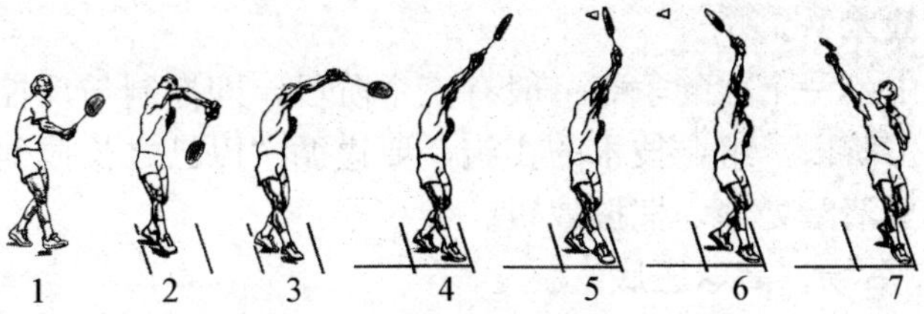			
反手吊球图示				

常见出球错误与纠正方法

1. 击球瞬间前臂没有内旋动作，拍面不正。

纠正方法：面对墙壁站立，肘关节高举，前臂在肩后，拍子垂在背后，作前臂往上挥动；带动手腕和球拍往前上方挥动至拍面碰到墙壁为止（前臂往前上方挥动的过程要作内旋动作）的练习。有的初学者为了使拍面对准球和出球方向，采用苍蝇拍握法，错误握拍方法是一定要纠正的。

2. 空间感不够，形成过早挥拍或挥拍太迟而打不到球。

纠正方法：(1) 在适当的高度上（直立持拍上举拍面击到球的高度），用细绳吊一个羽毛球（或找一个高度适当的树梢为目标），进行挥击练习（球应在右肩的前上方）。(2) 陪练者站在高台上放球下落，让练习者挥拍击球（注意站的位置要适当）。(3) 陪练者以多球发定点高远球，使练习者在基本不作移动的情况下回击高远球。

3. 出球的弧线掌握不好。表现在杀球时球压不下来，吊球过网弧线太高。

纠正方法：最应当注意的问题是区分各种击球的拍面角度和发力方向的不同要求。杀球和吊球时拍面要适当前倾，击球点稍靠前，向前下方发力。

第二节　羽毛球的基本战术

运动箴言

战术，是一个运动员在比赛前或比赛中知己知彼，运用技术和身体之长，扼制对方之短，夺得最终胜利的章法。羽毛球的战术指导思想是全面贯彻快、狠、准、活的技术风格和以我为主、以快为主、以攻为主，积极主动的打法。

战术是技术的合理组合，以调动或限制对手最终得分致胜。羽毛球战术因项目不同，分为单打战术和双打战术。

一、单打战术

单打比赛中，一个球的争夺一般有三个阶段，即控制与反控制阶段，主动一击阶段以及最后致命一击阶段。组合技术的实施，要遵循“以己之长搏他人之短”，既要稳定发挥，制造战机，也要清醒处理，把握战机。

（一）控制后场，高球压底

从发球开始就运用高远球或进攻性的平高球压对方后场底线，迫使对方后退，当对方回球不够及时，以扣杀球制胜；当对方疏于前场防守时，就可以以轻吊、搓球等技术在网前吊球轻取。轻吊必须在若干次高远球大力压住后场，对方又不能及时回到前场的基础上进行。

（二）打四角球，高短结合

在后场，以高远球、平高球和吊球，在前场则以放网前球、推球和挑球准确地攻击对方场区前后左右四个角落，调动对方前后左右奔跑，顾此失彼，待对方来不及回中心位置或回球质量差时，向其空当部位发动进攻制胜。

（三）下压为主，控制网前

主要通过后场的高远球、扣杀、劈杀、吊球等技术，先发制人，然后快速上网以搓、推、扑、钩等技术，高点控制网前，导致对方直接失误，或被动击球过网，被一举击败的一种打法。通常也称“杀上网”的打法。这种打法是进攻型的打法，能够快速上网高点控制网前，速度耐力和力量耐力也要求较高。

（四）快拉快吊，前后结合

以平高球快压对方后场两底角，配合快吊网前两角（或运用劈杀）引对方上网，当对方被动回击网前球时，即迅速上网控制网前，以网前搓、钩球结合推后场底线两角，迫使对方疲于应付，为前场扑杀和中、后场大力扣杀创造机会。这也是一种积极主动、快速进攻的打法。

（五）守中反攻，攻守兼备

以平高球和快吊球击向对方前后左右四个角落，以调动对方。让对方先进攻，针对进攻方打的高远球、四方球、吊球等，加强防守，以快速灵活的步法、多变的球路和刁钻准确的落点，诱使对方在进攻中匆忙移动，勉强扣杀，造成击球失误，或当对方回球质量较差时，抓住有利战机，突击进攻。

小知识

1. 觉得握拍太死，以致在快速挥拍时不能灵活变化。扑球时，理想的握拍应能使拍面在手臂自然前伸时，处于正对球网的状态。不然的话，不但难以发力，而且容易造成扑球从边线出界。

2. 扑球前已紧握球拍，造成扑球时手腕和手指处于僵硬的状态，只能运用肩和伸肘关节的力量击球。如此，必然加大整个扑球的动作幅度和降低击球点的高度，扑球下网和出端线的情况也就随之容易产生。

3. 虽然已蹬步前扑，但面对对方搓来的旋转来球，心存恐惧，不敢果断出手，失去了在最高点击球的良机，出现下网和出界。

4. 扑球时，挥拍向前的动作幅度过大，或在扑击球点比较贴近球网的来球时，击球的挥拍没带一个横向“抹”的动作，触网违例就难以避免。

5. 有时候虽然扑球很好，但由于身体前冲过猛，且又制动不足，造成未成“死球”之前已身体触网违例。

二、双打战术

（一）双打攻人战术

这是双打中常用的一种战术，就是以人为攻击目标。对付两名技术水平高低不一的对手时，一般都采用这种战术。对付两名实力相当的队员时也可采用这一战术。它集中攻势于对方一名队员，常能起到“集中优势兵力打歼灭战”的作用；如果对方另一队员过来协助，就会暴露出空档，可在其仓促接应、立足不稳时偷袭他。

（二）双打攻中路战术

对方左右站位时把球打在两人的中间。这种战术可以造成守方两人抢接或让球，难于协调；限制对手在接杀球时挑大角度高球调动攻方；有利于攻方的封网，由于打对方中路，对方回球的角度也小，网前队员封网的难度就小了。

对方前后站位时把球下压或轻推到边线半场处。这种战术多半是在接发网前球和守中反攻抢网时运用。这种球对方前场队员拦截不到，后场队员又只能以下手击球放网或挑高球，后场两角便会露出很大空当，因而有隙可乘。

（三）双打攻后场战术

这种战术常用来对付后场扣杀能力较差的对手，把对方弱者调动到后场后使用。此战术多采用平高球、平推球、挑底线把对方一人紧逼在底线，使其在底线两角移动击球，在其还击出半场高球或网前高球时即可大力扣杀，取得这一回合的胜利或主动。如在逼底线两角时对方同伴要后退支援，则可攻击网前空档或打后退者的追身球。

（四）双打后攻前封战术

后场队员积极大力扣杀创造机会，在对方接杀放网、挑高球或企图反击抽球时，前场队员以扑、搓、勾、推控制网前，使整个进攻连贯而又有节奏变化，让对方防不胜防。

（五）防守反击

为了摆脱被动，伺机转入反攻，通过调整好防守时的站位。根据对手站位，结合防守球路，破坏攻方的进攻节奏和进攻势头。当攻方进攻势头一减，即可平抽或蹲挡，若攻方站位混乱出现空当时，守方即可抓住战机转守为攻取得主动。

小知识

运用战术要达到以下几个目的：

1. 调动对方位置，迫使对手出现空当区；
2. 迫使对方击出中后场高球，以提高杀球和网前扑杀的威力，给对方以致命的一击；
3. 使对方重心失去控制，来不及还击或延误击球时间而回球质量差，造成被动；
4. 消耗对方体力，使对手在每一次回球时尽量消耗体力。

第三节 羽毛球规则简介

运动箴言

羽毛球是一种依赖控制的运动，通常以一定的节奏和速度进行。因此，放松你的肌肉，平复你的心理，找到自己的节奏，才能更好地控制你的球拍，才能更好地主导比赛。

一、比赛场地

羽毛球场地长 13.40 米，双打宽 6.10 米，单打宽 5.18 米，双打球场对角线长 14.723 米，单打球场对角线长 14.366 米（见图 10－2）。场地中央被球网（两边柱子高 1.55 米，中间网高 1.524 米）平均分开的长方形场地。内空高 9 米，场地周围 2 米，内不得有障碍物。

羽毛球场地横向被中线平分为左右两个半区；纵向被分为前场、中场、后场。前场就是从前发球线到球网之间的一片场地；后场是指从端线到双打后发球线之间的一片场地；中场是前发球线与双打后发球线之间的一片场地。

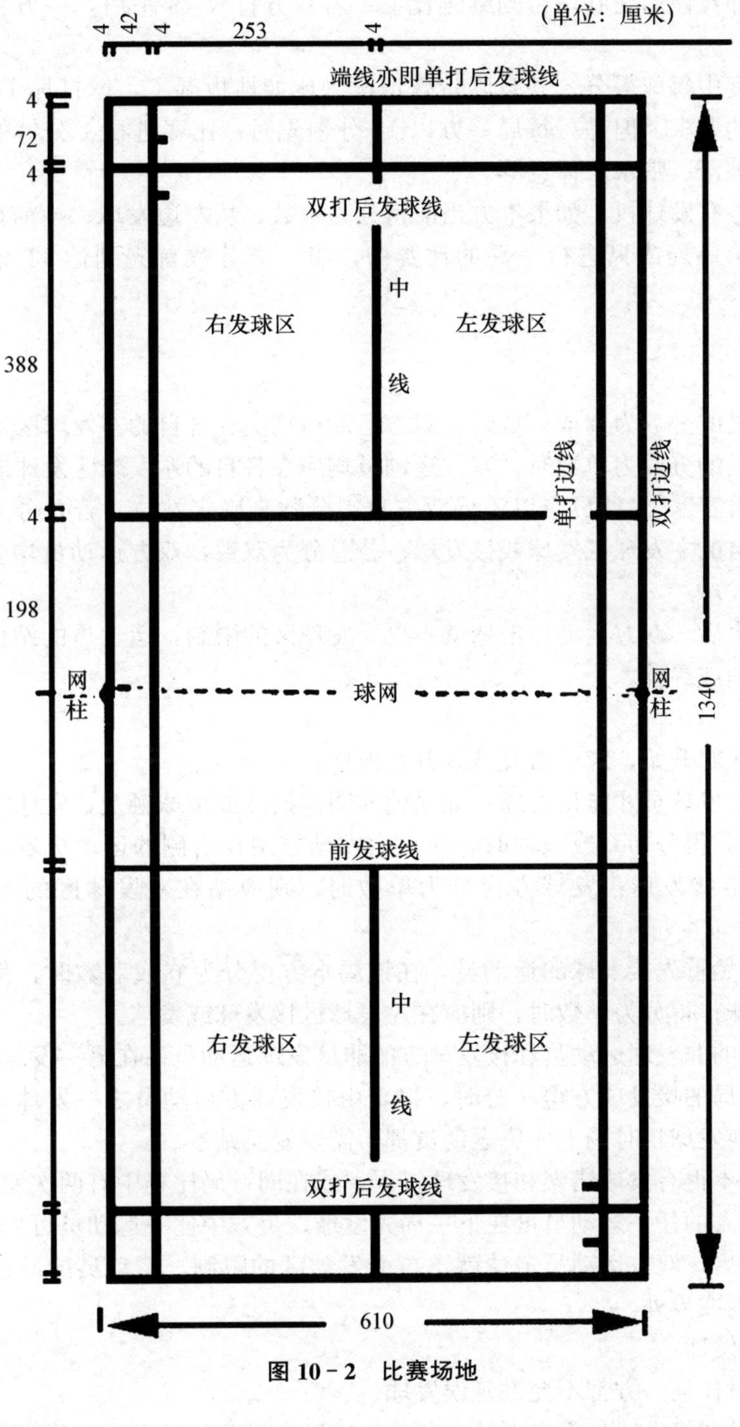

图 10-2　比赛场地

二、比赛规则简介

(一) 计分规则

(1) 采用21分制，即双方分数先达21分者胜，3局2胜。每局中，一方先得21分且领先至少2分即算该局获胜，否则继续比赛；若双方打成29平后，一方领先1分，即算该局取胜。

(2) 新制度中每球得分，并且除特殊情况（比如地板湿了，球打坏了），球员不可再提出中断比赛的要求。但是，每局一方以11分领先时，比赛进行1分钟的技术暂停，让比赛双方进行擦汗、喝水、休息等。

(3) 得分方有发球权，如果本方当前得分为单数，从左边发球；当前得分为双数，从右边发球。在第三局或只进行一局的比赛中，当一方分数首先到达11分时，双方交换场区。

(二) 站位

单打：

(1) 发球员的分数为0或双数时，双方运动员均应在各自的右发球区发球或接发球。

(2) 发球员的分数为单数时，双方运动员均应在各自的左发球区发球或接发球。

(3) 如“再赛”，发球员应以该局双方总得分数来确定站位。若总分为单数，双方运动员均应在各自的左发球区发球或接发球；若总分为双数，双方运动员均应在各自的右发球区发球或接发球。

(4) 球发出后，双方运动员击球就不再受发球区的限制，运动员的站位也可以在自己这方场区的界内或界外。

双打：

(1) 一局比赛开始，应从右发球区开始发球。

(2) 只有接发球员才能接发球；如果他的同伴接球或被球触及，发球方得一分。

1) 在发球方得分为0或双数时，应该由发球方站在右侧的运动员发球，接发球方站在右侧的运动员接发球；发球方得分为单数时，则应站在左发球区的运动员发球或接发球。

2) 每局开始首先接发球的运动员，在该局本方得分为0或双数时，都必须在右发球区接发球或发球；得分为单数时，则应在左发球区接发球或发球。

3) 发球方的非发球运动员和接发球方的非接发球运动员站在另一发球区内。

4) 任何一局的接发球方得一分时，接着由接发球方运动员之一发球，如此交换发球权。注意，交换发球权时场上4位运动员都不需要变换站位。

5) 运动员不得有发球错误和接发球错误，或在同一局比赛中有两次发球。

6) 一局胜方的任一运动员可在下一局先发球，负方中任一运动员可先接发球。

7) 球发出后，双方运动员击球就不再受发球区的限制，运动员的站位也可以在自己这方场区的界内或界外。

(三) 合法发球

(1) 发球时任何一方都不允许延误发球。

(2) 发球员和接发球员都必须站在各自发球区内发球和接发球，脚不能触及发球区的界限；两脚必须都有一部分与地面接触，不得移动，直至将球发出。

1）发球员的球拍必须先击中球托，与此同时，整个拍框必须低于发球员的腰部。

2）击球瞬间拍杆应指向下方，从而使整个拍框明显低于发球员的整个握拍手部。

3）发球开始后，发球员的球拍必须连续向前挥动，直至将球发出。

4）发出的球必须向上飞行过网，如果不受拦截，应落入接发球员的发球区。

（四）羽毛球违例

（1）发球不合法违例，或接发球者提前移动。

发球时，球拍拍框高于握拍手的手腕（称为：过手）或者拍框过 1.15 米（称为：过腰）属于违例。

（2）发球员发球时未击中球。

（3）发球时，球过网后挂在网上或停在网顶。

（4）比赛时：

1）球落在球场边线外。

2）球从网孔或从网下穿过。

3）球未过网。

4）球碰屋顶、天花板或四周墙壁。

5）球碰到运动员的身体或衣服。

6）球碰到场地外其他人或物体（由于建筑物的结构问题，必要时地方羽毛球组织可以制定羽毛球触及建筑物的临时规定，但其他组织有否决权）。

7）比赛时，球拍和球的最初接触点不在击球者网的这一方。

（5）比赛进行中：

1）运动员球拍、身体或衣服触及网或网的支持物。

2）运动员的球拍或身体，以任何程度侵入对方场区（击球者击球后，球拍可以随球过网）。

3）妨碍对手，如阻挡对方紧靠球网的合法击球。

4）比赛时，运动员故意分散对方注意力的任何举动，如喊叫、故作姿态等。

5）击球时，球夹在或停滞在拍上紧接着又被拖带。

6）同一运动员两次挥拍连续击中球两次。

7）同一方两名运动员连续各击中球一次。

8）球碰球拍继续向击球方场区后方飞行。

（6）运动员违反比赛连续性的规定。

（7）运动员行为不端。

（五）重发球

（1）遇不能预见或意外的情况，应重发球。

（2）除发球外，球过网后，球挂在网上或停在网顶，应重发球。

（3）发球时，发球员和接发球员同时违例，应重发球。

（4）发球员在接发球员未做好准备时发球，应重发球。

（5）比赛进行中，球托与球的其他部分完全分离，应重发球。

（6）司线员未看清球的落点，裁判员也不能做出决定时，应重发球。

（7）“重发球”时，最后一次发球无效，原发球员重发球。

(六) 死球

(1) 球撞网并挂在网上，或停在网顶上。

(2) 球撞网或网柱后开始在击球这一方落向地面。

(3) 球触及地面。

(4) “违例”或“重发球”。

第四节 羽毛球的基本礼仪

运动箴言

自信和自负是两种完全不同的概念，自负是一种不切实际的想法，而自信则是建立在认真学习、谦虚谨慎、不怕困难的基础上奋发向上。羽毛球能训练一个人的心理，锻炼出不因自己或对手及其他原因而影响心理状态的正常发挥。

羽毛球运动被誉为“贵族”运动，除了因为它是源于贵族的娱乐活动而来，还因为羽毛球是一项真正的文明运动。在羽毛球运动中，礼仪是非常重要的！

一、日常练习时应当遵守的礼仪

(1) 要主动捡球。当球落地时，一般情况下，由球所在场地一方捡球。球触网落在中间时，双方都应该主动上前捡球。不要因为是对方打下网的，站在原地一动不动。

(2) 不要急着捡球。初学打羽毛球时肯定会出现满场找球的场面，但是当你的球滚入邻场而邻场的球员正在练球时，请耐心等待别人击球结束。

(3) 要发球时先看一看对方是否已做好了接球的准备，最好将球举起来示意一下。不要连看都不看就将球发出去，这样别人很可能接不到球，这也是对对手的不尊重。

(4) 不要从球网上面跨过，任何时候都不要触压球网，即使你在和对方进行语言上的交流。

(5) 练球时，当对方的回球靠近底线时，应主动告诉对方他打过来的球是界内、界外、还是压线。

(6) 练球时，当你击球出界或还击下网时，尽管你不是有意如此，但也应该向对方说声“对不起”，这样会让你显得更有修养。

(7) 若多人同时用一个场地时，场上球手不要霸着球场练个没完、打个没完。

(8) 打球时要带上自己的球、球拍、饮用水、护腕等，不要随意向他人借取。

(9) 标准的羽毛球穿戴：男球手穿带领子的半袖运动T恤衫和羽毛球短裤；女球手穿中袖或无袖上衣及短裙或连衣短裙。羽毛球服饰通常以白色为主。男球手请记住：即使你拥有魔鬼般的身材，也不要赤膊上阵。

(10) 进入羽毛球场一般穿专用的羽毛球鞋，不允许穿硬底鞋或带钉的鞋入场；赤脚和赤脚穿鞋入场打球是会被认为有失雅观的。

二、比赛时应该遵守的礼仪

(1) 球员参加比赛时，在赛前练球热身过程中有义务为对方的练习提供帮助，任何有意妨碍对方练习的做法都是有失风度的。

(2) 比赛时注意力要集中，认真对待每一个球。漫不经心是对对方的轻视，也是对搭档的不尊重，是羽毛球场上很不礼貌的行为。

（3）球场上不要踢球，羽毛球是用拍子打的，不是用脚踢的。

（4）羽毛球场上应该相信裁判，听从裁判的判决。业余比赛中，若无裁判，应相信离球最近的人的判断。若仍存争议，最好的解决办法是重打。固执己见不是好球风，至少说明你怀疑对方球品。

（5）如果打出一记幸运球“luck ball”（球擦网后，改变方向和速度，落在对方场内），要说声“对不起”或举拍示意。

（6）不留神把球扣在拍框上了，球落入对手场内，大可不必得意忘形，应向职业选手那样，将球拍面向对手以表示歉意。

（7）当对手击出好球时，应为其鼓掌。特别是在比赛中，当对手打出了自己很难击出的漂亮的球时，尽管懊丧与遗憾，也应如职业高手们那样，用手轻拍球拍，表达自己的热情与潇洒。多赞扬对手的得分，自己的心胸也会变得宽阔，这份宽裕的心情也许就会激励自己打好下一个球。

（8）对对手的失误，不要过于喜形于色，过于高兴时易使对手心情不快。

（9）比赛结束的时候，无论胜负都应该主动和裁判及对手握手。伸出握拍手，眼睛直视对手，持手相握，把自己的握拍手伸向对手意味着友好，并表达善意与鼓励。

三、观看羽毛球赛时应当注意的礼仪

（1）在球员发球的时候，不要用闪光灯拍照，更不要发出声响。

（2）观看比赛时应尽量避免携带能发出声音的物品或关掉其声音。从球员开始准备发球到一分结束，观众在此过程中最好不要随意交谈、吃东西、叫好、喝彩、鼓掌，毕竟羽毛球比赛不是联欢晚会。

（3）如果观看羽毛球比赛时迟到，应该在球员休息的时候进场，以免影响球员的注意力，干扰比赛；同样，如果在观看比赛的时候离开观众席，也要在球员休息的时候离开。

（4）不要随便进入正在比赛的场地，以免影响比赛的正常进行。

练习方法：

1. 热身活动：

（1）颈部——作转头、仰头、低头等动作，避免颈部拉伤。

（2）手——先手腕绕环，再做小臂挥拍动作，最后大臂挥动。

（3）腰——做转体与侧向拉伸运动。

（4）腿部——脚踝转动、踮脚尖等，膝关节做半蹲拉伸，然后进行弓步压腿等。

（5）场上拉高远球热身——与同伴对拉高远球，注意动作放松，力度和幅度循序渐进增大。

2. 重量训练：

羽毛球的重量训练者重在手腕与腿和腰腹。

（1）手腕——刚开始可以通过哑铃等器械加强大肌肉群的力量，然后通过挥拍进行针对性力量训练。

（2）手臂——以较重的哑铃或重物做向后倒，做挥小臂动作。

（3）腿部——通过跳绳增进手脚间的协调性与爆发力，同时也可通过拉力带辅助训练。

（4）腰腹——通过平板支撑、卷腹等强化力量。

3. 专项速度的提升：

（1）反应速度——通过发多球，把中间的网遮住，练习者只能当球飞过球网才能判断球的方向，减少反应时间；也可通过加快球速增大难度，让练习者集中注意力，迅速判断、快速移动。

（2）移动速度——通过多球训练，采用杀上网、大对角折返跑等组合，多组少次开展强化练习。

（3）动作速度——通过负重训练，采用脚下绑沙袋、挥重拍等形式，增大阻力。

实践与探究

1. 羽毛球运动的基本步伐有哪几种？
2. 给一场羽毛球比赛当一次裁判。

第十一章 休闲体育

教师导语

看其心，观其人。外在的事物既不会绑着你，也不会释放你，唯有你的心使然。

第一节 瑜伽

运动箴言

瑜伽的门槛很低，只要会呼吸就可以练瑜伽。瑜伽的门槛又很高，需要我们一生去修行。

瑜伽起源于印度，距今有几千年的历史，被人们称为“世界的瑰宝”。那时，瑜伽修行者在大自然中修炼身心，无意中发现各种动物与植物天生具有治疗、放松或保持清醒的本领，患病时能不经任何治疗而自然痊愈。于是，古印度瑜伽修行者通过观察、模仿并亲自体验，创立出一系列有益身心的锻炼方法，也就是体位法。历经了上千年的锤炼，瑜伽教给人们的治愈法，让越来越多的人从中获益。

小知识

2014 年 12 月 11 日，联合国宣布 6 月 21 日为国际瑜伽日，并于 2015 年举办了首届“6·21 国际瑜伽日”。

一、瑜伽概述

（一）瑜伽的定义

“瑜伽”（英文：Yoga）这个词是从印度梵语“yug”或“yuj”而来，其含义为“连接”“结合”或“和谐”，即追求身、心、灵的连接和和谐。

瑜伽是一个通过提升意识，帮助人类充分发挥潜能的体系。瑜伽姿势通过古老而易于掌握的技巧，起到改善人们生理、心理、情感和精神的目的，是一种达到身体、心灵与精神和谐统一的运动方式，包括调身的体位法、调息的呼吸法、调心的冥想法等，以达至身心的合一。

(二) 瑜伽的健身价值

(1) 提高免疫力，集中注意力。

(2) 使人开朗、活力、身心愉悦。

(3) 预防和治疗多种身心疾病。

(4) 促进内分泌平衡，使身体充满能量。

(5) 加速代谢体内废物，调理养颜。

(三) 练习瑜伽的注意事项

(1) 练习瑜伽时最好空腹。

空腹练习瑜伽时，肠胃更轻松，身体更舒适，效果也更好。但也不能在太饥饿的时候练习，如果练习前半个小时确实感到饥饿可以吃点面包或一小碗粥，切记不要吃太饱。

(2) 练习时不要勉强自己，不要同别人攀比。

在练习过程中，不要突然用力，不要追求刻意的“标准”，做到自己能够承受的范围和力度就行，如果动作保持时，拉伸或支撑部位抖动厉害、有剧烈的撕裂疼并且呼吸急促等，都是过度勉强自己的表现。不要和别人攀比，应关注自己而不是看别人的动作和猜测别人的想法，那都与自己无关，我们要做的是关注自己的呼吸、自己的意识、自己的感受等。

(3) 练习时不要大笑或说话，要专注地呼吸，保持有规律和深沉缓慢的呼吸，这样效果会更好，身体会得到更好的放松。

(4) 身体出现不适时，应停止练习。

(四) 瑜伽饮食

瑜伽哲学认为，食物同时具有影响生理和心理的作用。有些食物有益，有些食物有害。瑜伽哲学把饮食分为变性食物、惰性食物、悦性食物三类。

1. 变性食物

能够提供能量，有益身体但不益心灵的食物，使人身心躁动的食物称为变性食物，若食用过量，会使人变得过分积极、浮躁不安、脾气暴躁、喜好争斗、固执己见，甚至产生憎恨、嫉妒、沮丧、愤怒、恐惧等情绪而失去精神平和。变性食物有咖啡、浓茶、强烈的调味品、酱油，添加了过量味素的食物如泡菜，可口可乐、汽水、过多的香料和盐、辣椒。

2. 惰性食物

食用惰性食物后在身上产生的能量，能使人嗜睡、昏沉、不安、倦怠、生病，变得粗鲁迟钝，产生不可遏制的欲望，缺乏生命力和开创力。惰性食物包括所有的肉类等油脂性的食物，因为含有较高的热量，还有一些辛辣食物，这类食物具有相当高的麻醉性。另外，不干净、不新鲜、腐败的食物也属于惰性食物。

3. 悦性食物

这类食物色香味美，富于营养，很少选用香料和调料，烹饪方法简单，食用后极易消化，在体内不易堆积尿酸及毒素，产生的能量使人健康轻松、精力充沛、情绪稳定、头脑清醒，同时产生博爱的胸怀，心灵宁静又愉快。悦性食物主要集中于谷类及谷类的制品，如米、面、麦等，还有新鲜的蔬菜，乳类制品，豆类制品。

小知识

瑜伽是一项需要长期练习的运动，不要急功近利，长期持续的练习，自然会体会到其中的美妙。瑜伽的练习不是听从大脑的指挥，而是聆听身体的感受。

二、肩颈瑜伽

肩关节是全身活动范围最大的关节。现今人们抬头对电脑，低头对手机，久坐不动，最易发生慢性劳损和肩颈堵塞。下面介绍几种缓解肩颈紧张劳损的瑜伽体式。

(一) 反祈祷式

反祈祷式（见图 11－1）练习方法：站立，双手体后合掌，肩胛骨相互靠拢，锁骨展开，掌跟互推，双肩放松下沉。

呼吸：保持 8 个呼吸，呼吸均匀、缓慢、深长。

动作感受：胸腔和双肩有展开的感觉。

功效：(1) 增强上半身、手臂、手肘以及手腕的柔韧性。(2) 打开胸腔，活跃胸部，激活脊柱和背部，改善含胸驼背的症状。

图 11－1　反祈祷式

注意事项：(1) 不要耸肩，两肘尽量向后打开。(2) 不要塌腰，收住臀腹。

如果双手不能合掌，可以把合掌换成互抱手肘。

(二) 双角式扭转

双角式扭转（见图 11－2）练习方法：站立，双脚分开约一腿长，脚尖指向前，脚外侧平行。双手扶髋，吸气，延展脊柱。呼气，身体前屈，双手放在肩膀下方，再次吸气，延展脊柱，呼气，保持腿不动，左手向上扭转，手臂上下呈一条直线，保持 8 个呼吸后，换边练习。(见图 11－2)

呼吸：一边各保持 8 个呼吸，呼吸均匀、缓慢、深长。

动作感受：感受脊柱延展、扭转。

功效：（1）强健、伸展大腿内侧及脊柱的肌肉，增强体力。（2）调和腹部器官，锻炼平时容易忽视的地方。（3）使肩关节灵活、柔软，减轻背痛，有效地改善“耸肩”，对于肩周炎等肩部疾病有很好的缓解作用。（4）打开胸腔，活跃胸部，激活脊柱和背部，改善含胸驼背的症状。

图 11－2　双角式扭转

注意事项：（1）腰背部始终保持延展。（2）上方的手臂用力向上延展。

如果起身过快，容易闪到腰或头晕。可以双手依次扶髋，头部引领脊柱缓慢有控制地起身。

（三）牛面式

牛面式（见图 11－3）练习方法：站立或跪坐，左手在上，右手在下，在背后交扣，保持肋骨内收，胸腔上提保持 8 次呼吸，换边。

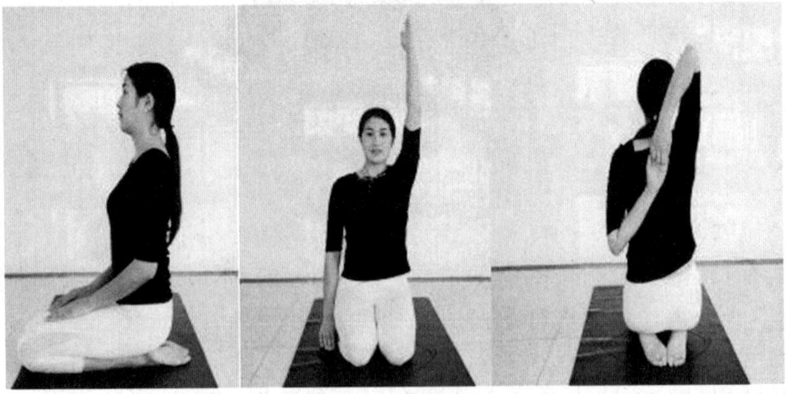

图 11－3　牛面式

呼吸：一边各保持 8 个呼吸，呼吸均匀、缓慢、深长。

动作感受：胸腔和双肩有展开的感觉，心中的郁闷情绪逐渐消除。

功效：（1）扩展胸腔，同时伸展放松肩臂肌肉。（2）对于肩周炎等肩部疾病有很好的缓解作用。(3) 疏通上背部的气血，保持肩背的挺拔，改善不良体态。

注意事项：背部挺直，上方的手肘朝向天花板。

如果双手不能抓握在一起，可以双手背后抓伸展带或毛巾练习。

(四) 蝗虫式

蝗虫式 (见图 11-4) 练习方法：俯卧在垫面上，双手放在身体的两侧，双脚并拢，呼气，从大腿根部抬腿向上，同时胸腔延展打开，上身离开垫面，双手身体后侧交握，保持 8 个呼吸。

呼吸：吸气时抬起，动作保持时自然呼吸。呼气时，身体还原至俯卧姿势放松。

动作感受：胸腔和双肩有展开的感觉，颈部放松。

功效：(1) 强健背部和腹部肌肉。(2) 打开胸腔并培养警觉的意识。(3) 对脊柱有很好的拉伸作用。

图 11-4　蝗虫式

注意事项：抬腿时绷直脚尖，手臂向后用力伸直。

刚开始练习时，耻骨可能出现压力性疼痛。可以先练习头、上肢及背部后伸。当这个体式可以稳定时，再练习下肢和腰部后伸。练习达到稳定状态后再进行整体的后伸。练习过程如图 11-5 所示。

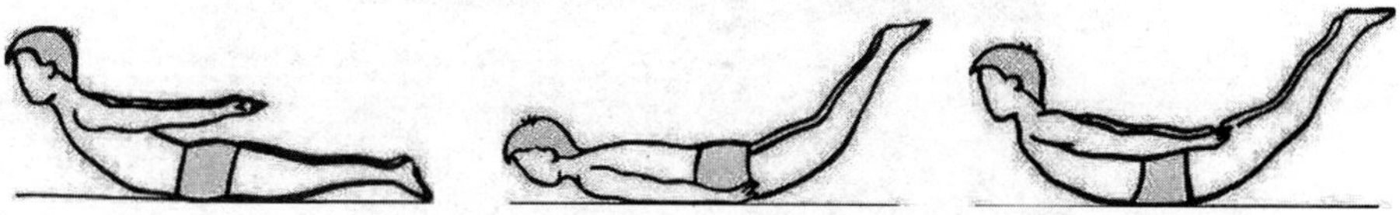

图 11-5　练习过程

(五) 穿针式

穿针式 (见图 11-6) 练习方法：身体呈四肢点地式，吸气，右手高举过头顶，然后从左肩下方穿过，把右肩放在左肩的下方，右手掌心朝上，右耳贴地，左手向前伸直，指尖点地。可以的话，把肩膀、胸挺出来，加强扭转，保持 5 个呼吸后，换侧练习。这是一个很好的开肩体式，每天练习可以有效改善肩颈疼痛。

呼吸：吸气时右手高举过头顶；呼气时，从左肩下方穿过；动作保持时，均匀缓慢地呼吸。5 个呼吸后换侧练习。

动作感受：背部肩颈的紧张感有所释放，精力恢复。

功效：(1) 拉伸肩膀、颈部、手臂，扩展胸部和上背部。(2) 脊柱轻微扭转放松，有很好的拉伸作用，释放压力。

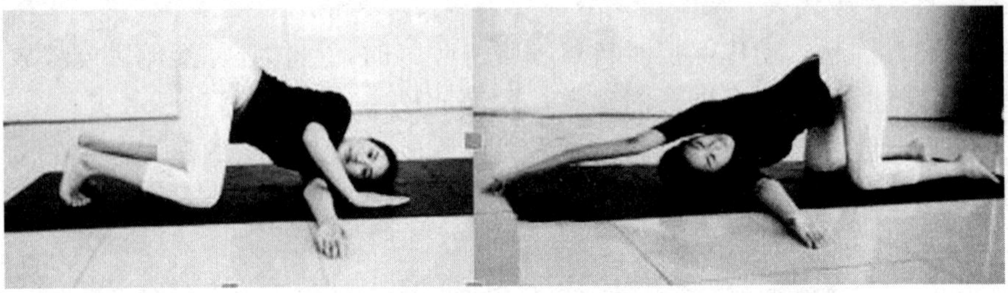

图 11-6 穿针式

注意事项：(1) 膝盖、颈部、肩膀受伤或不适，椎间盘或背部损伤等不宜练习。(2) 如果感觉到不舒服、刺痛就要立刻停止该动作的练习。

如果膝盖不舒服或疼痛，可以把垫子折叠起来，或者在膝盖下面放一条毯子。膝盖上额外的缓冲可以缓解膝关节的不适。

(六) 摊尸式

摊尸式（见图 11-7）练习方法：完全平躺在地面上，双腿分开与臀同宽，脚趾尖自然向外，双手臂离开身体，掌心向上，头部居中。闭上双眼，放松整个身体，开始深长地呼吸，呼吸逐渐放慢，不要有任何猛烈的呼吸动作干扰脊柱或身体。专注于深长的呼气，鼻孔不应该感觉到气息的温热。下颚放松，舌头放松，即使是双眼瞳孔也应该完全放松。缓慢地呼气，保持 5～10 分钟。

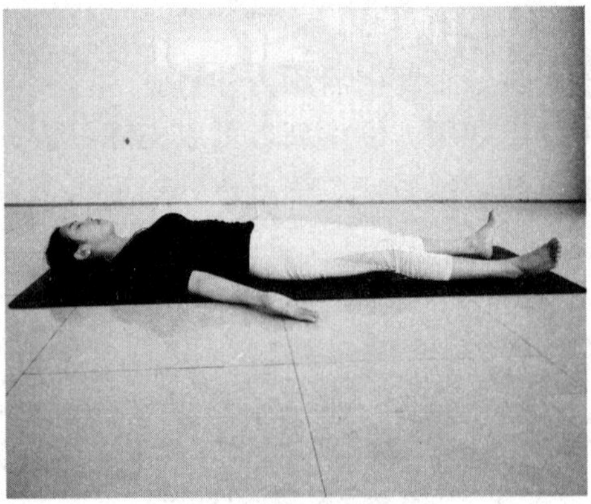

图 11-7 摊尸式

呼吸：保持自然顺畅、缓慢均匀的呼吸 5～10 分钟。

动作感受：紧张的身体变得放松，意识变得平静，内心平和愉悦。

功效：(1) 消除身心疲劳，恢复精力。(2) 缓解肩背部以及全身的肌肉紧张。(3) 有利于缓解失眠以及慢性疲劳综合征。

注意事项：保持意识的觉醒，不要睡着。

如果思绪烦乱，很难静下心，可以把注意力放在呼吸上，观察大脑的想法，不做评判，学会接纳它，让其自然地发生，学习成为一个不做任何反应的沉默的观察者。

第二节　气排球

运动箴言

气排球运动是一项集运动、休闲、娱乐为一体的群众性体育项目，作为一项新的体育运动项目，如今已经受到越来越多的人的青睐。气排球运动是纯粹的“中国制造”。

气排球是我国土生土长的一项群众性排球活动。1984 年，呼和浩特铁路局集宁分局为了开展老年人体育活动，在没有规则限制的情况下，组织离退休职工用气球在排球场上打着玩儿。由于气球过轻且易爆，他们将两个气球套在一起打，然后又改用儿童软塑球。后来又参照 6 人排球规则制定了简单的比赛规则，并将这种活动形式取名为“气排球”。

气排球作为全国老年体协的五大竞技项目之一，先后在浙江、福建、上海、江苏、湖南、广西、重庆等地得到了很好的推广，尤其以广西最为普及，打球健身的老年人越来越多。气排球由于运动适量、不激烈，男女可以混合进场参与，适合各个年龄层次的人。

一、气排球的特点

（1）球质软，富有弹性，手感舒适，不易伤人。

（2）球体大，圆周为 80～83 厘米；重量轻，100～120 克，在空中飘游缓慢、容易控制，适合老年人的眼、手、脚的节奏。

（3）球网低，男高 2.10 米，女高 1.90 米，打球时可减少跳跃，运动安全。

（4）场地小，室内外均可开展活动。

（5）运动量适宜，气排球活动有跑、跳、蹲、转身等动作，使脑、眼、手、腰、脚等都得到运动，但活动量不大，有利于健身强体。

（6）集体性极强，必须协调配合，有利于团结奋进和展现高尚的道德风范。

（7）规则宽，人体任何部位触球都可以，有时候为了救球，手来不及的情况下，可以用脚踢，只要按规则要求，将球打到对方场内地面上空即为有效。

二、气排球场地

气排球场地、尺寸如图 11－8、图 11－9 所示。

（1）比赛区为 6 米（端线）×12 米（边线）。其四周至少有 2 米宽的无障碍区。比赛场区的无障碍空间以地面量起至少高 7 米，空间不得有任何障碍物。

（2）场地所有的界线宽为 5 厘米，界线的颜色应是与地面不同的浅色。边线和端线的宽度包括在场区地面内。中线在网下连接两条边线，将场地分为两个相等的半场（长 6 米，宽 6 米的两个场区）。

（3）每个场区有一条距离中线 2 米、与边线连接并与中线平行的限制线。中线与限制线以内的场区为前场区，限制线与端线间为后场区。限制线两头各画 3 条长 15 厘米、间隔 20 厘米的虚线作为限制线的延长线。

图 11－8　气排球场地

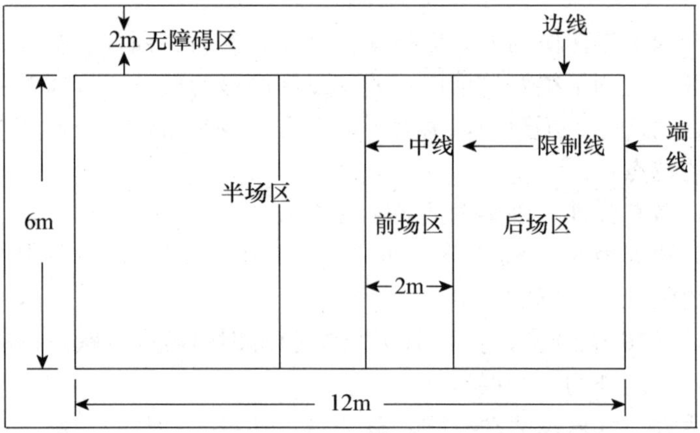

图 11－9　气排球场地尺寸

三、气排球的演变

第一代气排球，非常轻，不是特别好掌控，却是气排球的始祖。现在有些单位仍采用这种球进行比赛。

第二代气排球，通过改良，在内胆外再套一层球皮，整体球型偏大，重量比第一代球稍重。

第三代气排球，也是气排球爱好者正在使用的一款球，用于全国及各省市比赛，普及程度高，质感好，更容易掌控。

四、气排球与排球的区别

（一）排球

（1）排球上手难度大，时间长，对人员基本功要求高，否则不具备观赏性。

（2）排球对身体素质及身高要求严格。

（3）排球场地大且球网的高度过高，难以在群众中开展。

(4) 排球本身小而重，难以掌控，人员容易受伤。

(5) 人数及规则限制，专业性强。

(二) 气排球

(1) 上手时间短，对人员基本功要求低，球体大且轻，易掌控。

(2) 场地要求低，羽毛球场即可，球网低。

(3) 人数规则可根据实际情况而制定，深受群众喜爱。

(4) 攻防回合较多，不易受伤，符合群众体育的健身根本。

(5) 无身体素质及身高要求，群众也能同专业运动员同场竞技，观赏性高。

五、气排球基本技术

(一) 传球

1. 准备姿势（见图 11－10）

(1) 双脚开列，一前一后，前后脚距离不超自己脚掌长度的三分之二，左右距离稍比肩宽。

(2) 屈膝稍蹲、身体重心向前，尽可能将重心压在身前的腿上，后脚脚掌稍微提起。

(3) 双手放松，自然放在身前胸和腹之间的位置。

(4) 抬头，眼睛注视前方。

图 11－10 准备姿势

2. 双手传球（见图 11－11）

(1) 手型。手触球时，两手应自然张开成半球形，使手指与球吻合，手腕稍后仰，拇指相对，小指在前；传球时用拇指内侧、食指全部、中指的二、三指节触球，无名指和小指在球的两侧辅助控制出球方向，两肘适当分开，自然下垂。

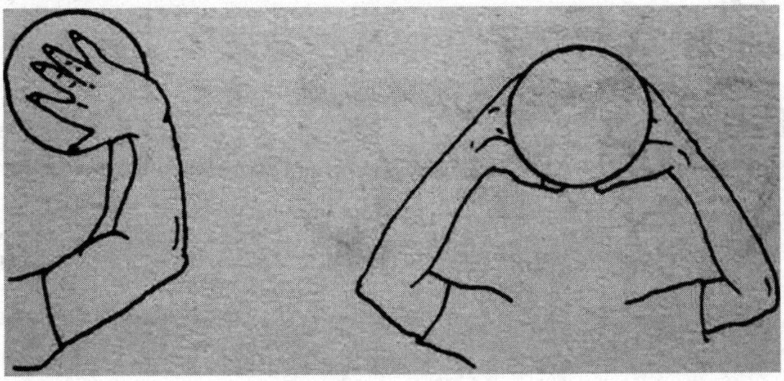

图 11－11 双手传球

(2) 击球点（见图 11－12）。采用稍蹲准备姿势，抬头目视来球，双肘弯曲自然抬起，双手置于脸前；击球点应保持在额前上方约一球远，击球部位一般在球的后下方。

图 11－12　击球点

（3）用力方式（见图 11－13）。当球接近额前时开始蹬地、伸膝、伸臂，两手微张，从脸前向前上方主动迎击来球；传球主要靠伸臂力量与下肢蹬地力量的协调配合，通过球压在手上使手指手腕产生的反弹力将球传出；击球后身体重心随击球动作前移，全身放松呈准备姿势，准备下一个击球动作。

图 11－13　用力方式

（二）垫球、捧球

1．准备姿势（见图 11－14）

上体稍前倾，两脚开立，两脚间的距离稍宽于肩，两臂微屈置于腹前，两肘稍内收，两眼注视来球。

图 11－14　准备姿势

2．垫球手型（见图 11－15）

（1）现代排球技术动作中，垫球手型一般分为 3 种：抱拳式、叠掌式、互靠式。在比赛中运用最多的是叠掌式。在气排球运动中可灵活使用这 3 种手型。

（2）叠掌式的动作要领：两手掌根紧靠，手指重叠合掌互握，两拇指平行，触球时以前臂腕关节以上 10 厘米左右桡骨内侧平面为宜。该处与球的接触面积大而平，肌肉有弹性，可适度缓冲来球力量，起球比较稳、准。如击球部位过高，两臂间隙大，不好控制球；如击球部位过低，球垫在腕部则不易垫稳。

图 11－15 垫球手型

（3）气排球独有的特色动作：推挡垫球、捧球垫球、抓球垫球。

推挡垫球（见图 11－16）：面对来球，两脚开列与肩同宽，成半蹲或稍蹲姿势站立。基本手型为两肘弯曲，两手掌根相对，一手掌心朝上，另一手扶持并夹住来球，夹角大于 90°，位于胸前。

图 11－16 推挡垫球技术动作

捧球垫球（俗称捞球技术）（见图 11－17）：两脚开列，成半蹲姿势。基本手型为两肘弯曲，上臂与前臂夹角成 90°，双手位于腰部，掌心朝上。

图 11－17 捧球垫球技术动作

抓球垫球（见图 11－18）：两脚开列，成高重心姿势。基本手势为两肘弯曲，上臂与前臂夹角成 90°，五指张开，大拇指朝上，手掌心相对。这种垫球方式需要多加练习，因为如果球在手上停留过久，裁判可能会判犯规。

图 11－18 抓球垫球技术动作

3. 垫球动作要领（见图 11－19）

图 11－19 垫球动作要领

（1）插：及时移动取位，降低重心，两臂前伸插至球下，使两前臂的垫击面对准来球，并初步控制好手臂的角度。

（2）夹：两手掌根紧靠，手臂夹紧，手腕下压，用平整而稳定的击球面去迎球。

（3）提：由下肢蹬地，采用提肩、顶肘、压腕的动作去迎击来球，身体重心要随球前移，两臂在全身协调动作的配合下伴送球。

（三）扣球

扣球（见图 11－20）是气排球的基本技术之一，也是攻击性最强、最有效的进攻手段，在比赛中占有非常重要的地位。扣球是在二传配合的基础上，完成进攻战术的最后一环，是得分和夺取发球权的有力武器，一个气排球队如能熟练地掌握多种强而有力的扣球技术，就能较好地掌握比赛的主动权，为取得胜利打下良好的基础。同时，气排球的进攻扣球又受到限制，所有进攻击球必须在各自半场的限制线后完成。

1. 准备姿势和助跑

一脚在前，另一脚在后，两膝稍屈，上体自然前倾，两臂稍屈自然下垂置于体侧，两眼密切注视来球。以右手扣球为例，左脚先向前迈出一步，接着右脚再迅速跨出一大步，左脚及时并上，落在右脚侧前方，两脚尖稍内收准备起跳。助跑的第一步要小，目的是对正上步的方向，使身体获得向前的水平速度；第二步要大，目的是接近球和提高助跑的速度，右脚落地支撑点在身体重心之前，有利于制动。

图 11-20　扣球

2. 起跳

在助跑跨出最后一步的同时，两臂绕体侧向后引，左脚在落地制动的过程中，两臂自后积极向前摆动，随着双腿蹬地向上起跳，两臂配合起跳用力上摆。起跳时应注意：(1) 两脚迅速用力蹬地。起跳时，两脚一定以快速有力的动作踏跳，这样才能获得最高的弹跳高度。(2) 直跳时，踏跳、摆臂、展腹这 3 个动作的用力必须连贯、协调。这样才能协同配合用力，发挥最大的蹬地力量，获得最大的弹跳力。(3) 注意掌握好起跳时间。避免助跑上步过早，起跳动作慢等情况。

3. 摆臂、空中击球（见图 11-21）

扣球手臂随之上摆，使击球手臂肘关节与同侧耳朵齐平略高并自然后引；抬头挺胸并展腹，挥臂时，以迅速向左转体和收腹、收胸的动作带动手臂挥动，成快速甩鞭动作向右肩前上方挥击。击球时，五指微张呈勺形，并保持适当的紧张，以全手掌包住球，掌心为击球中心，手臂充分伸直，击球的后中上部或后中部，手腕猛力迅速下甩，同时主动屈指向前推压，使球向前下方加速上旋飞行，落入对方场区。

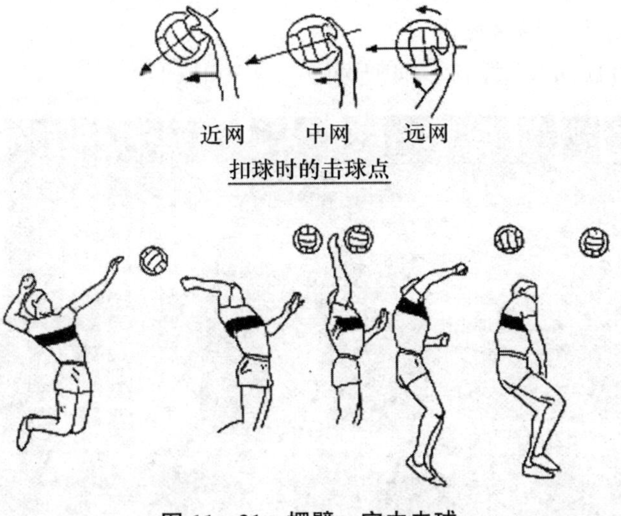

图 11-21　摆臂、空中击球

4. 包球（见图 11-22）

手掌、手指打开成半弧形，手掌与手指尽量贴合住球面，手指要高于球体中心半指到一指的距离，由后上方向前下方发力。

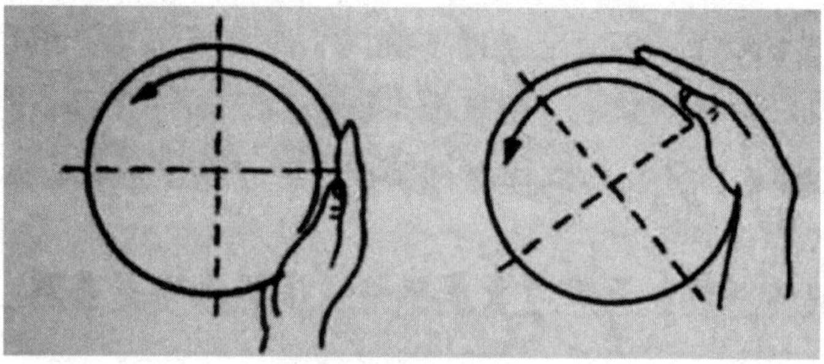

图 11－22 包球

5. 落地

为了避免单脚落地造成膝关节损伤，应尽量两脚同时落地。落地时，应以前脚掌先着地再过渡到全脚掌着地。同时顺势收腹、屈膝，以缓冲下落的力量，并立即做好下一个准备动作。

(四) 拦网

(1) 拦网的前提是做好判断，观察和预判对方二传传球线路和对方扣球位置，然后进行迅速的移动，切不可闭着眼睛就起跳。

(2) 拦网起跳前应采取微蹲的姿势，这样有利于跳得更高。

(3) 球在对方场地时，前排 3 名队员要随时在网前做好拦网准备。

(4) 前排中间位置队员随时与左边或右边队员做好拦截准备，另一名队员做拦网或救球的准备。

(5) 当我方 3 名前排队员拦网时，后排队员一名要卡在对方进攻来球的直线位置，另一名卡在斜线位置，并随时准备将对方吊向离自己位置最近的球救起。

(6) 拦网时应将手指张开到最大，以扩大在空中接触球的面积，触碰球的一瞬间，手腕下压，将球拦至对方半场区域内。

拦网动作如图 11－23、图 11－24 所示。

图 11－23 根据对面进攻扣球人的位置，进行有效的双人拦网

图 11－24　前排 3 名队员对进攻球进行判断，形成三人拦网来阻挡对面的进攻

（五）发球

气排球的特点是轻、飘，加上场地的限制，发球时用力过猛就容易出界，造成主动失分的情况。气排球发球技术分为下手发球、上手飘球、侧面下手发球、勾手大力发球、勾手飘球、高吊球、跳发球等。无论哪种发球技术，动作都包括准备姿势、抛球、挥臂、击球这 4 个环节。

1. 下手发球（见图 11－25）

下手发球球速慢、威胁小，比赛中很少使用，但比较简单。下手发球分为正面下手发球和侧面下手发球。正面下手发球最为简单，一只手将球向上抛起，另一只手摆臂向上将球击出。侧面下手发球相对较复杂些，球向侧面抛出，转体击球。由于下手发球威胁较小，实战中运用较少，所以在训练时，重点是上手飘球、勾手飘球和上手发球。

图 11－25　下手发球

2. 上手飘球（见图 11－26）

上手飘球易于控制方向，准确性高。发球时两脚自然开立，左脚向前（如果左手发球则方向相反），左手托球于体右前方。用抬臂和手掌的平托上送动作，将球平缓地垂直抛向右肩上侧，高度在头上方一个球左右的高度。在左手抛球的同时，右臂屈肘后引，肘高于肩，上体稍向右转，挺胸、展腹。击球时利用蹬地、向左旋转和收腹的力量，带动手臂向前直线加速挥动，身体重心随之从右脚过渡到左脚。挥臂至头前上方时用手掌击球中后部，击球时手掌、手腕保持紧张。

图 11－26　上手飘球

3. 勾手飘球（见图 11－27）

勾手飘球比上手飘球省力，但动作较复杂。左肩对球网，左手持球于体前。左手将球平稳向上托起在左肩前上方约一臂高度。在抛球的同时，上体顺势向右转动，重心向右移，右臂向右侧摆动。挥臂击球时，右脚蹬地，上体向左转动从腰部开始发力，身体重心向右脚移动，带动伸直的手臂向上方挥动，触球前直线加速。在头前上方用掌跟击球中后部。

图 11－27　勾手飘球

4. 跳发球

跳发球属于发球中威力最大的一种发球，对于优秀的球员来说，发球时无人拦网的情况下，等于给了发球队员一次远距离扣球的机会。气排球的跳发球需要在底线的一米限制线后完成起跳击球；首先要对扣球技术动作有一定基础并且能熟练地包住球的整体，其次需要一个合适的助跑和起跳的距离，最后一手持球将球向额头前上方抛出，利用扣球的技术动作完成助跑起跳并击球，将球击打至对方半场区域。

（六）站位与战术

气排球比赛一般是五人制（见图 11－28），与排球大致相同，逆时针站位，顺时针转位，不同的是气排球得分就换发球，实行转轮制，这样就大大限制了发球好的队员不会一直在发球位上进行连续的发球。

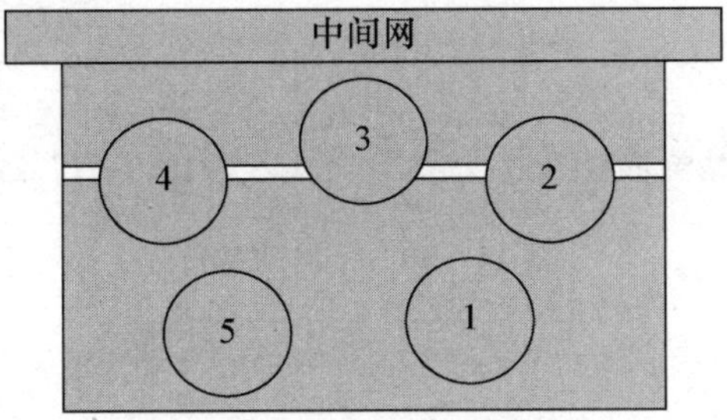

图 11－28　五人制

发球站位（见图 11－29），发球方的前排 3 名队员站在网前并面向对方半场，1 号位发球队员需要在本方底线外完成发球后，才能进入本方场区。

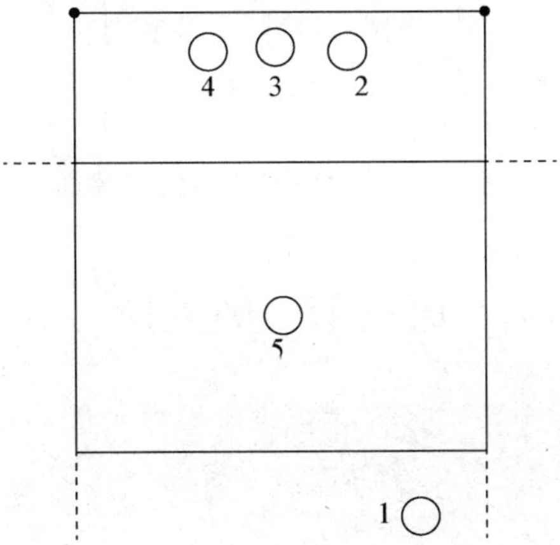

图 11－29　发球站位示意图

接发球站位（见图 11－30），根据对方发球情况一般可分为两种，一种为“1－4”站位，目的是增加接球面积从而保住本方一攻；一种为“1－3－1”站位，在来球不是特别有威胁的时候，本方能更好地释放不接球的队员来保证进攻的流畅性。

气排球基本战术——“中一二”战术（见图 11－31），即前排 3 个人中固定一个人或轮转到 3 号位中一人在 3 号位作二传，将球传给 2、4 号位的进攻形势。二传在 2、4 号位时，在球发出后可以置换到 3 号位，这种情况称为边一二换中一二，反边一二换中一二。这种进攻简单，便于组织，特别适合气排球这种攻防转换较快，场地较小的比赛，也是最实用的基本战术之一。

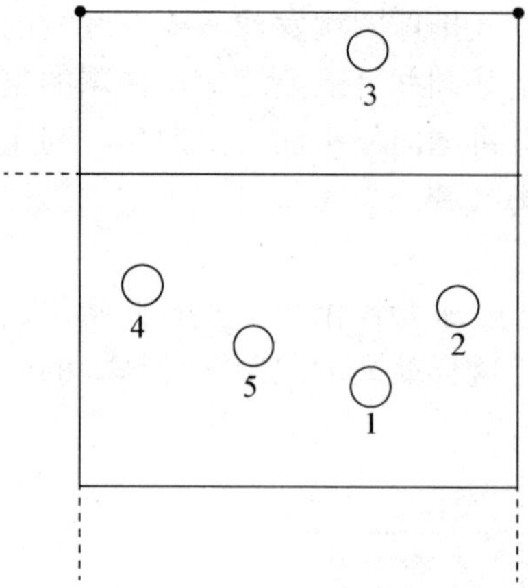

"1-4"站位示意图

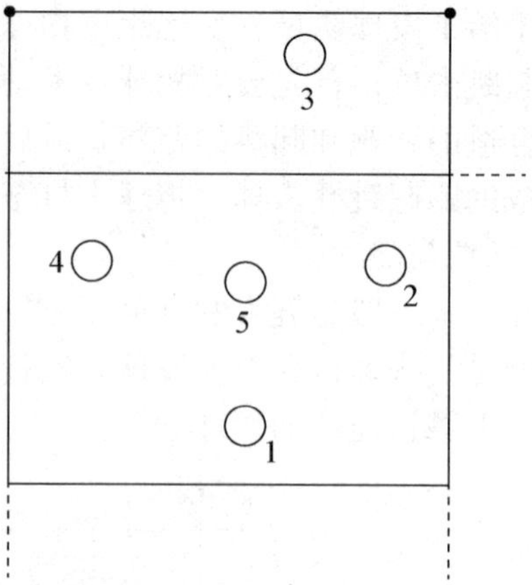

"1-3-1"站位示意图

图 11-30 接发球站位

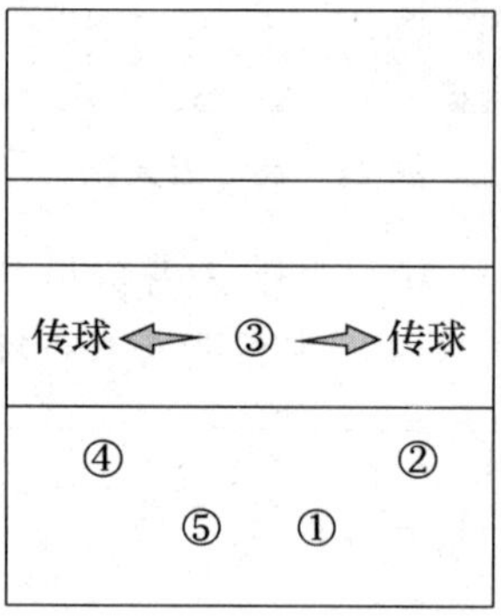

图 11-31 "中一二"战术示意图

第三节 健美操

运动箴言

人就是活一种精神，而精神来自旺盛的生命力，旺盛的生命力可以从健美运动中获得。

一、健美操概述

健美操是一项大众化、流行化、集体化的集体操、舞蹈、音乐、健身、娱乐于一体的体育运动。健美操是一种有氧训练运动，持续一定时间，身体运动程度低，主要是锻炼心肺功能，是有氧耐力素质的基础。健美操有很多好处，不仅帮助我们有效地强健身体，还有减肥的效果，这种运动减肥方法集健身与健美于一体，深受广大女性的喜爱。

小知识

健美操的英文原名为 Aerobics，意为有氧运动、有氧健美操。

（一）健美操的锻炼价值

（1）改善健康状况，增强心肺功能。通过科学的锻炼，可以将心肺功能提升到一个更高的水平，使身体肌肉更有力，关节更灵活，更有弹性。

（2）改善精神状态，使举止优雅，陶冶情操。使练习者更强大，更专注，更乐观，更有活力，对待别人更自信。

（3）改善体态。使练习者看起来更挺拔、对称。

（4）改善形体。有氧运动可以帮助练习者减少脂肪，强化肌肉。

小知识

良好的身体素质是进行健美操运动的基本条件，协调性、力量、弹性、柔韧性都很重要。例如托举动作对运动员身体素质的要求就很高。

（二）健美操分类

根据健美操的发展现状和趋势，按照不同的目的和任务，健美操可分为竞技健美操、健身健美操和表演健美操三大类。

小知识

健美操有按年龄分组的；按性别分组的；按单人、双人、团体分组的；按身体形态、姿势分组的。此外，还有全身各部位锻炼的健美操；徒手或轻器械锻炼的健美操。

1. 竞技健美操（见图 11－32）

竞技健美操竞赛项目包括男子单人、女子单人、混合双人、三人（性别不限）、团体操、有氧舞蹈、有氧踏板、啦啦操等。

竞技健美操是在音乐伴奏中，通过对难度动作的完美完成，展示运动员不断做出复杂而高强度的动作的能力。成套动作必须具有创造性，将所有动作、音乐和表演完美融合。

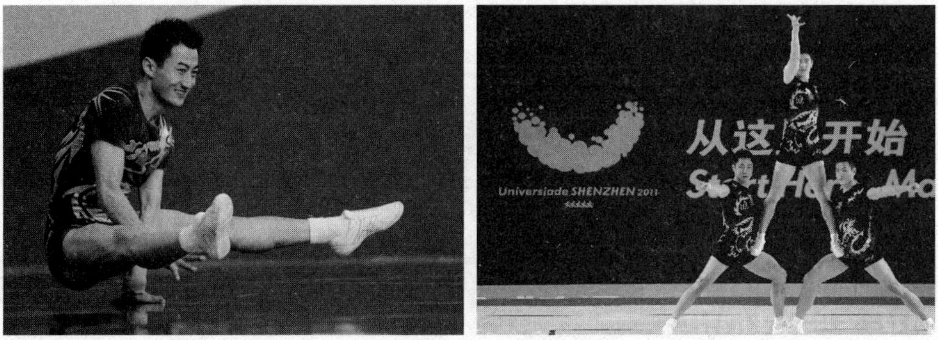

图 11－32 竞技健美操

2. 健身健美操（见图 11－33）

健身健美操包括徒手健美操、一般健美操、全身健美操、搏击健美操、瑜伽健美操、拉丁健美操、街舞、器械健美操、有氧运动、踏板健美操、哑铃健美操、杠铃健美操、橡皮筋健美操、特殊场地健美操、水上健美操、固定器械健美操等。

图 11－33　健身健美操

3. 表演健美操（见图 11－34）

表演健美操的主要目的是“表演”。通常，表演健美操动作比其他健美操动作复杂，音乐可快也可慢，以保证一定的表现效果，动作重复次数少，不一定对称。就参与者的数量而言，可以是单人或多人，还可以增加编队动作。表演者可利用花环、旗帜、灯光等设备，以及舞蹈动作，营造气氛，提升表演效果。表演健美操比其他健美操更加复杂多变，对运动员身体素质要求更高，不仅要求协调性更好，而且要具有一定的表演意识和集体合作意识。

图 11－34　表演健美操

（三）装备

小知识

竞技健美操服装以整体紧身为主，款式不限；运动员可穿短裤或长裤，连体式或分体式；衣服可以简单地装饰，但吊坠是不允许的；佩戴珠宝、手表和穿着宣扬战争、暴力、宗教和性主题的衣服是禁止的。运动员必须穿运动鞋和运动长袜，化妆要适中。

1. 对着装的要求（见图 11-35）

参加健美操锻炼时，应根据季节的变化和锻炼环境的温度灵活调整穿着。穿适合运动的、有弹性的棉质衣服；穿弹性鞋、软运动鞋和袜子。不要穿跑鞋，因为有氧运动会影响腿部的关节和足弓，舒适的鞋子和袜子会起到保护作用。

图 11-35 比赛服/比赛头饰/比赛用鞋

2. 对场地和器材的要求

健美操在国外被称为“有氧体操”，它是一种有氧运动。有氧代谢系统提供了几乎所有运动所需的能量。因此，宽阔的空间、良好的空气循环就显得尤为重要，健美操场地如图 11-36 所示。在各种形式的健美操中，器械体操是常见的项目之一，常用器械有踏板、哑铃、杠铃、绳索、健身球等。选择这些器材一定要注意质量，重量要适当，以免造成不必要的运动损伤。音乐是有氧训练的灵魂，运动时，我们应该选择节奏强、旋律优美、情感丰富的音乐。

图 11-36 健美操场地

二、如何学好健美操

要学好健美操，必须熟练掌握健美操的基本技术，掌握健美操的基本步伐和基本手型。

（一）健美操的基本步伐、手型

健美操的基本步伐、手型见表 11－1。

表 11－1

基本步伐	交替类	踏步、走步、一字步、V 字步、漫步、跑步等
	迈步类	并步、迈步点地、迈步吸腿、迈步后屈腿等
	点地类	脚跟前点地、脚尖前点地等
	抬起类	吸腿、摆腿、踢腿、弹踢腿、后屈腿跳等
	双腿类	并步跳、分腿跳、开合跳、半蹲、弓步、提踵等
基本手型	并掌	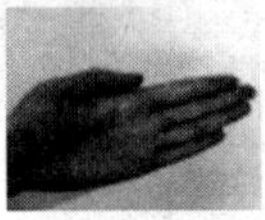
	开掌	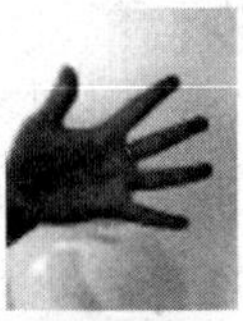
	花掌	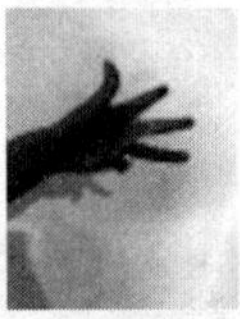
	立掌	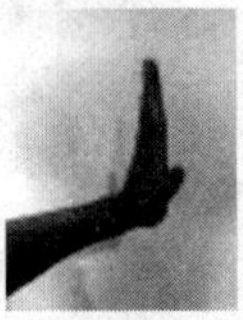
	一指	
	剑指	
	拳	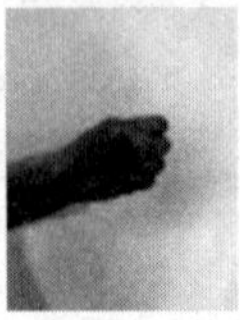

（二）健美操训练方法

1．基本功训练方法

练习方法：健美操要求站立姿态（见图 11－37）应是正直、抬头、挺胸、收腹拔背、大腿向内，表现出良好的气质和形态。

具体训练：脚后跟提踵站立，双腿肌肉收缩，双腿并拢，膝盖绷直，脚跟向上，前脚掌放在地上，挺胸，收腹，脖子伸直，下巴微微向上，双手向上。

图 11－37 站立姿态训练

站立姿态要求（见图 11－38）：靠墙站立，要求脚跟、臀部等部门贴墙，身体其余部位不能贴墙。

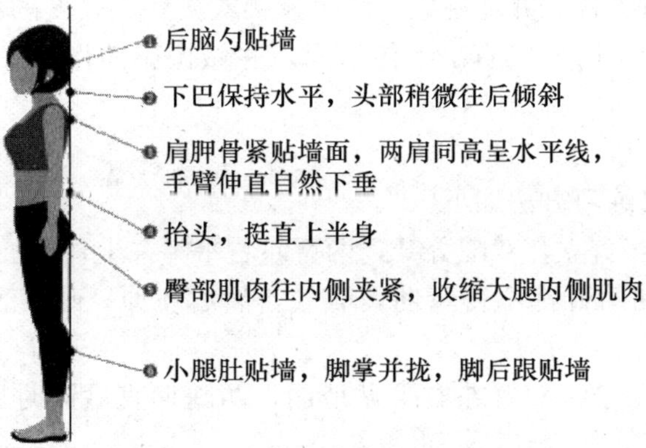

图 11－38 站立姿态要求

2．基本步伐训练方法

（1）低冲击的健美操步伐练习。低冲击步伐有：踏步、走步、一字步、V 字步、漫步、迈步移重心、后屈腿、点地并步、交叉步、吸腿、摆腿、踢腿。

单个动作重复练习：如踏步 4×8 个八拍、走步 4×8 个八拍、V 字步 4×8 个八拍，即低冲击步法循环练习。

组合练习：如 1×8 个八拍踏步＋1×8 个八拍的走步＋1×8 个八拍的 V 字步＋1×8 个八拍一字步（16×8 个八拍为一个组合）。

跟随音乐进行练习：单个动作跟随音乐重复练习，组合动作跟随音乐进行练习。

（2）高冲击健美操步伐练习。高冲击步伐有：跑步、双腿跳、开合跳、并步跳、单腿跳、弹踢腿跳、点、跳、小马跳。

单个动作重复练习：如原地跑 4×8 个八拍、开合跳 4×8 个八拍等。

组合练习：如 1×8 个八拍双腿跳＋1×8 个八拍开合跳＋1×8 个八拍并步跳＋1×8 个八拍单腿跳（16×8 个八拍为一个组合）。

跟随音乐进行练习：单个动作跟随音乐重复练习，组合动作跟随音乐进行练习。

（3）无冲击的健美操步伐练习：无冲击力动作有半蹲、弓步。

单个动作重复练习：如半蹲 4×8 个八拍、弓步 4×8 个八拍。

组合练习：如半蹲 1×8 个八拍＋弓步 1×8 个八拍＋半蹲 1×8 个八拍＋弓步 1×8 个八拍（16×8 个八拍为一个组合）。

跟随音乐进行练习：单个动作跟随音乐重复练习，组合动作跟随音乐进行练习。

3. 柔韧素质训练

练习方法如下：

（1）正压腿：双脚并拢站立，抬起左脚，将脚跟放在把杆上，脚尖勾起，踝关节屈紧，两手扶在左腿膝盖上。两腿伸直，挺腰，同时一定要收髋，上体向前屈，向前向下做振压腿的动作，逐渐加大力量，然后换腿做。根据柔韧性程度，可依次用肘部、前额甚至下颌去接触脚尖。

（2）侧压腿：身体侧对把杆，右腿支撑，脚尖稍向外撇，左脚举起，脚跟放在把杆上，脚尖勾起，踝关节屈紧，右臂上举，左掌放在右胸前。两腿伸直，立腰，开髋，上体向左侧振压。髋部和腰部在这个练习中得到锻炼。

（3）后压腿：背对把杆，并腿站立，两手叉腰或扶一定高度的物体。右腿支撑，左腿提起，脚背搁在把杆上，脚面绷直。上体后屈，并做振压动作。左右腿交替进行。髋部、腰部和颈部可以得到练习。

4. 控制力素质练习

（1）腹肌控制力量练习方法如下：

1）侧身弯腰运动：直立，双腿分开，两臂左右平举，上体前屈，用左手指去碰右脚，右臂自然上举，两腿和两臂都不得弯曲，吸气，然后还原，呼气。再换一方向，重复一次。连做 8 次。

2）屈腿运动：仰卧位。双臂左右平贴地面，两腿伸直后同时屈膝提起，吸气，使大腿贴近腹部；然后呼气，缓缓还原。重复 8 次。

3）举腿收腹：主要是发展下腹部肌肉。上身平卧，腿伸直并尽可能抬高，接着再缓慢放下。这一练习做完后，双膝弯曲继续做同样的动作。重复 8 次。

4）坐式屈团身：主要为发展上、下腹部肌肉。伸直膝盖，上身后仰，保持身体平衡，然后屈膝收腹，使腹肌极度折屈。练习中，脚始终不能触及地面。

（2）手臂控制力练习方法：负重徒手操练习，如：手抓矿泉水瓶、手带沙袋等方法。

（3）腿部控制力练习方法：负重基本步法练习，步法组合练习。

三、健美操动作创编

创编健美操是一项十分复杂的工作。创编的健美操要有新意，要有独特的风格与特点，要动作美、结构美、音乐美、编排美，还要有一定的动作负荷，起到强身健体的作用。

健美操动作创编范例：

第一个组合（见图 11－39）：

第 1 个八拍：1～4 拍右脚向前走步，手臂自然摆臂；5～8 拍右脚侧点地，手臂打开成曲臂。

第 2 个八拍：1～4 拍左脚向后退步；5～8 拍从右至左脚跟着地，（5 拍手臂握拳体前屈、6 拍双手伸直放至体前、7 拍双手握拳成平举、8 拍双手收回至体侧）。

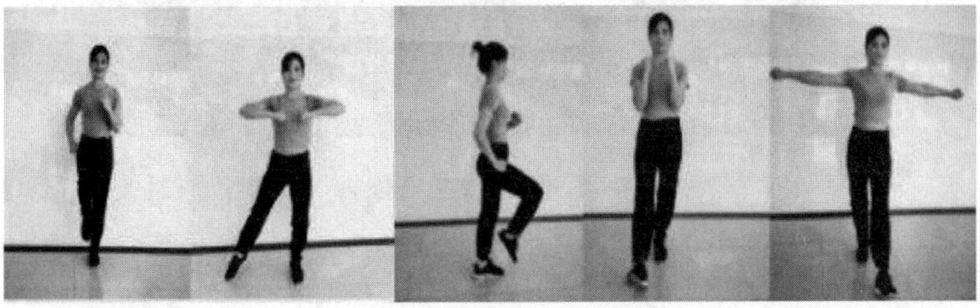

图 11－39 第一个组合

第 3 个八拍：1～2 拍两手交叉，跳起右脚前踢；3～4 拍同 1～2 拍换左脚；5～8 原地踏四步。

第 4 个八拍：左右侧并步接连续 2 次侧弓步。

第 5～8 个八拍动作同 1～4 个八拍，方向相反。

第二个组合（见图 11－40）：

第 1 个八拍：双手叉腰左右腿依次后屈膝 4 次，左右转身各一周。

第 2 个八拍：1～4 拍 V 字步（手掌成掌依次斜上举，）；5～8 拍脚跟点地。

第 3 个八拍：1～4 拍向右前方并步走，同时双臂夹起敲打动作；5～8 拍踏步回原位。

第 4 个八拍：向右后交叉步，向右小马步 2 次。

第 5～8 个八拍动作同 1～4 个八拍，方向相反。

图 11－40 第二个组合

第三个组合（见图 11－41）：

第 1 个八拍：踏步 4 次，左右并步，冲击双掌。

第 2 个八拍：并步跳＋弓步冲拳。

第 3 个八拍：1～2 拍提膝，3～4 拍右脚成弓步转体 180 度；5～8 拍向前走 3 步转体 180 度成膝腿。

第 4 个八拍：1～2 拍右脚向右一步成弓步，同时两手在两侧击拳两次。

3～4 拍右脚成直立，同时两手放于腰间。

5～8 拍同 1～4 拍，但方向相反。

第 5～8 个八拍动作同 1～4 个八拍，方向相反。

图 11－41　第三个组合

第四个组合（见图 11－42）：

第 1 个八拍：1～4 拍向后踏四步。

5～6 拍踢右脚，两臂由体前交叉成侧下举，收右脚，两臂成体前交叉。

7～8 拍同 5～6 拍，但方向相反。

第 2 个八拍：1～2 拍左脚向左一步成半蹲，双臂绕至侧平举。3～4 拍身体向左转 90 度。成单膝跪，胸前屈肘提拳。5～8 拍双手撑地，成屈膝坐。

第 3 个八拍：1～4 拍右脚侧并步（两手触肩），5～8 拍前点地。

第 4 个八拍：1～4 拍向前侧点地，5～6 拍开合跳，两臂握拳侧平举；7～8 拍右后转体 360 度。

第 5～8 个八拍动作同 1～4 个八拍，方向相反。

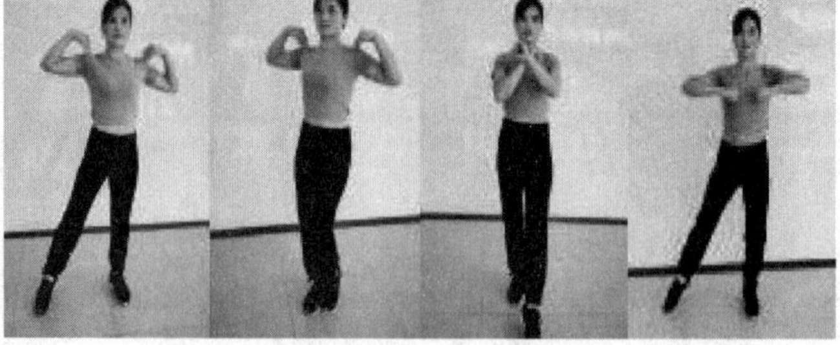

图 11－42　第四个组合

四、健美操队形变化

健美操队形变化（见图 11－43）是多样的，队形是否有新意，对表演效果有很大影响。变化队形的方式有走步、跑步、跳步等。

图 11-43　队形变化

第四节 跳绳

运动箴言

跳绳踢毽，病少一半。

一、跳绳概述

跳绳（见图 11－44），是一个人或几个人在一个环形的绳子上做各种跳跃动作的体育运动。这项运动在唐代被称为“透索”，在宋代被称为“跳索”，在明代被称为“跳百索”，在清代被称为“跳马绳”，在清末被称为“跳绳”。作为一种古老的民间娱乐活动，自南宋以来，每逢节日都会举办跳绳比赛。

小知识

跳绳：每半小时消耗热量 400 卡。这是一项健美运动，对强健心肺系统、提升身体协调性、减肥塑身等都有相当大的帮助。

图 11－44 跳绳

（一）跳绳的锻炼价值

跳绳运动种类繁多，可以是简单的，也可以是复杂的。特别适合在低温季节作为健身运动，尤其适合女性。

（二）跳绳装备

（1）跳绳者应穿柔软、轻便的高帮鞋，以避免脚踝受伤。

（2）绳子软硬、粗细适中。初学者通常使用坚硬的绳子，熟练后可以换成柔软的绳子。

（3）选择软硬适中的场地较好，尽量不要在硬水泥地上跳绳，以免损伤关节，引起头晕。

（三）简单跳绳法

1. 双脚跳（见图 11－45）

准备运动：双脚并拢，进行弹跳练习 2～3 分钟（弹跳高度为 3～5 厘米）。

开始跳绳，注意手腕做弧形摆动。初学者跳 10～20 次，休息 1 分钟，重复 10～20 次。非初学者可先跳 30 次，休息 1 分钟后再跳 30 次。

2. 单脚屈膝跳（见图 11－46）

具体动作要求：右腿屈膝，前抬。踮起脚尖，单脚跳 10～15 次。左腿重复上述动作。休息 30 秒，每边练两轮。

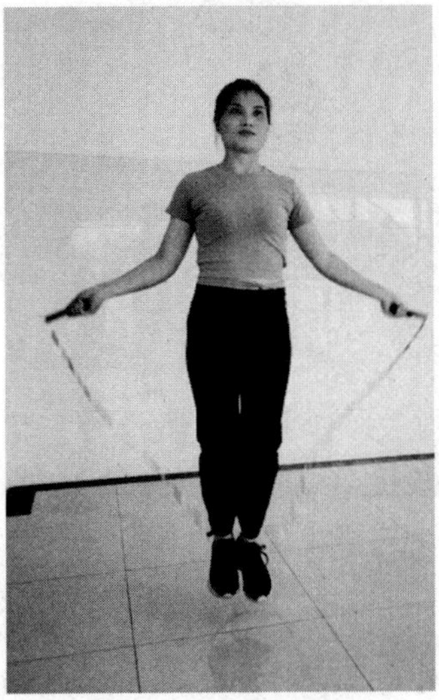

图 11－45　双脚跳

图 11－46　单脚屈膝跳

3. 双腿轮替跳

首先是保持原地小步跑的动作，然后单腿轮番跳过绳子，练熟后可以尝试加速跳。

4. 分腿合腿跳（见图 11－47）

先做跳绳准备运动，然后跳绳。双脚分开跳，双脚并拢着地，重复 15 次。

图 11－47　分腿合腿跳

5. 分腿弓步跳（见图 11－48）

先做跳绳准备运动，然后跳绳。双脚弓步跳，双脚并拢着地，重复跳。

图 11－48 分腿弓步跳

6. 双人跳绳

（1）肩并肩并排站立姿势。每个人都用外侧手握住跳绳的把手。开始时练习简易跳绳法，两人双脚同时跳绳，然后练习用一只脚跳绳。

（2）一前一后站立姿势。高个子站在后面，挥动跳绳，两人同时跳。

7. 侧脚跳

用双手挥动跳绳，右脚跳绳，左脚斜向一侧，跳 15 次，再换另一只脚跳 15 次。非初学者可以练习快速跳绳，即在绳子从脚下滑过时连跳两下。练习时，应注意脚不要太高，太慢，否则容易被绳子绊住。

二、跳绳的练习方法

（一）增大负荷训练

1. 增大上下肢关节重量练习

手持一个 300～500g 的物体进行空摇练习（可以是矿泉水），也可以结合下肢进行空摇练习，这种方法可以纠正上肢的错误动作，还可以训练节奏感。例如，有些人摇动绳子时，手臂会伸展，肩膀关节会紧张，手腕转动不灵活，便可以用两腋夹物或重复练习空摇动作的方法纠正。

2. 增大下肢负荷训练

方法：蹲走、蛙跳、跑楼梯、跳台阶、绑重跳等运动，或拉轮胎等力量训练。

（二）定时定量练习

（1）5 秒到 10 秒的快速无绊绳训练。5 秒快速不绊绳后变 10 秒，以此类推。每个训练都有相当程度的稳定性，然后再延长训练。

（2）30、50 次一定数量的连续快跳，重在完成的时间。

（3）10 秒 25 次、20 秒 45 次定时定量快速训练（数量可根据具体情况确定）。

（4）速度和稳定性达标后，再进行体能锻炼，如 1 分钟跳、2 分钟跳、3 分钟跳。

实践与探究

1. 休闲体育种类很多，你喜欢哪一种？说明理由。
2. 除了书中介绍的跳绳法，你还会其他的跳绳法吗？

第十二章
民族传统体育

教师导语

民族传统体育是我国体育文化的一个重要组成部分，它既是一种带有中华民族特点的文化形式，又是一种颇具传统色彩的文化形态。它既是体育文化的组成部分，又是民族传统历史文化的重要内容。

第一节　武术

运动箴言

静而少动，体弱多病；有静有动，无病无痛。

习武可以强身健体，亦可以防御敌人进攻。习武之人以“制止侵袭”为技术导向。

作为中华民族炎黄子孙的生存技能之一，中国传统武术伴随着中国历史与文明发展，走过了几千年的风雨历程，成为维系这个民族生存和发展的魂。我们修习武术，是让我们从身到心、由魂至魄得到提升而精壮神足，具有安然自胜的实力，进而可以更深刻地认识人与自然的关系，以及社会客观规律。

一、武术基本功

作为一项运动，它离不开强健的体魄和坚强的意志，基本功训练是修习武术必不可少的一环，它由力量、柔韧性、协调性和反应能力 4 个主要部分组成。

(一) 基本手型

武术中的手型有很多，常用的基本手型有拳、掌、勾。

1. 拳（见图 12 - 1）

四指并拢伸直，然后向内屈卷紧握，大拇指扣压在食、中指的第二指节上。拳分拳眼、拳面、拳背、拳心和拳轮 5 个部位。

要求：拳要握紧、握实，拳面要平，腕要挺直。

2. 掌（见图 12－2）

四指并拢伸直，大拇指一、二指节屈曲，紧贴于虎口部位。掌分掌心、掌背、掌指、掌根和掌外沿

要求：手指并紧，大拇指紧扣虎口处。

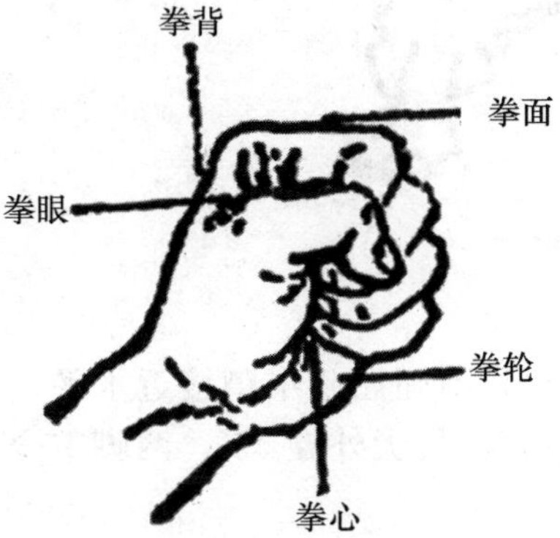

图 12－1　拳

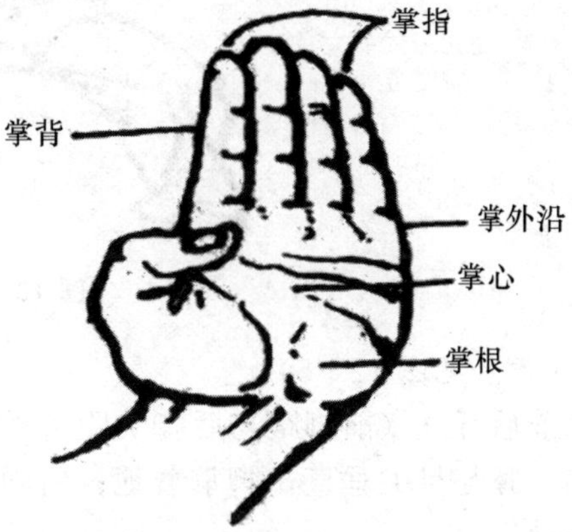

图 12－2　掌

3. 勾（见图 12－3）

五指略屈并拢，大拇指指肚与其他四指指肚捏合在一起。勾分勾顶和钩尖两部分。

要求：屈腕捏合，勾指要紧，力在勾尖。

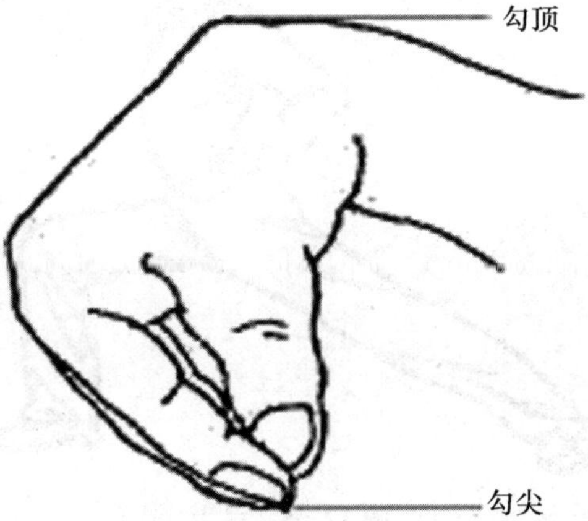

图 12－3　勾

（二）基本步法

1. 马步（见图 12－4）

两脚左右开立（距离约为三脚长），两脚掌平行着地，足尖朝前，屈膝下蹲，膝盖不超过足尖，大腿接近水平。身体重心落于两腿之间，两足跟外展，身体正直，头微上顶，眼视前方。

要求：开胯圆裆，膝展腿平，挺胸塌腰。

图 12-4 马步

2. 弓步（见图 12-5）

两脚前后开立（前脚跟与后脚尖距离约四脚长），前腿屈膝半蹲接近水平，足尖朝前并微内扣，膝与足尖垂直，脚掌着地；后腿挺膝蹬直，足尖外撇 45°，两脚掌全着地，身体正直向前。

要求：前腿弓，后腿绷，挺胸抬头勿晃动。

图 12-5 弓步

3. 仆步（见图 12-6）

一腿屈曲下蹲，大小腿靠紧，臀部接近小腿，足尖外撇 45°，膝外展；另一腿挺直侧伸，足尖里扣；身体中正略微前倾；双目向仆腿方向注视。右腿伸直称“右仆步”，反之为“左仆步”。

要求：全脚掌着地，不可掀后足跟。挺胸、直背、塌腰。重心要牢，不可左右倾斜。

4. 歇步（见图 12-7）

两腿交叉下蹲，前脚尖外撇 45°，全脚掌着地；后脚足跟提起，前脚掌着地，臀部下坐于小腿上，身体挺起；目视侧前方。

要求：挺胸塌腰，臀部内敛，两腿并拢靠紧，重心稳固。

图 12-6　仆步

图 12-7　歇步

5. 虚步（见图 12-8）

两脚前后开立，后脚全脚着地，足尖外展 45°，大腿屈曲半蹲，接近水平；前腿微屈，前足尖内侧点地，足跟提起，膝内扣。重心主要在后腿；目平视前方。

要求：后脚全脚掌着地，五趾抓地，膝要收。挺胸、塌腰，虚实分明。

图 12-8　虚步

二、基本功练习

（一）弓步走

弓步走（见图 12-9）动作要领：保持弓步的姿势往前走，动作要慢，步伐要稳。此方法能非常有效地锻炼腿部的支撑力。

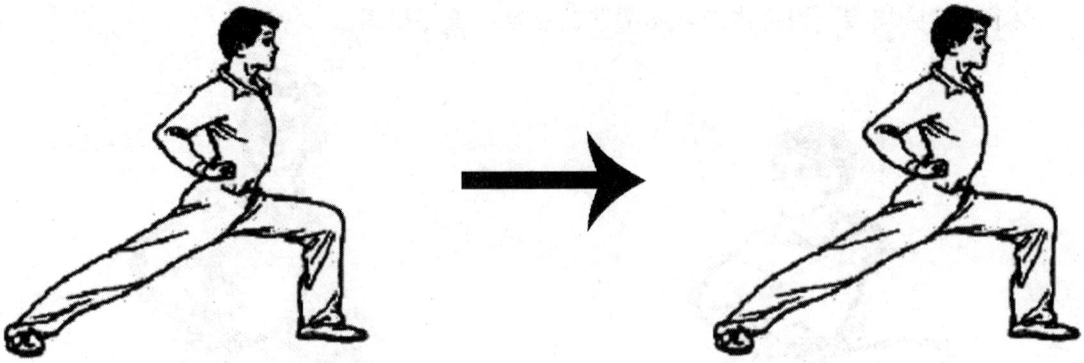

图 12-9 弓步走

要求：注意身体一直保持曲蹲的状态，换步之前身体重心不能起伏。

(二) 扑步摆动

扑步摆动（见图 12-10）动作要领：以扑步的姿势下蹲，双手按住双脚，两脚位置不变，不离地屈伸，变换左右摆动。能非常有效地拉伸腿部韧带。

要求：身体保持下蹲姿势，重心要稳。

图 12-10 扑步摆动

(三) 正压腿

正压腿（见图 12-11）动作要领：面对一定高度的物体，左脚跟放在物体上，脚尖勾起，两腿伸直，两手扶按在左膝上，或用两手抓握左脚，然后上体立腰向前下方振压，用头顶尽量触及脚尖。两腿交替进行。

要求：两腿伸直，立腰挺胸前压。

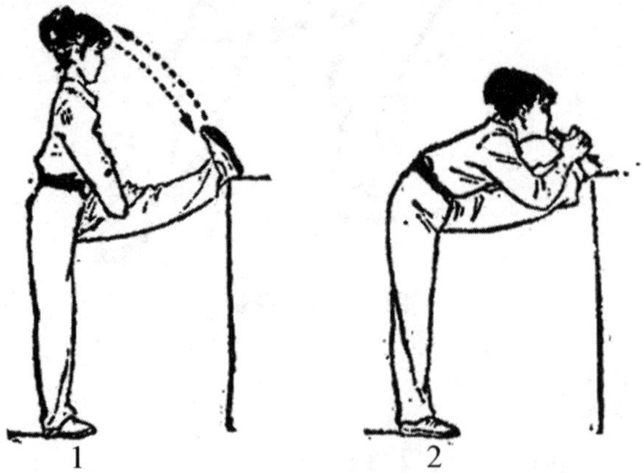

图 12-11 正压腿

（四）侧压腿

侧压腿（见图 12-12）动作要领：右腿支撑站立，左脚从体侧放置到一定高度的物体上，脚尖勾起，右臂上举，左掌立于胸前，两腿伸直，腰部挺立，上体向左侧下振压，振压幅度要逐渐加大，直到上体能侧倒在左腿上。两腿交替进行。

要求：两腿伸直，开髋立腰挺胸，上体完全侧倒。

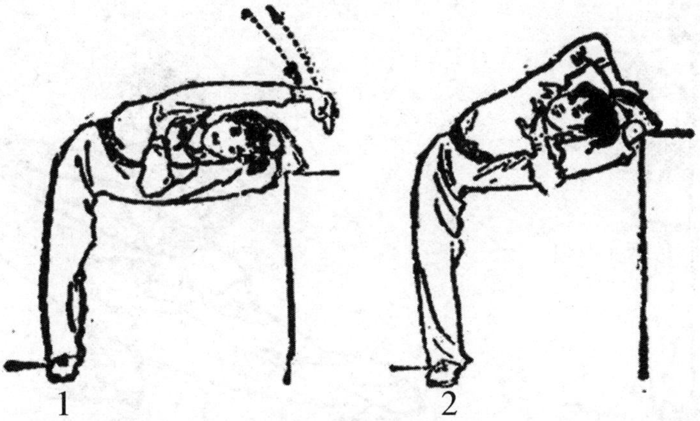

图 12-12 侧压腿

（五）正搬腿

正搬腿（见图 12-13）动作要领：右腿伸直支撑，左腿屈膝提起，左手扶膝，右手抓住左脚，然后将左脚向前方伸出，直至膝关节挺直，左脚外侧朝前。两腿交替进行。

要求：两腿伸直，立腰挺胸，被搬腿的脚尖勾紧。

图 12-13 正搬腿

三、武术基本拳法——五步拳

五步拳是优秀的中国武术拳种之一，属于查拳入门拳套，也是国标武术入门之基本拳术组合套路，是中国青少年学习武术的初级必学套路，它包含了武术中最基本的弓、马、仆、虚、歇 5 种步型和拳、掌、勾 3 种手型及上步、退步步法和搂手、冲拳、按掌、穿掌、挑掌、架打、盖打等手法。学习者通过五步拳的练习，可以增强身体的协调能力，掌握动作与动作之间的衔接要领，提高动作质量。为进一步学习武术打下基础。

(一) 预备式 (并步抱拳)

预备式（并步抱拳）如图 12－14 所示。

(二) 左弓步搂手冲拳

左弓步搂手冲拳如图 12－15 所示。

图 12－14　并步抱拳

图 12－15　左弓步搂手冲拳

(三) 弹踢冲拳

弹踢冲拳如图 12－16 所示。

(四) 马步架打

马步架打如图 12－17 所示。

图 12－16　弹踢冲拳

图 12－17　马步架打

(五) 歇步盖冲拳

歇步盖冲拳如图 12－18 所示。

(六) 提膝穿掌

提膝穿掌如图 12－19 所示。

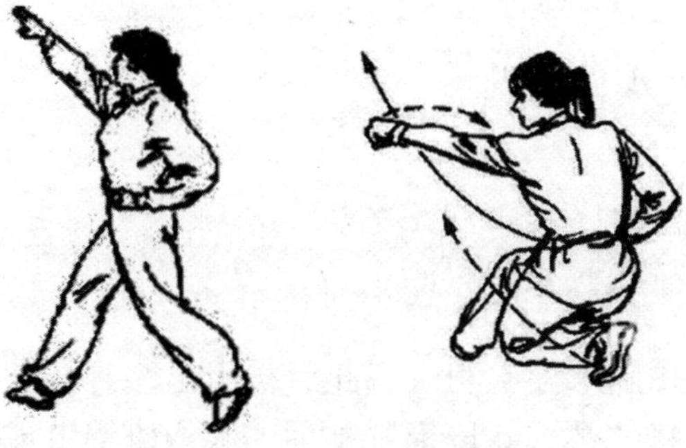

图 12－18 歇步盖冲拳

图 12－19 提膝穿掌

(七) 仆步穿掌

仆步穿掌如图 12－20 所示。

(八) 虚步挑掌

虚步挑掌如图 12－21 所示。

图 12－20 仆步穿掌

图 12－21 虚步挑掌

(九) 收势

收势如图 12－22 所示。

图 12－22 收势

第二节　八段锦

运动箴言

生活多美好啊，体育锻炼乐趣无穷。

“八段锦”在宋代就已有流传，是一种站式武术导引功法。此后衍生出多种流派。大约在明代初年，出现了“坐式八段锦”，于是将“站式八段锦”称谓“武八段锦”或“外八段锦”，而将“坐式八段锦”称为“文八段锦”或“内八段锦”。“坐式八段锦”传入嵩山少林寺后，被辑入《卫生易筋经》《内功图说》中，称其谓“易筋经十二段锦”。这是一个易学易练、花时间不多的好功法，特别适合中老年人习练。

八段锦是气功动功功法之一，由八节组成。说到八段锦的优势，它能改善神经体液调节功能，加强血液循环，对腹腔脏器可起到柔和的按摩功效，对神经系统、心血管系统、消化系统、呼吸系统及运动器官都有良好的调节作用。

一、两手托天理三焦

两手托天理三焦如图 12－23 所示。

预备式：自然站，两脚平行分开，与肩同宽，两手自然下垂。

图 12－23　两手托天理三焦

（1）两手如捧物，手指相对，由腹前提至胸前，翻掌心向下；然后两小臂内旋，双手上托至头上，充分展臂如托天状；同时提起脚跟，吸气。

（2）两臂外旋转掌心向身体、顺体前下落至体两侧；同时，脚跟落地，呼气。

以上动作共做 6 遍。

上焦心肺，中焦脾胃，下焦肝肾，掌心向上托，小指和无名指有麻的感觉。加强四肢和躯干的伸展活动影响胸腹腔血流的再分配，有利于肺部的扩张，使呼吸加深，吸进更多的氧气，对消除疲劳有一定的作用。

由于这节动作是全身的伸展，又伴随深呼吸，所以对内脏各部调理是自然的。不仅如此，还有助于矫正肩内收和圆背等不良姿势。

二、左右开弓似射雕

左右开弓似射雕如图 12－24 所示。

图 12－24　左右开弓似射雕

（1）接上式，左脚向左迈出一步成马步。两小臂胸前交叉，左臂在里，右臂在外，两手变拳，左手食指上翘起，拇指与食指成八字撑开；左臂向左侧推出并伸直，眼看左手指；同时，右手向右侧平拉，如拉弓射箭状。

（2）两拳变掌经体侧划弧收回，同时收回左脚，恢复成自然站式。

（3）同（1）式（唯左右相反）。

（4）同（2）式（唯左右相反）。

以上动作共做 6 遍，拉弓展胸时吸气，还原起立时呼气。

除了头以外，上焦可说是全身最重要的部位，这节动作可以运动两手、两臂和心肺，通过扩胸伸臂可以增强胸肋部和肩臂部肌肉，加强血液循环。

三、调理脾胃臂单举

调理脾胃臂单举如图 12－25 所示。

图 12－25　调理脾胃臂单举

（1）接上式，双手经腹前捧至胸前，左手翻掌上举成单臂托天状（指尖向右），右手翻掌下按于右胯旁（掌心向上，指尖向前）。

（2）左手臂外旋，转左掌心向后顺体下落，右手沿体前上穿，两手臂经胸前交叉（右手臂在里），右手臂上举成托天状，左手顺体下按停于左胯旁（动作要求同上）。

以上动作共6遍。手臂由胸前上举时吸气，上举手臂下落至胸前时呼气。结束时，两手由胸前交叉同时下落至体侧还原自然站立式。

这节动作是一手上举，一手下按，上下用力对拉，使两侧内脏器官和肌肉进一步受到牵引，特别是使肝、胆、脾、胃受到牵拉，加强胃肠蠕动，使消化功能得到增强，久练有助于防治胃肠病。

四、五劳七伤向后瞧

五劳七伤向后瞧如图12-26所示。

（1）接上式，头慢慢向右后转动，转至最大限度，同时眼尽量向右后看，同时吸气。

（2）转头还原，同时呼气。

（3）同（1）式，唯左右相反。

（4）同（2）式，唯左右相反。

以上动作共做6遍。

图12-26 五劳七伤向后瞧

这节动作对加强头部血液循环、增强颈部肌肉有较明显的作用，而且对消除大脑和中枢神经系统的疲劳也有促进作用。

五、摇头摆尾去心火

摇头摆尾去心火如图12-27所示。

预备式：马步蹲裆式，两手虚口向里扶在大腿上。

（1）上体及头前俯深屈，随即在左前方尽量作弧形摇转，同时臂部相应右摆，左腿及右臂适当伸展，以辅助摇摆。同时呼气。

（2）上体转正复原，同时吸气。

（3）同（1）式，唯左右相反。

（4）同（2）式，唯左右相反。

图 12－27　摇头摆尾去心火

以上动作共做 6 遍。

六、两手攀足固肾腰

两手攀足固肾腰如图 12－28 所示

图 12－28　两手攀足固肾腰

预备式：立正站好。

（1）上体缓缓向前深屈，直膝垂臂，两手攀握足尖（如做不到，可改为手触足踝），头略抬高，同时呼气。

（2）还原成预备式，同时吸气。

（3）双手抓住胸脊两侧，上体慢慢后仰。同时继续吸气。

（4）还原成预备式，同时呼气。

以上动作共做 6 遍。如果呼吸配合有困难，可以先采用自然呼吸的方法进行练习，然后逐步过渡到本节动作的要求。

这节动作，既有前俯，又有后仰，可充分伸展腰背肌肉，同时两臂也尽量向下伸展，显然对增强腰部及下腹有良好作用。

七、攒拳怒目增气力

攒拳怒目增气力如图12－29所示。

预备式：马步蹲裆式，两拳抱于腰侧（拳心向上）。

（1）右拳慢慢地旋臂前冲拳（拳心向下），同时瞪眼目视前方呼气。

（2）旋臂收拳于腰侧（拳心向上），同时吸气。

（3）同（1）式，唯左右相反。

（4）同（2）式，唯左右相反。

以上动作共做6遍。最后恢复立正姿势。

图12－29 攒拳怒目增气力

八、背后七颠百病消

背后七颠百病消如图12－30所示。

图12－30 背后七颠百病消

(1) 接上式，两脚提踵，头向上顶，同时吸气。

(2) 两脚跟落地还原，同时呼气。

重复以上动作 6 遍。

站式八段锦练完后，要意守丹田片刻，行自然呼吸十数次，方可收功。

第三节　八式简化太极拳

运动箴言

户枢不蠹，流水不腐。人之形体，其亦由是。

八式太极拳是中国武术段位制初段位技术规定教程的一段太极拳。共有 10 式（含起势、收势），全部采用杨式大架太极拳，吸取了杨式大架太极拳中最为主要和基础的八个动作。内容精练、重点突出，易学易记，练起来轻松自如，均匀缓慢，若行云流水，连绵不断，可修身养性。

一、起势

起势如图 12－31 所示。

(1) 两脚开立。

(2) 两臂前举。

(3) 屈膝按掌。

图 12－31　起势

二、卷肱式

卷肱式如图 12－32 所示。

(1) 转身翻手摆掌。

(2) 屈臂卷肱。

(3) 前推后收。

(4) 转身翻手摆掌。

（5）屈臂卷肱。
（6）前推后收。

图 12 - 32 卷肱式

三、搂膝拗步

搂膝拗步如图 12 - 33 所示。
（1）转腰摆手收脚。
（2）上步屈臂。
（3）弓步搂推。
（4）后坐摆脚。
（5）转腰摆手收脚。
（6）上步屈臂。
（7）弓步搂推。

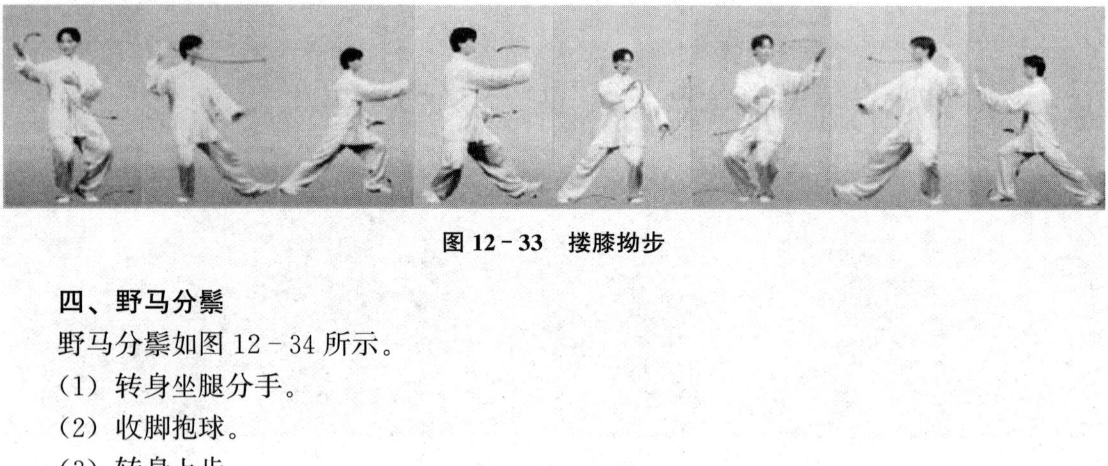

图 12 - 33 搂膝拗步

四、野马分鬃

野马分鬃如图 12 - 34 所示。
（1）转身坐腿分手。
（2）收脚抱球。
（3）转身上步。
（4）弓步分靠。
（5）坐腿撇脚转身。
（6）收脚抱球。
（7）转身上步。
（8）弓步分靠。

图 12－34　野马分鬃

五、云手

云手如图 12－35 所示。

（1）摆手翻掌。

（2）转身左云。

（3）翻手收脚。

（4）转身右云。

（5）翻手出脚。

（6）转身左云侧翻手。

（7）转身右云。

（8）翻手收脚。

（9）转身左云。

（10）翻手出脚。

（11）转身右云。

（12）侧弓步翻掌。

图 12－35　云手

六、金鸡独立

金鸡独立如图 12－36 所示。

（1）坐腿转腰落手。

（2）提右脚独立挑掌。

（3）落脚落手。

（4）提左脚独立挑掌。

图 12－36　金鸡独立

七、蹬脚

蹬脚如图 12－37 所示。

（1）落脚抱手。

（2）提右膝抱手。

（3）分手蹬脚。

（4）落脚抱手。

（5）提左膝抱手。

（6）分手蹬脚。

（7）落脚抱球。

图 12－37　蹬脚

八、揽雀尾

揽雀尾如图 12－38 所示。

图 12－38　揽雀尾

（1）转身上步。
（2）右弓步前棚。
（3）提左手旋臂。
（4）后坐下捋。
（5）转身后捋。
（6）转腰搭手。
（7）弓步前挤。
（8）弓步（平分）抹掌。

(9) 后坐引手。
(10) 弓步前按。
(11) 转身分手扣脚。
(12) 收脚抱球。
(13) 转身上步。
(14) 左弓步前棚。
(15) 提右手旋臂。
(16) 后坐下捋。
(17) 转身后捋。
(18) 转腰搭手。
(19) 弓步前挤。
(20) 弓步（平分）抹掌。
(21) 后坐引手。
(22) 弓步前按。

九、十字手

十字手如图 12－39 所示。
(1) 撇右脚、右弓步分手。
(2) 扣右脚、左弓步棚掌于胸前。
(3) 收右脚、两脚成开立步。
(4) 两手举抱。

图 12－39 十字手

十、收势

收势如图 12－40 所示。
(1) 翻掌分手。
(2) 垂臂落手。
(3) 并步还原。

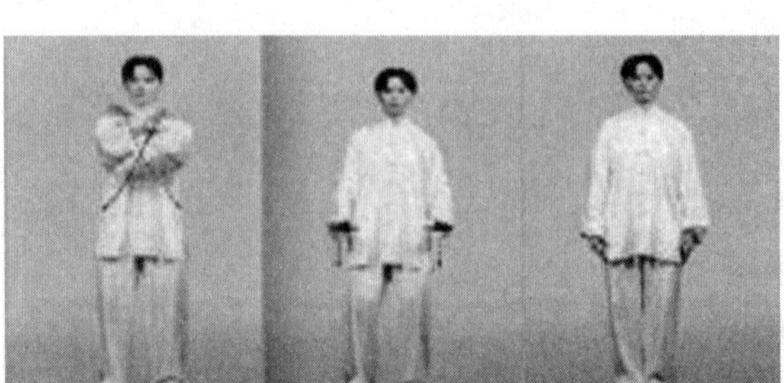

图 12－40 收势

实践与探究

1. 请通过网络搜索还有哪些武术基本功动作。
2. 简易八式太极拳有哪 8 个动作？
3. 练习八段锦，并思考怎样坐在椅子上完成八段锦动作。

第十三章

体育游戏

教师导语

体育游戏是以一种寓教于乐的形式，集情节性、趣味性、对抗性等为一体的教学手段。既能提升身体素质和能力，促进身心健康，又能培养集体主义精神。

第一节　速度耐力类游戏

运动箴言

体育教学中，寓教于乐的形式是最常见的，而体育游戏则是重要的载体，既能收获体育带来的快乐，也能在活动中达到锻炼目的。体育游戏是培养学生合作互助、体育精神和战胜困难、坚持不懈等意志品质的有效方法，是体育教学中实现“立德树人”的有效途径。

速度耐力类游戏，主要是以体育游戏为载体，培养和发展学生在跑的过程中保持速度的能力。

一、自主完成型

自主完成型体育游戏，即独立完成游戏设定环节，虽然突出的是完成游戏的个人能力，但是同样以小组的最终结果作为评判的依据，同样强调学生的团队协作意识和集体荣誉感。移物接力游戏见表 13 - 1。

表 13 - 1

游戏名称	移物接力
游戏方法	如图所示，分成人数相等的 4 组，各组均以本组场地 A 点为起点。在 A 点内放置 1 只毽子。游戏开始，各组头一名学生将 A 点内的毽子转移到 B 点，随后跑经 C—D—A 点再跑至 B 点，将先前放入 B 点内的毽子转移到 C 点，随后跑经 D—A—B 点再跑至 C 点，将先前放在 C 点内的毽子转移到 D 点……依此类推，直至将毽子转移到起点 A 处完成，本组学生依次按同样方法进行。4 个组同时开始，先完成的组获胜

续表

<table>
<tr><td>游戏规则</td><td>必须在线的外侧跑动</td></tr>
<tr><td>器材准备</td><td>边长 8m 的正方形场地 4 块，正方形各顶角处画半径 0.5m 的圆，毽子（任意适用器材都可）4 只</td></tr>
<tr><td>组织图示</td><td>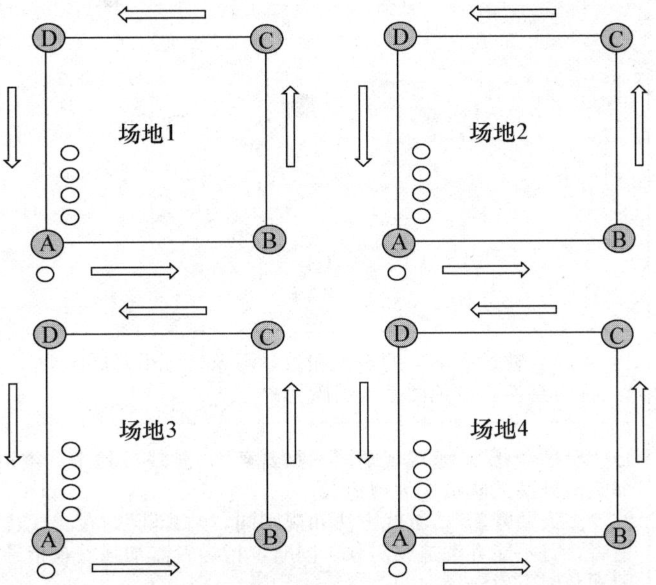
</td></tr>
<tr><td>实施建议</td><td>1. 可结合学生的表现和教学需求，安排连续多次完整练习以增大负荷量。
2. 游戏场地大小可视实际情况进行调整</td></tr>
</table>

小知识

速度耐力是身体素质中非常重要的一个方面，运动员提升速度耐力的方法是反复训练法。

二、合作完成型

合作完成型，即需要两人或多人参，配合、互动完成的游戏。游戏中既有竞争关系，也有合作关系。合作型游戏是培养学生竞争意识、合作意识的有效载体。贴膏药游戏见表 13－2。

表 13－2

游戏名称	贴膏药
游戏方法	如图所示，学生两人一组站成双层圆圈，左右间隔两臂，前后学生身体靠近，中心圆圈直径约为 4 米。指定一人为追逐者，一人为被追者。游戏开始，被追者可利用圆圈上的双层人墙作障碍，挡住追逐者，也可沿圈外奔跑。当被追者即将被摸到或者不想再跑时，紧贴任何一组的外圈（即“贴膏药”），临时组成三人重叠的一组，此时这个三人组的最里层的人即成为被追者。若被追者未完成“贴膏药”便被追逐者触碰，则角色互换
游戏规则	在被追者未贴至每组外圈队员身上时，被追逐者触碰，追逐者与被追者互换角色，游戏重新开始

续表

器材准备	平整、足够宽敞的场地一块
组织图示	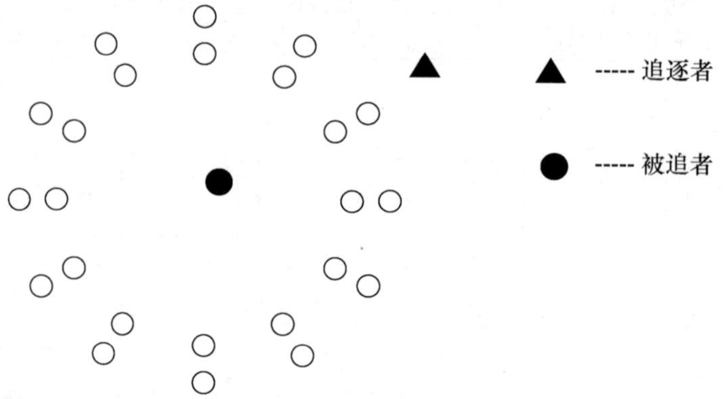
实施建议	1. 可结合教学中学生的表现和教学需求，分组开展游戏。 2. 适时替换，避免两个人追跑无果
游戏拓展	1. “反贴膏药”，游戏规则同“贴膏药”，游戏过程中，被追者须贴至每组队伍的内圈，即队伍外圈的队员成为被追者。 2. “多人贴膏药”，游戏方法和规则同“贴膏药”，在游戏过程中，增设两组追逐者和被追者，且不能弄混追逐对象。同时，指导者需加强安全指导和提醒，避免速度过快，躲闪不及时发生碰撞

小知识

速度耐力练习主要是无氧运动练习，其目的是提高机体的糖无氧供能能力、缓冲乳酸的能力和耐受乳酸的能力。发展无氧耐力的运动强度较大，运动时应使心率保持在 160 次/分以上，具体运动形式包括 300～500 米不同距离的全速跑、间歇跑等，有条件的可测定运动后的血乳酸值，一般来讲，运动后即刻血乳酸值越高，提高速度耐力的效果越好。

第二节　力量类游戏

运动箴言

力量素质是指人的机体或机体的某一部分肌肉工作（收缩和舒张）时克服内外阻力的能力。力量素质是人体进行体育运动的基本素质之一，是获得运动技能和取得优异运动成绩的基础，同时也是其他身体素质发展的重要因素。

力量类游戏，主要目的是通过游戏形式来发展力量素质。下面将针对上肢力量、下肢力量和综合力量训练，介绍几种可开展和参考的游戏。

一、发展上肢力量型

上肢力量是参加体育活动和从事各项工作的基本，是支撑身体机能的最好途径之一。推小车游戏见表 13 - 3。

表 13 - 3

游戏名称	推小车
游戏方法	在约 8 米长的场地内，将学生分为人数均等的 4 队，每队两人为一组，一人双手着地为“小车”，另一人双手握“小车”双脚脚腕为“推车人”，成推小车状前行。当到达场地另一边时，交换身份，折回起点，下一组开始接力，依次进行，直至每队全部完成
游戏规则	最快完成的队为胜出者；“小车”必须双手过标志线才能交换
器材准备	平整的 8 米长场地一块
组织图示	 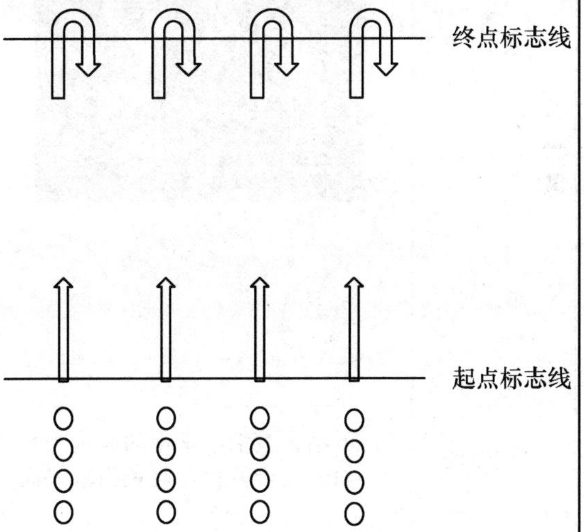
实施建议	学生之间要相互配合，避免前进过快或体力不支而受伤
游戏拓展	1. “小车过障碍”，规则和方法基本同“推小车”，在规定区域内设置相应的障碍，来增加完成难度。比如绕过障碍、压过障碍等。 2. “小车接物”，游戏方法：两人一组组成“小车”，指定一人向相距 4 米左右的“小车”滚送篮球，“小车”需让篮球从两臂之间滚过，才算完成接物动作。滚送的方向可以稍微改变，以增加难度

二、发展下肢力量型

下肢力量是身体力量的关键组成，主要体现在肌肉的发达程度和力量大小上。袋鼠跳游戏见表 13 - 4。

表 13 - 4

游戏名称	袋鼠跳
游戏方法	在距起点距离为 10 米处设置一标志物，将学生分为人数均等的几组，发给每组两个袋子；比赛开始后，第一个人必须迅速地把袋子套在腿上，然后提着袋子，像袋鼠一样跳向标志物并折回起点；下一位同学以同样的方式跳回起点，直到所有同学都完成游戏；最先完成的队伍获胜

续表

游戏规则	1. 所有人必须绕过标志物，并通过标志线后，下一位同学方可出发。 2. 最后一位同学过标志线才算完成比赛
器材准备	麻袋、平整场地
组织图示	 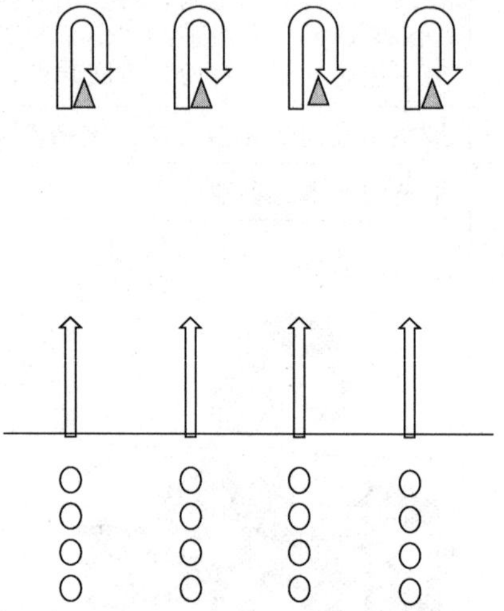
实施建议	1. 可结合教学中学生的表现和教学需求，在线路上设置一定的障碍，增加难度。 2. 加强安全教育，避免因求快而受伤
游戏拓展	1. “双人袋鼠跳”，游戏规则同“袋鼠跳”，游戏过程中，每队两人为一组，各套一个袋子，并排挽手向前跳跃完成比赛。 2. “多人袋鼠跳”，游戏、方法和规则同“袋鼠跳”，在游戏过程中，可以以小组形式集体完成，纵队站立，后一人要将自己的袋子和前一人的袋子一起抓住，成纵队向前跳跃完成比赛。中途不可断开，断开需重新连接上再出发。注重培养学生的合作意识

三、发展综合力量型

综合型力量游戏，主要是训练身体各部位的力量支撑能力。合理冲撞游戏见表 13－5。

表 13－5

游戏名称	合理冲撞
游戏方法	将学生分成人数相等的两个队，每队以 4 人为一组，组成若干小组。然后每队各出一组，分别站在 4 个圆内，每人单脚站立，双臂屈肘体前贴身交叉的姿势做好准备。游戏开始，教师发令后，圆内的两人开始用肩或躯干相互冲撞或闪躲，把对手挤出圈外或双脚着地，就算胜利，得 1 分。最后以累积得分多的队为胜
游戏规则	发令后，游戏开始，否则无效。冲撞时，两手不得放开或推拉对手。冲撞时，两人都出圈或同时双脚着地则算平局，均不得分

续表

器材准备	在平整的场地上画 4 个直径为 2 米的圆
组织图示	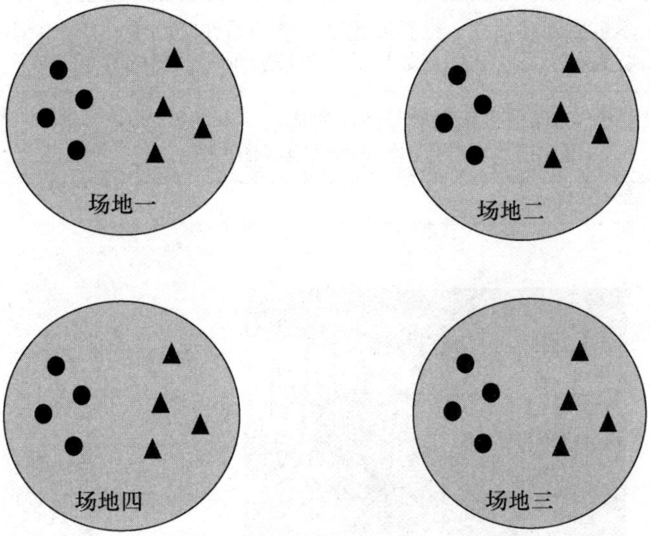
实施建议	1. 可通过规定时间来进行游戏，增加换人频率。 2. 加强安全教育，避免因求快而受伤

小知识

力量训练的好处：

1. 打造出强壮的骨骼。力量训练能够给骨骼增加压力，从而增强骨密度，降低发生骨质疏松症的概率和减轻病情。

2. 控制身体脂肪。身体燃烧热量的效率会随肌肉的退化而下降，从而导致体重增加。因此，肌肉越强壮，就越容易控制体重。

第三节 灵活协调类游戏

运动箴言

灵敏素质是指在各种突然变换的条件下，能够迅速、准确、协调地改变身体运动的空间位置和运动方向，以适应变化着的外环境的能力。它是人的运动技能、神经反应和各种身体素质的综合表现。

一、反应类

反应能力是指人的神经及动作的快速应答能力。运动员反应能力的强弱直接影响着协调能力的强弱。反应能力的提升通常采用反应速度训练法。听数抱团游戏见表 13－6。

表 13－6

游戏名称	听数抱团
游戏方法	学生成圆环站立，沿圆圈跑动，教师站在圆圈中心任意喊出一个数字，例如“4”，学生听到数字后，立即与邻近的同学按教师所喊出的数字抱成一团
游戏规则	1. 必须保证成团人数与数字对应。 2. 不能用推、拉等动作挤出已抱成团的人
器材准备	平整场地
组织图示	 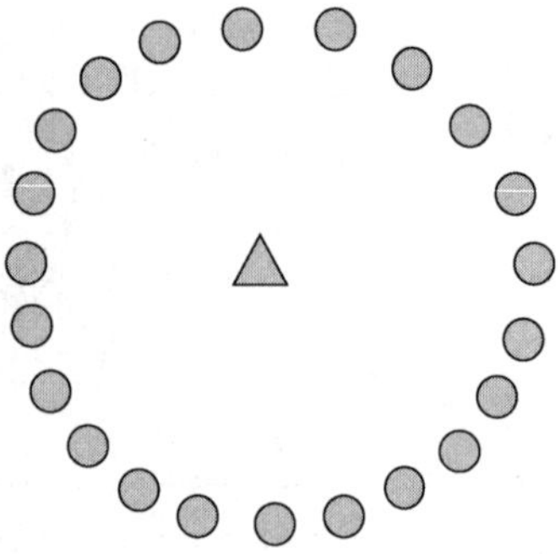
实施建议	1. 可通过规定时间来进行游戏，增加换人频率。 2. 加强安全教育，避免因求快而受伤
游戏拓展	1.“心算听数抱团”，游戏规则和方法基本同“听数抱团”，加上简单的加减乘除运算，学生通过心算得出答案以后，进行抱团。例如：3＋4、9－4、32÷8 等。 2.“看数抱团”，教师不仅任意报出一个数字，同时也用手势给出一个数字，学生只能通过手势数字进行抱团。例如：教师喊出的数字是“5”，手势给出的是“6”，那么学生按照 6 人抱团。 3. 在“看数抱团”的基础上，再进行拓展，增加难度，结合运动项目开展。比如可以让学生在原地运球，熟悉球性，同时学生需要观察老师手势给出的数字，然后迅速按数抱团

二、协调类

协调素质是指运动员机体不同系统、不同部位、不同器官协同配合完成技术动作的能力，协调能力是形成运动技术的重要基础。勇往直前游戏见表 13－7。

表 13－7

游戏名称	勇往直前
游戏方法	将学生分成人数均等的几组，在 A、B、C、D 4 个区域设置不同的障碍，学生在听到开始口令后，按照规定路径，按要求依次通过各障碍，直至回到起点与下一位同学完成接力。最先完成的小组获胜

续表

<table>
<tr><td>游戏规则</td><td>开始时每组第一位同学站在起跑线前，听到开始的口令后立即跑出并在相应的区域内依次通过各障碍物。不得抢跑</td></tr>
<tr><td>器材准备</td><td>标志物、栏架、体操垫等</td></tr>
<tr><td>组织图示</td><td>
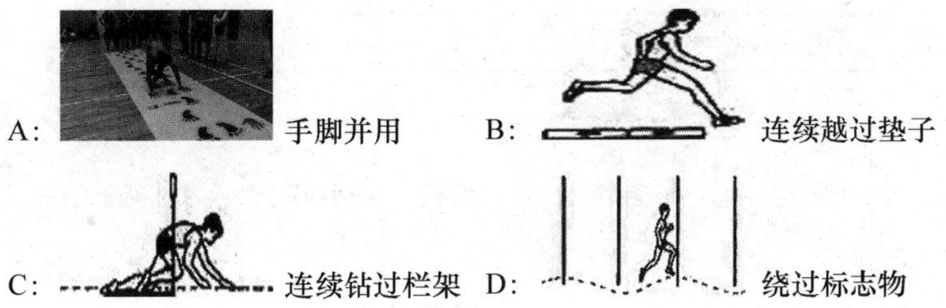

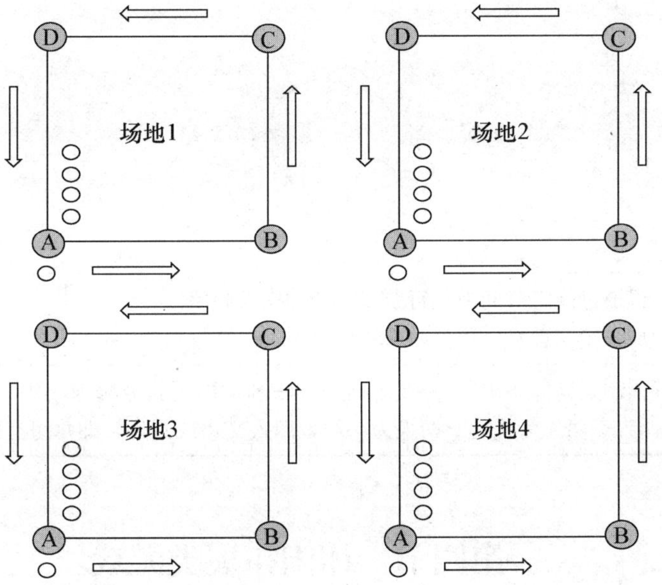

</td></tr>
<tr><td>实施建议</td><td>1. 各障碍必须按要求完成，未按要求则无效，需重新折回此障碍再完成。
2. 加强安全教育，避免因求快而受伤。
3. 可根据教学实际情况设置不同障碍</td></tr>
</table>

三、灵敏类

灵敏素质是指人体在各种突然变化的条件下，能够迅速、准确、协调、灵活地完成动作的能力，是人的各种运动技能和身体素质在运动中的综合表现。新老鹰抓小鸡游戏见表 13－8。

表 13－8

游戏名称	新老鹰抓小鸡
游戏方法	四人一组，通过指定或者猜拳，确定一人为老鹰，一人为小鸡，其余两人为母鸡。小鸡和母鸡三人手牵手成圆，通过顺时针、逆时针转动保护小鸡，老鹰则需要通过不断变向，迅速跑动去抓捕小鸡。小鸡被触碰到后，则交换角色
游戏规则	必须保证圆形不散，散开则算失败
器材准备	平整场地
组织图示	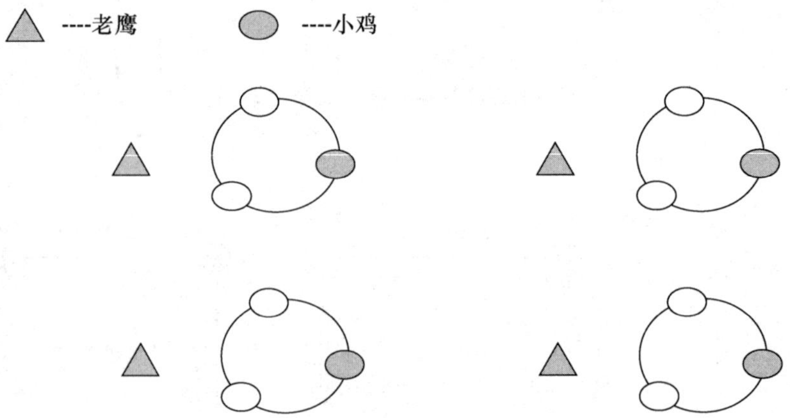
实施建议	1. 可通过规定时间来进行游戏，增加换人频率。 2. 加强安全教育，避免因求快而受伤
游戏拓展	“五人制老鹰抓小鸡”，游戏规则和方法基本同“新老鹰抓小鸡”，指定一人为老鹰，其余四人，两人为母鸡、两人为小鸡，四人交错成圆环，即每组有两位被追捕对象。

第四节　休闲拓展类游戏

运动箴言

体育教学活动本身就是快乐的载体，自发和自主地享受运动中的乐趣，既是衡量参与程度的重要标准，也是获得快乐的途径。

体育游戏中的互动可以培养学生坚强、勇敢、不怕困难的意志品质和乐观向上、团结协作的态度。感受体育的魅力、体验集体的快乐，既能愉悦身心，又能在互动中提高社会交往能力和社会实践能力。

一、休闲合作型

此类游戏的对抗性不大，主要考验团队成员之间的合作意识和协作能力。无敌风火轮游戏见表 13－9。

表 13－9

游戏名称	无敌风火轮
游戏方法	将学生分成人数均等的若干组，利用横幅和胶带制作一个可以容纳全体成员的封闭式大圆环，将圆环立起来，全体成员站到圆环上边走边滚动大圆环
游戏规则	所有成员必须在圆环内，身体的任何部分不得直接接触地面；最后一个成员通过终点线才算完成游戏
器材准备	横幅、胶带
组织图示	 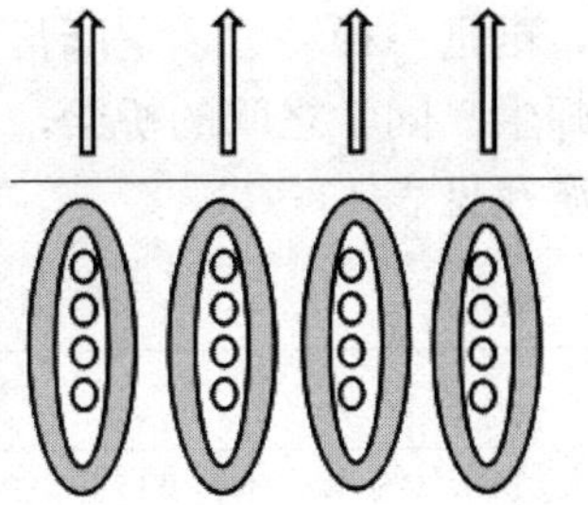
实施建议	可结合教学中学生的表现和教学需求，在线路上设置一定障碍，增加难度

二、协作对抗型

团队协作能力是最重要的社交能力之一，团队协作的基础是团队，依靠团队合力、互补互助来实现共同的目标。而协作则是团队实现目标的方法，重在协，贵在作。同舟共济游戏见表 13－10。

表 13－10

游戏名称	同舟共济
游戏方法	将学生分为人数均等的几组，每组选定一人牵扯横幅，其他同学全部站在平展开的横幅上，通过“跳”和“拉”动作的协调配合，整体向前移动，最先闯关的组获胜
游戏规则	1. 所有人必须在横幅上跳跃。 2. 最后一位同学过终点线才算完成比赛
器材准备	横幅、平整场地

续表

组织图示	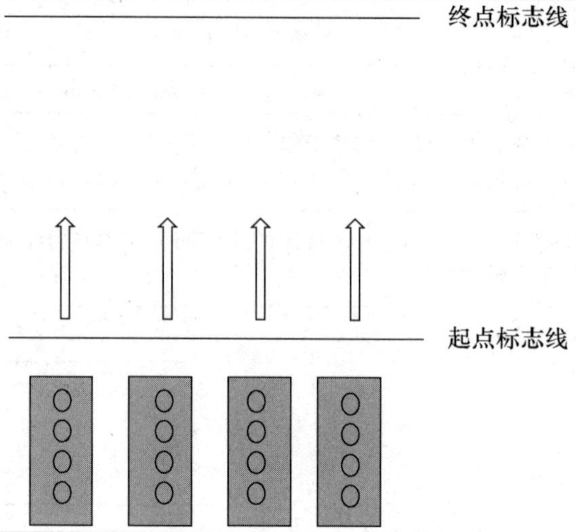
实施建议	可结合教学中学生的表现和教学需求，在线路上设置一定障碍，增加难度

三、建立信任型

信任是一种心理，更是一种动力，它能帮助学生树立自信，激励学生战胜困难，激发学生潜力。信任也是师生、同学之间的桥梁，希望同学们在运动中感受相互支撑、共同进步的乐趣。信任背摔游戏见表 13－11。

表 13－11

游戏名称	信任背摔
游戏方法	背摔人员攀上约 1.5 米高的背摔台，两手前举掌心相对，向内翻转手掌，拇指向下，双臂交叉，掌心相对，手指交叉握紧，然后将双手向内翻转抱于胸前，两手用软绳捆好（防止其背摔过程中双手打开伤及保护人员），背对保护人员站在背摔台边，脚后跟探出背摔台。后倒时，身体借助自身重力缓慢后倒，不可跳跃，并要始终保持双脚并拢，膝盖及腰部要挺直，微微低头的姿势。保护人员按身高情况两人一组，相对站立，双腿成左弓步，膝盖内侧靠紧。两臂伸直前举，手心向上，搭于对方肩上。组与组之间肩膀相靠，彼此紧密排列，头后仰并斜向背摔人员，并注意观察其动作，以便及时调整位置。在背摔人员倒下时，手臂一定要用力伸直，全力接住背摔人员。接住后，要将背摔人员的脚先放下，然后再将其扶正站稳，帮助其解开捆手绳，不得抛接
游戏要求	1. 提前确认学生身体健康状况，在背摔之前必须取下身上所有的硬物，包括手表、手机、钥匙等。 2. 背摔者的姿势：双手平伸交叉，掌心相对，十指互扣，由内向上反翻到胸前，双肘向内收紧，拳头抵住下颚。背摔者倒下时，挺胸直腰，臀部和膝盖不要弯曲，肘关节收紧，不打开，不可以抬腿，不可以跳下或者向后跃出。 3. 承接者的姿势：身高相近的人两两相对站成至少五组，大家都出同侧腿，弓步站好，两人肢内侧相抵，膝盖接近，上体保持正直，腰部用力，保持自己的重心稳定，双臂向前平举与肩同高，掌心与肘窝内侧都向上，指尖触到对方的肩膀，双臂自然微曲绷住力，四条臂膀交错，胳膊之间不留空隙，所有人都抬头向上看着要倒下人的后背；承接者必须肩并肩排列，对面学员要靠近至双手能抓到对方身体，掌心向上，手臂间隔均匀排列，侧仰头注视背摔者的背，做好承接的准备。如果挑战队员倒偏了，要及时调整位置，哪怕摔在你一个人身上，也要接住背摔队员。 4. 接住挑战队员之后，应先放脚，让挑战队员自行站立。队长站在承接队伍的队尾，负责用双手接背摔者的头和调整承接者的排列。队长背摔时，找人替换。

续表

器材准备	海绵垫、高台、绑带
组织图示	
实施建议	1. 背摔前，加强安全教育和心理建设，背摔人员可用响亮的声音询问：“准备好了吗？我要摔倒了！”保护人员响亮回答：“准备好了！我们帮助你！”。 2. 保护人员接住背摔人员并保持 3 秒钟后，先将其双脚放下使之安全站立，同时大声给予赞扬

实践与探究

1. 什么是自主完成型游戏？
2. 力量训练的好处有哪些？
3. 简述“信任背摔”的游戏规则。
4. 结合自己的经验和爱好，设计一款自主完成型游戏。

第十四章 职业体能训练

教师导语

体能是通过力量、速度、耐力、协调、柔韧、灵敏等运动素质表现出来的人体基本的运动能力。体能可以通过后天的训练来改善。

第一节　坐姿类职业体能训练

运动箴言

一个埋头脑力劳动的人，如果不经常活动四肢，那是一件极其痛苦的事情。

随着人们生活节奏的加快，工作压力、生活压力的增加，很多人挤不出较长的、连续的时间用于身体锻炼。因此，简单的体能练习被越来越多的人所喜爱、接受。它需要的时间短，受运动条件约束小，还可以使身体得到有效运动，对“职业病”有一定的治疗作用。

一、坐姿类职业所面临的工作负荷

（一）身体上的工作负荷

采用坐姿工作的工作者由于工作需要，长期保持坐姿，低头含胸。这种姿态不利于胸部和心血管健康。对此，我们要选择有针对性的运动，有效地缓解大脑的疲劳和肌肉的紧张。

（二）心理上的工作负荷

常见的坐姿类职业有司机、办公室职员、电脑操作员等。不同职业的劳动者所需要承受的心理负荷有所不同，但也有共同点，如需要长时间保持精神的高度集中，心理负荷大。大脑长期处于高强度工作状态，容易使劳动者精神负担加重，导致神经衰弱症和一些心血管疾病。

二、坐姿类职业所需要具备的身体素质

（一）头颈部的身体需求

坐姿状态时，头部呈前倾或后仰的姿势，肩颈的肌肉作为头部的压力支撑，在长时间

的工作状态下，容易造成肩颈损伤。颈椎病、脑血流异常等都与肩颈的损伤有关。

（二）胸背部的肌肉影响

长期保持含胸弓背的姿势，一方面会影响肺的通气功能；另一方面也容易引起胸廓变形，造成驼背。长期在这样的姿态下工作，身体始终处于被动拉伸的状态，会对脊椎造成很大的压力。很容易造成背部多种不良反应，如酸、胀、麻、痛等。

（三）脊柱和腰部的压力

脊柱有几个生理弯曲：颈椎、腰椎前凸、胸椎、骶椎和尾椎后凸。坐姿使上身的重力长时间压在脊柱骨底部，增加腰椎的负担，特别是现代人很多不正确的坐姿，更加容易破坏脊柱正常的生理弯曲，使腰椎部肌肉承受巨大的负荷，容易导致腰部受损，引起腰部肌肉酸痛甚至引发腰椎病变。

三、坐姿类职业体能素质练习

（一）平板侧向走步

平板侧向走步如图 14－1 所示。

（1）做出直手平板支撑的动作。

（2）右脚和右手同时向右边迈出，紧接着出左脚和左手。

（3）朝一个方向走几步，然后再朝反方向走。

图 14－1 平板侧向走步

（二）俯卧撑

俯卧撑如图 14－2 所示。

图 14－2 俯卧撑

(1) 做出直手平板支撑的动作。
(2) 双手与肩同宽。
(3) 将身体保持在一条直线上，弯曲手臂，让身体尽量靠近地面。
(4) 肘部与身体成 45°角。
(5) 手臂后推回到起始位置。

(三) 平板撑上推

平板撑上推如图 14－3 所示。
(1) 以直手平板支撑的姿势开始。
(2) 弯曲一只手臂，使肘部和前臂着地。
(3) 把另一只手臂放下来，成前臂平板支撑的姿势。
(4) 后推回到起始位置，将手掌放在刚才肘部所在的位置。
重复这个动作，每一轮从先下去的手臂开始。

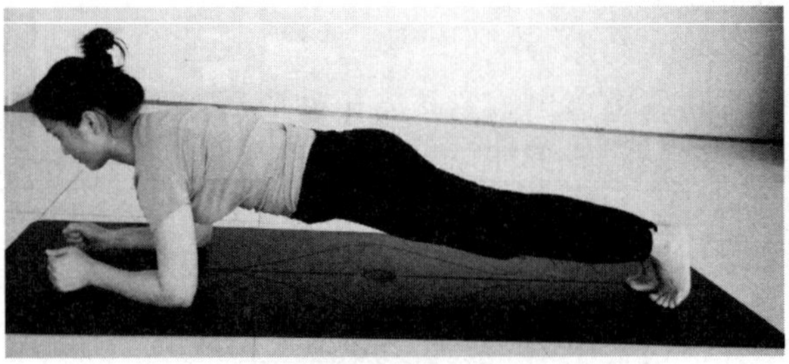

图 14－3 平板撑上推

(四) 腿上举动作

腿上举动作如图 14－4 所示。
(1) 右膝抵胸，右腿向上伸直。
(2) 左腿伸直，离地 10 厘米左右。
(3) 手指交叉放在右膝后侧。
(4) 用腹肌（而不是手）保持上半身以 10 厘米左右的幅度起落。
(5) 确保腰部牢牢地贴紧地面。
(6) 另一侧重复上述动作。

图 14－4 腿上举动作

(五) 单腿平衡动作

单腿平衡动作如图 14－5 所示。

(1) 双脚并拢站立，双臂垂放在身体两侧。

(2) 髋部慢慢前倾，保持背部平直。

(3) 右腿向身后伸展，右臂向前伸直。

(4) 此时上半身与右腿几乎与地面平行。

(5) 保持核心肌群紧绷，右腿伸直，同时保持重心在左脚。

(6) 另一侧重复上述动作。

图 14－5 单腿平衡动作

第二节 站姿类职业体能训练

运动箴言

好的身体不仅能强身健体，更能够让人保持清晰的头脑和愉悦的心情。

很多职业的工作都属于站姿类工作，从业人员经常要保持站立的姿势完成全天的工作内容。长时间的站立会给身体带来一定的负担和伤害。为了改善这些职业体态给身体造成的损害，我们建议大家进行有针对性的体能训练。

一、站姿类职业所面临的工作负荷

(一) 生理上的工作负荷

站姿类的工作属于一种静力性工作，要求工作者长时间站立，肌肉的静力性紧张度大，大量肌纤维处于静力性等长收缩状态，肌张力超过肌肉最大随意收缩时的范围，易导致肌肉疲劳。

长时间的站立对血液顺畅流通、完成循环也有极大的影响。根据血液重力的流体静力学可知，工作者身体中的血液容易滞留在心脏水平线以下的血管中，静脉回流量下降。因此，从事站姿类工作的人下肢容易浮肿，容易因供血不足引发头痛、头晕等症状。

(二) 心理上的工作负荷

站姿类工作，对工作者的责任心要求较高，在整个工作环节中要求工作者能够心思细腻、精神饱满、情绪稳定并有较好的自我控制能力和抗干扰能力。

另一方面，由于某些职业的需要，还要求从业者具备敏感的服务性，能及时应对突发事件并妥善处理。

二、站姿类职业所需要具备的身体素质

（一）腰腹部的控制力

因为要长时间保持站立的姿态，所以躯干部位的重量需要靠腰椎来支撑，腰部肌肉的强弱直接决定着腰椎能否保持正常的生理前凸。

（二）脊椎的支撑

脊椎可以帮助身体维持正常的站姿，保持躯干的相对垂直。然而，长期的站立状态也容易给脊柱造成强大的压力和负荷。

（三）下肢力量

身体在走动和站立的时候，腿部肌肉为了维持身体的姿势和保持平衡，会处于收缩状态。但长时间的肌肉收缩容易使下肢血液循环欠佳，导致下肢肿胀。特别是双足，需要长时间承受身体的全部重量，在过度负重状态下，很容易引发平足症。

三、站姿类职业体能素质练习

（一）深蹲

深蹲如图 14－6 所示。

（1）站立时，双脚分开与肩同宽，脚尖稍外展，重心靠后。

（2）臀部向后坐，双膝弯曲，直至大腿与地面平行。

（3）借助脚跟推力恢复站姿，站立时收紧臀部，保持核心肌群紧绷。

（二）后弓步

后弓步如图 14－7 所示。

（1）站立时，双脚分开与肩同宽。

（2）左脚向后退一步，前脚掌着地，膝盖弯曲呈 90°角。

（3）借助右脚跟推力恢复站姿。

（4）另一侧重复上述动作。

图 14－6　深蹲

图 14－7　后弓步

（三）滑冰式跳跃

滑冰式跳跃如图 14－8 所示。

(1) 从左侧开始，稍稍下蹲，然后尽可能向右跳。
(2) 右脚着地，尽量不要让左脚落地。
(3) 跳回来，左脚着地。

(四) 屈膝弓步侧踢

屈膝弓步侧踢如图 14－9 所示。
(1) 双脚分开站立，与臀同宽。
(2) 将左腿斜放在右腿后面，弯曲膝盖，形成弓步。
(3) 借助右脚跟的推力起身，并将左腿向外侧扫去。
(4) 另一侧重复上述动作。

(五) 站姿侧位收腹

站姿侧位收腹如图 14－10 所示。
(1) 双脚分开站立，与臀部同宽，双手置于头后，肘部张开。
(2) 向左肘部抬左膝，同时将身体向上延展并向左弯腰。
(3) 另一侧重复上述动作。

图 14－8 滑冰式跳跃

图 14－9 屈膝弓步侧踢

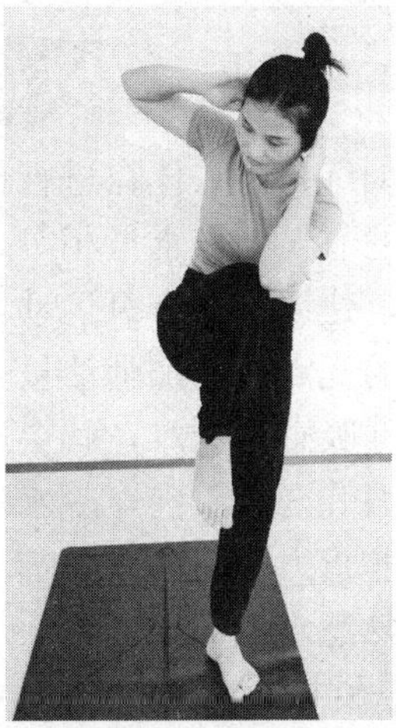

图 14－10 站姿侧位收腹

(六) 侧弓步

侧弓步如图 14－11 所示。
(1) 双脚分开站立，与臀同宽。
(2) 向右边迈出一大步，弯曲膝盖。
(3) 臀部向后做一个侧弓步，挺胸收腹。
(4) 另一侧重复上述动作。

(七) 蜘蛛侠式俯身登山

蜘蛛侠式俯身登山如图 14－12 所示。
(1) 从直手平板支撑的姿势开始。
(2) 将右膝向右肱三头肌方向上提，同时转头看膝盖接触手臂。
(3) 用最快的速度交替提膝，同时保持稳固的直手平板式。

图 14－11　侧弓步

图 14－12　蜘蛛侠式俯身登山

第三节　有氧体能训练——游泳

运动箴言

人生要走万里路，迈好强身第一步。

有氧训练是指人体在进行体育锻炼的情况下获得充足的氧气供应，即在运动过程中，人体吸入的氧气与需求量相等，达到生理平衡状态。如果体重超标，想通过运动来达到减肥的目的，建议选择有氧运动，像游泳、骑自行车、慢跑等。这里主要介绍游泳。

游泳的优点：增加肺活量，因为游泳时人的胸部会受到水的压力，加上冷水刺激，肌肉收缩，呼吸感到困难，就会迫使人用力呼吸，从而加深呼吸，达到提高肺活量的效果；游泳可以锻炼全身肌肉，冷水环境下游泳热量消耗大，可达到减肥的效果；游泳需克服水的阻力而非重力，肌肉和关节不易受损，能有效保护膝关节。

一、熟悉水性练习

(一) 水中憋气练习

水中憋气练习如图 14－13 所示。

面对池壁，两手扶池壁站立或扶住同伴，练习时用口吸气后闭气，然后低头，将头没入水中，在水中停留片刻后起立，调整呼吸。随着练习次数的增多，可以适当延长时间。

图 14－13　水中憋气练习

(二) 抱膝浮体练习

抱膝浮体练习如图 14－14 所示。

站立在齐胸深的水中，深吸气后闭气，下蹲低头，双脚慢慢提起，双手抱膝团身，使身体自然漂浮于水中。站立时松手，向前伸两臂，然后轻轻下压使头抬起，同时，两腿下伸，使脚触池底站立。两手臂在身体两侧拨水以维持身体平衡。

图 14－14　抱膝浮体练习

(三) 蹬池壁滑行

蹬池壁滑行如图 14－15 示。

背对池壁，一手扶池边，一手向前伸，一脚在池底站立，另一脚蹬在池壁上，深吸气后低头，上体在水中前倾成俯卧姿势，然后提臂向上收支撑腿，两脚贴于池壁，臀部后移，两臂前伸并拢，头夹于两臂之间，两脚用力蹬池壁，顺势向前滑行。

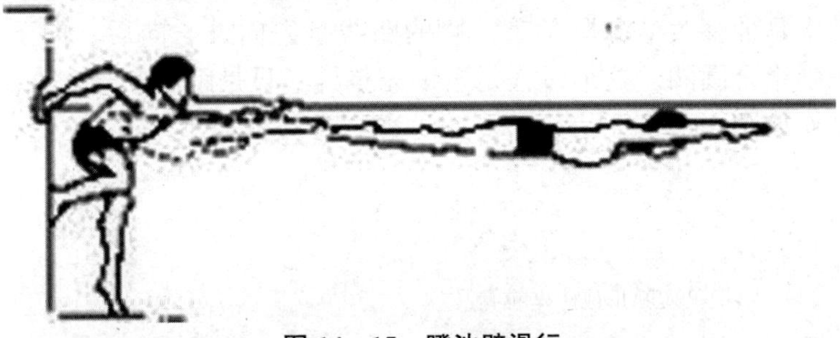

图 14－15　蹬池壁滑行

二、蛙泳

蛙泳是一种模仿青蛙游泳动作的游泳姿势，也是一种最古老的泳姿。蛙泳时，游泳者可以方便观察前方是否有障碍物。人体俯卧水面，两臂在胸前对称直臂侧下屈划水，两腿对称屈伸蹬夹水，似青蛙游水。蛙泳较省力，易持久，实用价值大，是游泳初学者的学习项目。

(一) 蛙泳的手臂划水动作

蛙泳的手臂划水动作如图 14－16 所示。

(1) 外划。双手前伸，手掌倾斜大约 45°（小拇指朝上）。双手同时向外、后方划，继而屈臂向后、下方划。

(2) 内划。掌心由外转向内，手带动小臂加速内划，手由下向上在胸前并拢（手高肘低、肘在肩下），前伸。

(3) 前伸。双手向前伸（肘关节伸直）。要提醒大家注意的是：外划是放松的，内划是用力的，内划要加速完成，前伸要积极。

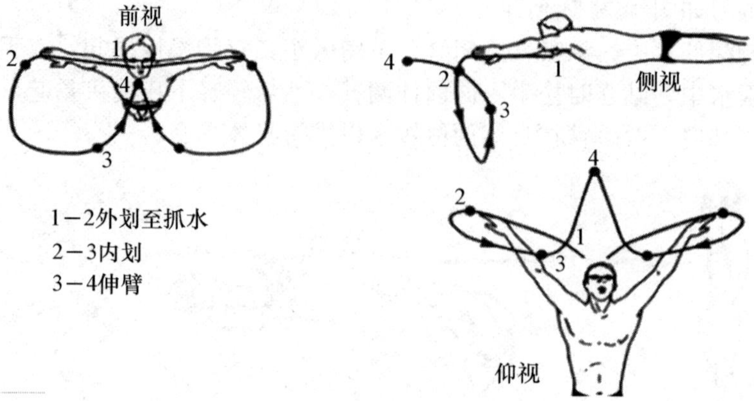

图 14－16　蛙泳的手臂划水动作

（二）蛙泳腿部动作

（1）收腿：弯曲膝盖收腿，在收腿的过程中，两膝的距离不要太大，脚跟尽可能地靠近臀部。小腿尽可能靠近大腿，以减少阻力。收腿结束时，两膝与肩同宽，小腿与水面垂直，脚接近水面。

（2）翻脚：当腿收至脚跟接近臀部时，两脚距离大于两膝距离，勾脚尖，使小腿内侧和脚掌内侧对水，像英文字母“W”，这样才能保持对水的推动力。

（3）夹蹬水：蹬夹过程中两腿保持勾脚动作，应由大腿发力，先伸髋关节，向后做蹬夹水的动作，其次是伸膝关节和踝关节。脚的路线是先向外、向后、向下，然后是向内、向上蹬水，就像画半个圆圈。这个过程是连续完整的。只是蹬水在先，夹水在后。

蛙泳腿部动作如图 14－17 所示。

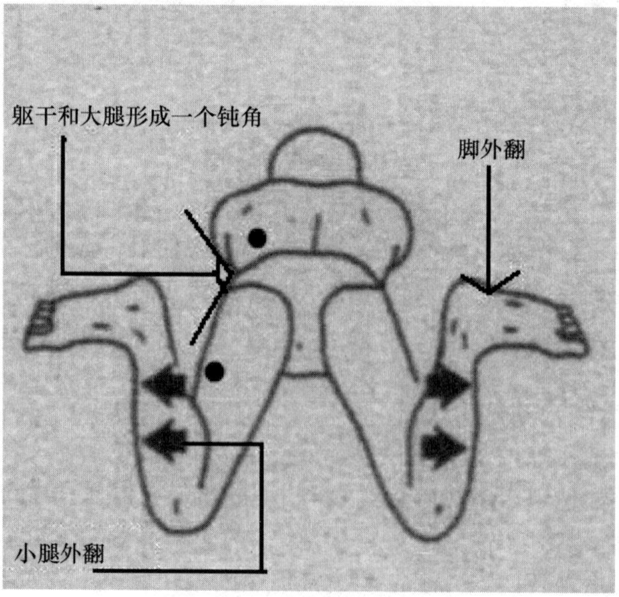

图 14－17　蛙泳腿部动作

（三）游泳的注意事项

（1）忌饭前饭后游泳：空腹游泳会影响食欲和消化功能，也会在游泳中发生头昏乏力等意外情况；饱腹游泳亦会影响消化功能，还会产生胃痉挛，甚至呕吐、腹痛现象。

（2）忌剧烈运动后游泳：剧烈运动后马上游泳，会使心脏加重负担；体温的急剧下降，会使抵抗力减弱，引起感冒、咽喉炎等。

（3）忌月经期游泳：月经期间游泳，病菌易进入子宫、输卵管等处，引起感染，导致月经不调、经量过多、经期延长。

（4）忌在不熟悉的水域游泳：在天然水域游泳时，切忌贸然下水。凡水域周围和水下情况复杂的都不宜下水游泳，以免发生意外。

（5）忌长时间曝晒游泳：长时间暴晒会产生晒斑，或引起急性皮炎，亦称日光灼伤。为防止晒斑的发生，上岸后最好用伞遮阳，或到有树荫的地方休息，或披上浴巾，或在身体裸露处涂防晒霜。

（6）忌不做准备活动即游泳：水温通常比体温低，因此，下水前必须做准备活动，否则易导致身体不适。

小知识

常见游泳姿势一般分为爬泳、蛙泳、蝶泳和仰泳。爬泳速度最快，蛙泳姿势比较优美，蝶泳爆发力最强，仰泳最省体力。

第四节　无氧体能训练——哑铃

运动箴言

减肥不如健身，用懒惰的方式去减肥多数是不成功的。

无氧训练是相对有氧训练而言的。无氧训练是指人体在无氧供能代谢状态下进行的运动。运动过程中氧气的摄取量非常低。加之速度过快及爆发力过强，人体内的糖分来不及经过氧气分解，而不得不依靠“无氧供能”。常用的无氧体能训练有哑铃、俯卧撑、拔河等。这里主要介绍哑铃。

小知识

无氧训练会在体内产生过多的乳酸，导致肌肉疲劳不能持久，运动后感到肌肉酸痛，呼吸急促。因此，无氧训练大部分是负荷强度高、瞬间性强的运动，所以很难持续较长时间，而且疲劳消除的时间也慢。

哑铃是用来锻炼肌肉的简单装置。它的主要材料是铸铁，外面包有一层橡胶。用于肌肉力量训练、肌肉复合运动训练。对于运动麻痹、疼痛、长期不活动等引起的肌肉力量低下的人员，可用哑铃的重量进行阻力活动，训练肌肉力量。

一、哑铃卧推

哑铃卧推如图 14－18～图 14－20 所示。

（1）平行仰卧在哑铃凳上，垂直举起哑铃。

图 14－18　哑铃卧推一

（2）慢慢放下，用时 1～2 秒，降低到平行于乳头的位置。

图 14－19　哑铃卧推二

（3）还原到原来的位置。

图 14－20　哑铃卧推三

二、俯卧哑铃侧平举

俯卧哑铃侧平举重点锻炼的是肩部肌肉的后三角肌部位，如图 14－21、图 14－22

所示。

(1) 平躺在凳上，俯身手握哑铃，手肘微屈。

图 14-21 俯卧哑铃侧平举一

(2) 哑铃侧举至肩部高度。

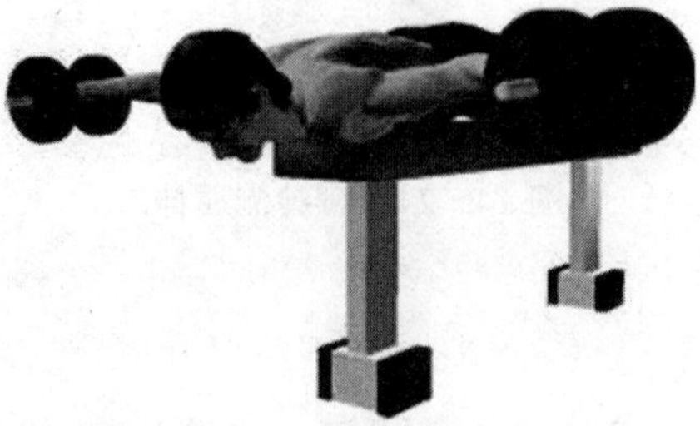

图 14-22 俯卧哑铃侧平举二

(3) 缓慢还原，感觉肩部肌肉的收缩。

三、哑铃侧屈伸

哑铃侧屈伸重点锻炼的是腹部的腹斜肌，如图 14-23、图 14-24 所示。

(1) 身体直立手臂叉腰。

图 14-23 哑铃侧屈伸一

（2）身体倾斜，叉腰的手控制好腰部。

图 14-24 哑铃侧屈伸二

（3）缓慢还原动作。

四、哑铃提踵

哑铃提踵重点锻炼的是小腿肌肉的腓肠肌、比目鱼肌，如图 14-25 所示。

（1）用双手握住哑铃，站立在阶梯上，不要翘臀。

（2）提踵向上，感受小腿肌肉的拉伸，停留 3～5 秒。

（3）缓慢还原。

图 14-25 哑铃提踵

小知识

练习的目的是增肌，最好选择65%～85%负荷的哑铃。举个例子，如果每次能举起的负荷是10公斤，就应选择重量为6.5～8.5公斤的哑铃进行锻炼。练习时每天5～8组，每组动作6～12次，动作速度不宜过快，每组间隔2～3分钟。负荷太大或太小，间歇时间太长或太短，效果都会不好。

实践与探究

1. 坐姿类职业所需要具备的身体素质有哪些?
2. 站姿类职业所需要具备的身体素质有哪些?
3. 通过网络搜索有氧训练还有哪些训练方法。

参考文献

［1］周登嵩．学校体育［M］．北京：人民体育出版社，2009.

［2］姚鸿恩．体育保健学［M］．北京：高等教育出版社，2006.

［3］陈士亮．体育与健康理论［M］．北京：中国人民大学出版社．2015.

［4］郑先红．教练瑜伽［M］．北京：高等教育出版社，2012.

［5］吉塔·S·艾扬格．瑜伽教师［M］．杭州：浙江大学出版社，2017.

［6］阎长安，张喜梅．体育与健康［M］．北京：中国劳动社会保障出版社，2017.

［7］胡凌燕．形体训练基础［M］．北京：高等教育出版社，2012.

［8］于树祥．田径运动赏析［M］．沈阳：沈阳教育出版社，2007.

［9］张瑞林．羽毛球运动教程［M］．2版．北京：高等教育出版社，2010.

［10］北京体育大学．羽毛球竞赛规则（2017）［M］．北京：北京体育大学出版社，2019.

［11］于可红．羽毛球训练教程（2017）［M］．北京：高等教育出版社，2016.

［12］朱建国．羽毛球运动教学与训练教程［M］．2版．北京：清华大学出版社，2019.

［13］于振峰，赵宗跃，孟刚．体育游戏［M］．北京：高等教育出版社，2007.

［14］刘福林．体育游戏（修订版）［M］．北京：北京体育大学出版社，2010.

［15］郑保军，邓金伟．坐姿类职业体能训练探析［J］．体育科技，2011（1）.

［16］何焰．浅谈高职职业体能的分类与训练方法［J］．东方教育，2017（13）.

［17］王本鑫．浅析足球运动对现代人社会生活健康的影响［J］．科技经济导刊，2017（9）.

［18］康喜来，李德武．新形势下校园足球的角色定位和发展［J］．吉林体育学院学报，2017（3）.

［19］周东升．浅析校园足球文化对校园文化的作用［J］．青少年体育，2017.

［20］许弘，李先雄．改革开放40年学校体育发展的回顾与新时代改革发展的新定位［J］．北京体育大学学报，2019（8）.